せりかクリティク

Serica Critique

小林直毅・毛利嘉孝 編

テレビはどう見られてきたのか

［テレビ・オーディエンスのいる風景］

せりか書房

目次

テレビはどう見られてきたのか——テレビ・オーディエンスのいる風景

序

小林直毅＋毛利嘉孝

敗戦後間もない一九五三年、日本のテレビの営業放送は始まった。それからわずか十数年。テレビというメディアは、他の日常の生活用品と同等、あるいはそれ以上に、多くの人びとにとっての環境世界の構成要素となった。今年テレビは五〇年目を迎えた。

朝起きるとテレビをつけ、朝食をとりながら、新聞を読みながら、身支度を整えながら、テレビのニュース、交通情報、トピックス、天気予報に目をやったり、耳を傾けたりする。帰宅後、食事をし、くつろいでいる間もニュースショー、ドラマ、スポーツ中継、バラエティは風景のように流れている。就寝とともに、テレビのスイッチはオフになる。

「自分の場合は違う」とか、「わが家では食事をしながらテレビを見たりしない」といった、「日常生活、かくあるべき」的な規範性をないまぜにした主張をする人ももちろんいるだろう。しかし、こうした光景を一つの平均的な「日常の風景画」として描くことは、とりあえずは無理のないことに思われる。

たしかに、日常の生活世界におけるテレビの存在の自明性は、多くの人びとにとって受け入れられている。日常生活には常にテレビが存在し、生活の大きな部分を占めている。その見られ方に多少の差はあってもだいたい似たようなものにちがいない。漠然と人びとはそのように信じている。

ところが、こうした日常の風景と同程度に、日本のメディア研究においても、日常生活にテレビが存在すること、テレビを見ること、テレビを見る人がいることが、わずかな例外的期間や事例を除くとあまりにも自明視されてきた。テレビのことはみんなが知ってのとおりである、テレビについてなにかあらためて論じることがあるのだろうか――こうしたテレビの自明さがそれをあらためて研究対象にさせないかのように機能してきたのだ。現在ではメディア研究、マスコミュニケーション研究におけるテレビ研究は、低調な研究領域の一つになっているようにみえる。テレビは私たちの日常生活の中でほかのメディアに比べても圧倒的に重要な役割を果たしているにもかかわらず。

しかし、マスメディアを中心にして構成されてきた戦後のメディア環境の歴史を考えれば、そのなかでテレビは中心的にして重要な位置を占めてきたメディアである。メディア研究やマスコミュニケーション研究の歴史を考えても、少なくともテレビの黎明期・普及期までは中心的なトピックだった。しかし、この二〇年の間にテレビが研究対象として後方に押しやられていく。

たとえば、一九七〇年代後半には、P・バーガーとT・ルックマンの共著 ***The Social Construction of Reality: A Treatise in the Sociology of Knowledge*** が『日常世界の構成』というタイトルで翻訳、紹介されると、にわかに注目を集め、日常生活世界の自明性を脱構築的に解明しようとする社会学的な試みが盛り上がりを見せたこともあった。そして、同じ時期から「テレビ三〇年」の一九八四年ごろまでは、テレビをめぐる活発な議論がそれなりになされていた。

本書を企画する時に念頭にあったのは、しばしばメディア研究、マスコミュニケーション研究の参照点とされる北村日出夫、中野収編『日本のテレビ文化――メディア・ライフの社会史』である。もちろん「テレビ三〇年」に前後して発表されたこの古典的労作に、自分たちの拙い作業を重ね合わせるような図々しさを私たちは持ちあわせてはいない。しかし、今日あらためて読み直した際に、その中でテレビをめぐる広範囲な政治、社会、文化的な問題が議論されていたことに驚かされる。そこでは成熟期を迎えたテレビが社会的な文脈に置かれ、「テレビを見るとはどういうことなのか」、「テレビは日常生活にどのように影響を与えるのか」、そして「テレビとはいったい何なのか」ということが同時代の問題として真摯に問われていたのである。それは、私たちが本書で取りくんだ問題の多くをすでに先取りしていたと言ってもよい。

しかし、『日本のテレビ文化』をはじめとする優れた先行研究（そのいくつかは巻末の年表にまとめたので参照されたい）にもかかわらず、「テレビ三〇年」以降、テレビは研究対象としては視界から消えていく。一九八〇年代の「ニューメディア・ブーム」や一九九〇年代以降の「高度情報社会」論などの行政＝産業主導型の議論が席巻するなかで、もはやテレビ研究それ自体の存在理由さえ見失われてしまったかのようだった。

もちろんテレビ研究が一切なくなったというと、誤解を招くかもしれない。「やらせ」などにみられるテレビ報道をめぐる倫理的な問題が起きたり、ニュース番組の「娯楽化」の規範的な性格などが、彼らに揶揄的に取り上げられた特定の政党やほかのメディアから問題にされたり、少年犯罪や非行がテレビドラマや「俗悪」番組の「影響」であるなどと批判されたりするとき、思い出したように一過的にテレビ研究らしき論議が交わされたことはあった。しかし、その多くは、これまでのテレビ研究の蓄積とも批判的な問題意識ともおよそ関係のないところでなされた議論にすぎない。テレビというメディアの特性、テレビを見ること、そしてテレビを見る人について、非日常的出来事としてある種の道徳的・規範的・政治的観点から直感的な印象批評にも等しい論議のみが交わされてきたのである。

そこではテレビが存在することも、テレビを見るという経験も、テレビを見る人がいることも、日常的世界の文脈において生じているということがすっかりと忘れ去られている。しかし、まさに、この日常性の中にテレビをめぐるさまざまな問題の本質が存在しているのだ。こうしど試みられてこなかったのである。

た日常の自明性そのものを批判的に問い直そうとするテレビ研究が、まったくといっていいほ

*

本書の企画は、執筆者の中でテレビ放送の開始後半世紀という一つの節目を迎えるにあたって、あらためてテレビとオーディエンスをめぐる問題について考えようとするところから始まった。

ところで、この「テレビ五〇年」について少し述べておくべきだろう。二人の編著者をはじめとして、それぞれの執筆者が、二〇〇三年がわが国の「テレビ五〇年」という歴史的な節目に当たることを、程度や仕方の違いこそあれ、意識していたのは事実である。しかし、「五〇年」といえども、それはたまたま「切りのよい」数字になっているだけの歴史的な通過点の一つにすぎない。

実際に、私たちの試みはすぐにさまざまな問題にぶつかってしまう。なにより基本的な問題にかんする研究成果とその蓄積の乏しさ、また、わずかな成果についても十分な検証が行なわれてこなかったという事実に直面してしまうのである。とりわけ、テレビ三〇年以降のこの二十年間は、最近の流行り言葉を借りれば、「失われた二〇年」と言ってもいいかもしれない。「テレビ五〇年」という契機においてテレビとオーディエンスを再考するといった作業以上に、従来のテレビジョン・スタディーズのかなり深刻な問題点を、どのように批判的に克服していけばよいのかという、そうした問題意識を執筆者はあらためて実感することになったのだ。

しかし、メディア研究やマスコミュニケーション研究におけるテレビ研究の低調さにもかかわらず、この二〇年間、テレビは圧倒的に重要なメディアでありつづけた。たしかに家庭の中に存在する唯一の大衆メディアという位置づけは、人びとのライフスタイルの変化、家族の変

容、テクノロジーの発展と多メディア化、インターネットや携帯電話をはじめとする情報テクノロジーの決定的な普及、価値観の多様化、グローバリゼーションなどの動向を受けてはっきりと変化した。しかし、このことはテレビの影響の低下をもたらしたのではなく、むしろ社会的存在としてのテレビの質的な変化をもたらしたのであって、その結果テレビはむしろ影響力を増大させたのである。

皮肉を込めていうなら、ある意味ではこのようなテレビ研究の動向は、日常生活においてテレビが自然化していく過程を見事なまでに反映しているといえるのかもしれない。本書の刊行にいたる経緯の一つは、こうしたテレビ研究の問題を、身もって経験させられたことにある。私たちが試みようとしたのは、これほどまでに、自明で自然なものとして捉えられているテレビという存在を問い直し、その自明さや自然さがどのようにして構築されているのかを探ることである。

ここで本書で何度もでてくる「オーディエンス」という言葉をその端的な例として触れておくべきだろう。テレビのオーディエンスは、通常は「視聴者」という語で日常的には表されている。テレビは視聴者によって支えられている、というのはテレビ局やマスコミでしばしば言われることであるが、そもそもこの「視聴者」とは誰なのか、とあらためて考えるとそれがきわめて曖昧で茫漠とした概念であることに気がつかされる。かりにテレビを見ている人全部が視聴者だとすると、それは「国民」や「一般人」といったカテゴリーと限りなく近くなるかもしれない。視聴者は具体的になにかに規定されているカテゴリーではないのである。

本書で原則として「視聴者」の代わりに「オーディエンス」という言葉を用いるのは、「視聴者」という語感の持つ自明さや自然さを疑問に付すためである。必要以上にカタカナを用いることには異論のある人もあるかもしれない。しかし、この違和感は意図的に導入されたのであって、それは広くは「テレビ」や「ニュース」、「家族」や「国民」というテレビを取り巻くカテゴリーの自明性を批判的に検証する作業と結びついている。

全体の構成

具体的にどのような空間と時間という文脈のもとにテレビが置かれているのだろうか。テレビを見ることによって、具体的に何を、どのようにして体験しているのだろうか。そして、具体的にそうした体験を通じて、どのような人が、どのようにしてテレビ・オーディエンスとして存在することになるのであろうか。繰り返しになるが、こうした問題は、もっとも基本的であるにもかかわらず、これまでのテレビ研究の動向では残念ながら、これらの諸点を解明する研究が十分に進められてこなかった。

このようなテレビ研究における基本的課題こそが、テレビ研究に固有の、そして不可欠な問題領域を形成していくはずである。しかし、それはテレビという問題に自己完結的に閉じこもることではない。それはテレビ研究を社会的、文化的、あるいは政治的、経済的な文脈との密接不可分な結びつきをもったものとして位置づけなおすこととつながっている。

たとえば、豊かさを象徴するモノとして導入されたテレビが、郊外団地のような家庭に置かれ、そこに成立する空間的、時間的文脈のもとで見られているということからは、一体何が明らかになるのであろうか。それは、豊かさを象徴する家庭での消費財を生み出す高度経済成長期のイデオロギーと無縁ではありえないし、戦後の家庭という空間と時間とが、モノにしてマスメディアであるテレビが消費され、その快楽が体験される空間、時間として再編制されていくことを物語っているはずである。

本書は大きく「オーディエンスの理論」「オーディエンスのいる風景」そして「オーディエンス研究の展望」の三部に分けられる。しかし、このことは必ずしもある一部の理論にそって二部が分析され、三部によって総括されるということを意味していない。各論考はそれぞれの執筆者による独立した論考であり、その間にさまざまな見解の相違があることは言うまでもない。しかし、このことは各論考のそれぞれの議論が全く別々に展開されているということを意味しているわけでもない。本書を編集するにあたって、何度となく研究会と意見の交換、編集会議がもたれ、さらにはメールで論文をやりとりし、各論考をお互いに読みあうことで一定の問題意識は共有されている。理論はその過程で実証的な分析に応用され、その逆に分析は理論にフィードバックされている。各執筆者は、自分の関心や専門に基づきつつも、「テレビ」や「オーディエンス」をめぐる共通の問題意識に沿ってその議論を展開しているのである。その議論の詳細は各論考を見ていただくとして、ここではどのような編集企図によって構成されているのかだけを簡単に触れておきたい。

＊

第一部では、日常生活にテレビがあること、テレビが見られていること、テレビを見る人がいることの、これらの自明性を脱構築して、これらの被構築性を解明しつつ、とりわけテレビ・オーディエンスの、その可能態を模索するための理論構築を試みている。

「テレビ五〇年」の歴史のなかでは、大規模な視聴者調査が少なからず実施され、その結果、視聴者のタイポロジーをつうじてテレビ・オーディエンス像が提起されてきた。そこでは、テレビ視聴（者）にかんする調査研究における理論的枠組や作業仮説のようなかたちでオーディエンスをとらえようとする、「科学的」ディスクールによってテレビ・オーディエンスが構築されてきたのである。

しかし、そうしたオーディエンス像からは、たとえば、テレビを見ることを、ライフスタイルや、自らのコミュニケーションの一環として展開している姿が描かれても、具体的にどのような空間的、時間的コンテクストのもとでテレビを見て、そのようにしてテレビをみることで、具体的に何を、どのように体験しているのかということは明らかにはならない。このほかにも、たとえば、大衆文化としてのテレビ文化を語るディスクールによっても、テレビ・オーディエンスは構築されている。そうしたオーディエンスは、自らが織り成すテレビテクストの可能的意味の多層性とともに、文化を語るディスクールによって方向づけられ、統制されることになる。

まず、冒頭の小林直毅の論考では、こうした問題点を考察しながら、テレビ・オーディエンスの被構築性の解明とともに、統制態としてのテレビ・オーディエンスの諸相を解明することの重要性を提起する。

オーディエンスの被構築性の特徴を明らかにすることは、同時に、「能動的視聴者」などといわれてきたテレビ・オーディエンスを、実体として無前提に称揚したり、結果的にブラックボックス化したりしてしまうことや、逆に、たんなるフィクションとして一笑に付して、放棄したりしてしまうことからも脱却させてくれることになる。土橋臣吾の論稿は、アクター・ネットワーク・セオリーの視点から、関係態としてのオーディエンスを定礎し直して、その上で、従来の被構築性の特徴とは異なる、テレビ・オーディエンスが「他でもありえた可能性」を検証するための、理論的基盤を形成しようとするものである。

テレビがあること、テレビが見られていること、テレビを見る人がいることの自明視は、テレビ・オーディエンスの実体化を帰結しただけではなく、テレビが置かれている「家庭」という空間とそこで経過する時間の特性と、「家族」という関係の特性について、ほとんど何の検証もすることなしに実体化してきた。しかし、戦後、この国における「家庭」は、空間的にも、また制度的にも大きな変容を遂げてきたし、またその「望ましい」姿についてのイデオロギー的ディスクールが、かたちは変えても、戦中、戦前と同様に、弛みなく編制されつづけてきたのである。また、テレビによって促進されたり、阻害されたりするといわれる「家族団欒」についても同様で、一体それがどのような経験なのか、検証のための手続きすら示されないまま実体化されてきた。小林義寛は、その論考で、まさにこの問題を指摘し、「家庭」や「家族」とテレビとの相互構築過程を検証することの必要性を強調する。

第二部では、具体的な事例研究を通じてオーディエンスがどのように構築されてきたのかを考察している。

阿部潔の論考は、天皇報道、具体的には『皇室アルバム』という長寿番組を通じて、それを見る人びとの主体がいかに「国民」として構築されていくのかを分析したものである。この論考では、象徴天皇制と漠然と議論されている戦後の政治体制がテレビというメディアを通じてどのように変容しつつ、浸透しているのかが、あざやかに描き出されている。ここで中心的な役割を果たすのは、強大な絶対的な権力の行使者としての天皇ではなく、国民のモデルにもなるような等身大の家族としての天皇家である。それは、第一部の小林義寛が描き出した今日の家族の構築といわばパラレルにテレビによって構築されたものであるが、まさにその日常性ゆえに「国民」というカテゴリーの中に自然に——無意識の下に——内面化されているものなのである。

「報道番組」や「テレビ・ニュース」というジャンルとしてテレビ番組は形成されているが、「テレビ・ニュース」を見る人が、それだけの事態をもって、テレビ・ニュースのオーディエンスであるわけでもなければ、ましてや、テレビ・ジャーナリズムのオーディエンスであるわけでもない。テレビを見る人は、放送局の用いる番組ジャンルとは別に、たとえば「ホームドラマ」を見ていてもそこから生活情報を獲得したり、「歌番組」をみても「今時の若者についてのニュース」に触れたりという具合に、テレビ報道のオーディエンスになりえてきたのである。吉岡至の論考では、まさにこのようなかたちで、放送局ごとに編成されたテレビ番組全体を「テレビ報道」としてとらえることの可能性と必要性を、「ながら視聴」や「読みこみ」、あるいはR・ウィリアムズの「流れ」(flow)とも一脈通じる「系的視聴」といった、オーディエンスのテレビの見方と関連づけながら論じている。

ところで、八〇年代以降登場した特徴的なテレビ・オーディエンスは「オタク」というオーディエンスだろう。この「オタク」はアニメやアイドル番組と同じように、ビデオやファミコンなど他のメディアをやはり同じブラウン管を用いて見ている、という点でも八〇年代以降のひとつの視聴形態の典型的な像を示しているといってもよい。そして、それは近年重要なトピックとして注目を集めている領域でもある。しかし、その多くが「オタク」の実情を全く知らないまま、ヒステリックに批判をする一方的な議論だったり、あたかも自分自身が「オタク」の代表であることを僭称しつつ、その自らの位置性だけを特権化し、自分の身の回りの狭い出来事を一般化して語る言説しか存在しなかったことは不幸なことである。村瀬ひろみの論考は、自らを「女性のオタク」に寄り添わせつつ、「オタク」というオーディエンスが八〇年代から九〇年代にかけて「男化」していく様子を批判的に考察することで、「オタク」というオーディエンスを解体しようとしたものである。これは近年の「オタク」をめぐる言説に対するフェミニスト的批判として読むことができるだろう。

「テレビ三〇年」後の一九八〇年代は、一方で、マスメディアとしてのテレビの「終焉宣告」がなされるほどに、いわばポスト・テレビ的な「ニューメディア・バブル」ブームに、メディア研究の多くが狂奔させられていた。しかし他方では、あたかも「テレビ新時代」の到来を告げるかのような、人気を博した新手のテレビ番組の特性から、「新たなテレビ・オーディエンス」の登場を取り沙汰するようなディスクールも編制されていた。小林直毅のもう一つの論考では、この「新たなテレビ・オーディエンス」が、消費社会のイデオロギー的主体としてディスクール的に産出、誘導された、別の言い方をするなら、ディスクール的に「新しい」とされるテレビの見方をつうじて、自らを差異化することを強制された統制態であったことを明らかにしようとしている。

毛利嘉孝の論考は、オーディエンスの社会構築性ということを意識しつつ、本書が書かれている「テレビ五〇年」の現在、テレビは人びとの生活の中でどのように配置され、どのように視聴され、どのように影響を与えているのか、特にイラクに対する攻撃という報道を素材にして明らかにしようとしたものである。そこでは、インタビューによるオーディエンスの自己（再）構成が行われているが、社会的に構築されたひとつのオーディエンスの解体とオルタナティヴな再構築の試みと理解できる。

日本におけるテレビ研究の低調さとは別に、海外ではテレビ研究は理論的・実証的な研究が着実に積み上げられてきた。第三部の毛利のもうひとつの論考はそうした海外の論考を概観し、マッピングしたものである。とりわけ毛利自身が多くを負っている文化研究（カルチュラル・スタディーズ）におけるオーディエンス理論を核としたそのマッピングについては異論もあるかもしれない。また、ここで取り上げられている研究の多くは実証研究であるために、その枠組みだけを取り出して議論をすることに違和感のある人もいるだろう。この点については、前章のイラク攻撃をめぐるオーディエンスの議論とあわせて読まれたい。

とはいえ、毛利のマッピングは、欧米のオーディエンス論の展開を無批判に称揚し、その日本的応用の必要性を主張することを目指したものではない。むしろ、そこで見えてくるのはオーディエンスをめぐる議論の困難さであり、社会学や文化人類学、歴史学、心理学、精神分析、フェミニズムなど隣接領域との越境の必要性である。こうしたマッピングという作業によって期待されるのは、マッピングの批判なき受容ではなく、マッピングのラディカルな描き換えであることは強調するまでもない。

＊

本書の基本的な企画案がまとまってから、一年余りの比較的短い期間で刊行にこぎつけられたのは、何にもまして、せりか書房の船橋純一郎さんのご支援の賜と、執筆者一同、心からの謝意を捧げたい。船橋さんには、とかく、それぞれの問題関心の違いや、仕事のペースの違いから足並みが乱れそうになるところを、その都度是正していただいてきたし、執筆、編集作業を進めていく過程で開催してきた研究会のすべてにご参加いただいて、すべての執筆者の構想、草稿について、的確で鋭いご教示、ご助言をいただいた。こうした、楽しい仕事として執筆が進められたことについても、あらためてお礼を申し上げたい。本書が、わが国のテレビジョン・スタディーズのなかで、たとえいくばくかでも、批判的な創造性をもつことができたとしたら、それは船橋さんのお陰である。

I　オーディエンスの理論

1

「消費者」、「視聴者」、そして「オーディエンス」

小林直毅

はじめに

テレビのオーディエンスとは、はたして存在するのかという問いは、今日では、共有され、自明視されつつある問題構成の一端であるといえよう。書物の登場が読者を生み出し、ラジオの登場が聴取者を生み出したとは、しばしば指摘されてきたところではある。それでは、同じように、テレビの登場も、視聴者を、あるいはテレビ・オーディエンスを生み出したのであろうか。このような問いにあらためて直面してみると、テレビ・オーディエンスの存在に懐疑的になったり、理念型的にせよ、テレビ・オーディエンスを抽出することが、かなり困難に思われたりする。

その困難の理由を考えてみると、一つには、テレビを視聴することそれ自体の特性が、明確な境界をもった概念として、テレビ・オーディエンスを設定することを、ほとんど不可能にしているからである。テレビを視聴することは、書物や新聞などを読むこと、ラジオを聴取することに比べて、そのインヴォルヴメントの度合いが低い。そして、R・ウィリアムズが喝破したように、テレビ視聴とは、「流れ」（flow）としてのシークエンスという、独自の時間的特性をもって展開されている。つまり、多くの場合、テレビ視聴とは、それが展開される、たとえば家庭という空間や、そこで他の活動が経過していく時間との連続的な「流れ」となっているのである。それゆえに、誰かが、テレビ受像機で映像と音声を視聴しているという局面だけをとらえだすことがすでに困難であり、かりに操作的にそうすることができても、それは現実的なテレビ視聴ではありえないし、したがって、そうした状態にある人を、テレビ・オーディエンスというわけにはいかないのである。

もう一つには、テレビの登場が、メディア史における一つの新しいメディアの登場としてだけではとらえきれないことが、テレビ・オーディエンスという概念の設定を、きわめて困難にしている。近代以降の、書物、新聞、映画、ラジオといった、さまざまなマスメディアが、テクノロジーの革新を必要条件としつつ、そのいずれもが、商品形態をもって登場してきた。それゆえに、書物の読者やラジオの聴取者などとよばれるこれらのマスメディアのオーディエンスも、じつはテクノロジーの利用者、商品の消費者といったいくつもの相貌をもっていたのである。テレビの登場も、その例外ではなかった。テレビ受像機はもちろんのこと、テレビ放送の送出機構も含めた放送制度もまた、二〇世紀の技術革新の一つの高度な集約形態であった。また、受像機を物質的な財として購入して、消費することと同時に、テレビ放送というサーヴィスにたいして、何らかのかたちで対価を支払い、それを享受することも含めて、テレビは消費生活の大きな変容をともなっていた。それゆえに、テレビ・オーディエンスとは、テクノロジーのユーザーでもあり、テクノロジーが集約された財の消費者でもありえたのである。

このように、テレビ・オーディエンスとは、きわめて複合的な存在であり、その特徴的な姿を容易に描き出すことができないのと同時に、さまざまな描き方も可能である。そして、じつは、これまでのテレビ研究をつうじて描き出されたテレビ・オーディエンスの姿以上に、その描き方に、テレビというメディアとテレビ視聴という行為をめぐる、さまざまな歴史的コンテクストや、テレビ研究それ自体の思想的、方法論的な特徴が鋭く反映されているのである。本章では、わが国におけるテレビ視聴にかんする調査研究のなかから提起されてきた視聴者類型を参照することで、こうしたテレビ・オーディエンスの「描き方」の特徴を検証しながら、テレビ・オーディエンスとはどのように存在するのかという問題についての考察を進め、テレビ・オーディエンスの理論を構想する端緒としたい。

1　テレビのある生活と視聴者の発見

テレビを視聴することなきテレビ・オーディエンス

わが国でテレビが普及し始めた初期の段階において、すでに、テレビの「視聴者」を純粋化して抽出することがきわめて困難な歴史的状況が現れていた。テレビの普及過程の、その歴史的特徴を検証してみると、テレビ・オーディエンスが、不可避的に、かなり重層的な被構築性をもつようになっていったことが明らかになる。とくに注目しておかなければならないのは、テレビの普及期が、わが国の高度経済成長期であったということである。戦後史のなかでも、この高度経済成長期には、明確に「消費者」とよばれる人びとを産み出すような社会変動や、人びとの生活をとりまく空間形態の変容が現れていた。たとえば、この時期に急速に進展した郊外団地の形成などは、D・ハーヴェイのいう、資本主義のもとでの市場の交換による生産と消費との分離から生起する、消費の空間的分化の、典型的、具体的な現れであった。そして、そこに暮らす人びとこそが、何かを強制された消費者となっていったのである。

　金融機関や政府は、経済成長と経済的安定を達成し、社会的不満を散らすように都市空間の形成過程を管理する。これらの目標が実現されなければならないものであるかぎり、人々が好むと好まざるとを問わず、新しい消費様式、新しい社会的欲求や必要が創出されなければならないことになろう。もしこれらの新しい消費様式なり新たな社会的需要・欲求なりが資本主義社会全体の必要性に沿う形で自然に発生してこないとすれば、人々にそれらを受容するよう強制するか、あるいは受容するよう甘言でつる必要があろう。都市空間の形成過程は、きわめて成功裡にこの目的を達成している。人々にあたえられている選択の可能性を構成しまた構成しなおすことによって、また特定の決定環境をつくりだすことによって、都市空間の形成過程は、自然発生的な嗜好から独立した、新たな種類の選択可能性を強制するようになるのである（Harvey 1985: 80=1991: 112-113）。

　こうして強制された存在として登場した消費者は「団地族」などとよばれ、その消費様式を、「楽しく」、「豊かな」、「新しい」、ある種の「憧れ」のライフスタイルとして表象するディスクールもまた、高度経済成長期には数多く編制されていた。一九六〇年の『国民生活白書』では、郊外団地に暮らす消費者世帯について、世帯主の年齢が若く、一流の大企業や官公庁に勤めるサラリーマンで、小家族で共稼ぎの世帯も多く、年齢の割合には所得水準が高いと分析している。その上で、こうした世帯には、電気冷蔵庫、電気洗濯機、そしてテレビという、いわゆる「三種の神器」が普及していること、生活合理化への意識が高いこと、パン食、椅子の洋式生活が普及していることなどが指摘された。また、家電製品の広告でも、郊外団地の世帯の家電製品を積極的に導入する消費様式を称揚するディスクールが編制されていた。当時の日立製作所は、電気冷蔵庫、電気扇風機、電気洗濯機、電気掃除機の写真を一枚の広告ポスターに収め、「団地生活にピッタリ！　日立の家庭電気品、生活合理化の四重奏」と語った。まさに、こうした「楽しく」、「豊かな」、「新しい」ライフスタイルを表象するディスクールが、「憧れ」の消費者の姿を構築していったのである。

消費様式を強制されながら、同時に、その強制されたライフスタイルを称揚するディスクールによって、「憧れ」の存在として構築された消費者こそが、家電製品にして、マスメディアでもあるテレビの視聴者となったのだ。彼ら、彼女たちは、そのライフスタイルにおいて、「楽しさ」、「豊かさ」、「新しさ」の経験をディスクール的に強制された消費者であると同時に、テレビの視聴者としても位置づけられることになったのである。テレビもまた、暮らしの豊かさを実感させる消費財であると同時に、マスメディアとしても位置づけられたのであった。このようにして、すでにテレビの普及期から、テレビとそのオーディエンスは、マスメディアとしても、視聴者としても、純粋なかたちでは存在していなかったのである。むしろ、この段階から、消費財にしてマスメディアであるテレビと、消費者にして視聴者であるオーディエンスとが登場し、両者が、「楽しさ」、「豊かさ」、「新しさ」といった意味を表象するディスクールによって、いわば高度経済成長をポジティブに彩る存在として構築されていった。そして、こうした消費者／視聴者であるがゆえに、彼ら、彼女たちは、テレビで何を、どのように視聴したところで、あるいはテレビ番組を視聴しなくとも、テレビ受像機の存在だけで、「楽しさ」、「豊かさ」、「新しさ」を経験することのできる視聴者として位置づけられた。すなわち、ここに、テレビで、何を、どのようにして視聴するのか、それがどのような経験であるのかを等閑視されたオーディエンスが、言い換えるなら「テレビを視聴することなきテレビ・オーディエンス」が構築されたのである。

逆説的に、テレビ・オーディエンスの、こうしたディスクール的な被構築性は、テレビ・オーディエンスだけではなく、テレビというメディアやテレビ視聴の特性を示唆することになる。メディアとしてのテレビの特性とは、けっして技術的な特性には還元されることのない、複合的な特性である。また、テレビ視聴も、たんにテレビの映像と音声を視聴するだけの経験には還元できない、複合的な要因によって特徴づけられる。すなわち、そこには、たとえば郊外団地の家庭で繰り広げられる、空間的に分化を遂げた消費の快楽と、メディア消費としてのテレビ視聴との、ディスクール的な被構築性などが見出されるのである。それは、家庭では消費の快楽を経験せよ、テレビで娯楽を体験せよという強制力の帰結と言い換えることもできる、テレビ視聴にかかわる複合的要因の現れなのである。また、そこからは、家庭というドメスティックな空間と時間の、ディスクール的な再編制過程も見出される。つまり、家庭における消費の快楽とテレビによる娯楽の強制は、消費の快楽を経験すべき、テレビで娯楽を体験すべき空間、時間として家庭が再編制されていくことでもある。まさに、このように再編制された家庭というドメスティックな空間と時間において、このように強制されてテレビを視聴しているがゆえに、テレビ・オーディエンスも、単純に、テレビの前にいてその映像や音声を視聴しているというだけではとらえきれない、重層的に被構築的な存在であるということになるのだ。

ライフスタイルとしてのテレビ・オーディエンス

テレビという消費財にしてマスメディアにたいする多層的な「驚き」が織り重ねられた時代が、一九六〇年代であったということができるかもしれない。その「驚き」の一つは、やはりなんといっても、テレビがけっして安価ではない耐久消費財であったにもかかわらず、急速に普及していったことへの「驚き」である。もう一つは、テレビが、ラジオ、新聞などの先行するマスメディアを押しのけて、人びとの生活のなかに急速に浸透していったことへの「驚き」でもある。さらに、テレビ視聴の快楽とその広がり、あるいはその多層性にたいする「驚き」もあった。そして、こうした耐久消費財の消費による生活の豊かさの実感も、テレビという新しいマスメディアの浸透も、テレビ視聴のさまざまな快楽も、いずれも家庭という空間と時間において経験されることにたいする「驚き」もあった。こうしたいくつもの「驚き」なかで、テレビというマスメディアの生活のなかへの浸透や、日常生活におけるテレビ視聴の定着をとらえようとする調査研究が行なわれ、それをつうじて特徴的な視聴者類型が提起されたことを見逃してはならない。そこからは、日常のライフスタイルにおいてテレビと密接な関係を成立させ、そうした関係を不可欠なものとするテレビ・オーディエンスの姿が描き出されたのである。

藤竹暁は、「テレビ一〇年」にあたる一九六三年に実施した「テレビ機能特徴調査」から、「テレビ浸透グループ」という視聴者類型を構成したが、そのために、次のような方法で一つのスケールを作成した。すなわち、①「仕事とテレビの対立」、②「テレビのない生活についての感情」、③「余暇活動とテレビとの対立」、④「ひと仕事終わってほっとしたときに占めるテレビの位置」、⑤「ひまな時間の中でのテレビの位置」、⑥「テレビが故障したときのテレビにたいする感情」の六つの質問項目にたいする回答の出方から、「テレビ浸透度スケール」が作成されたのである。このようなスケールによる視聴者の類型化こそが、日常生活における、マスメディアとしてのテレビとの関係の特性に準拠した、テレビ・オーディエンスの一つの構築の仕方であったといえる。それゆえ、こうした視聴者類型が描き出したテレビ・オーディエンスの姿は、消費財としてのテレビをめぐって、「楽しさ」、「豊かさ」、「新しさ」を経験するような消費者／視聴者の姿とは明らかに異なったものとなった。この視聴者類型は、ライフスタイルとして、どのようなテレビ視聴を展開しているのかという点に依拠して、テレビの視聴者を描き出したのである。そして、第一義的には、日常生活のなかにテレビを迎え入れ、仕事や他の余暇活動との対比においてもテレビ視聴に高いプライオリティを与えるテレビ・オーディエンスが、「テレビ浸透グループ」として類型化されたのである。

すなわち、このような視聴者類型を提起することは、どのような番組を視聴したところで、消費財としてのテレビを導入することで「楽しさ」、「豊かさ」、「新しさ」が経験できる、「テレビを視聴することなきテレビ・オーディエンス」から脱却して、むしろ「ライフスタイルとしてのテレビ・オーディエンス」を構築することであった。もう少し別の見方をするなら、こうした視聴者類型が形成されるのは、テレビがあくまでもマスメディアとして、人びとの日常生活のなかに位置づけられ、テレビを見ることも、日常の仕事や余暇といった他のさまざまな活動と関連しながら定着することによって、ライフスタイルの一端として、それが展開されるようになったからなのである。いずれにしても、この視聴者類型によって、テレビ視聴の複合的な要因のいくつかが鮮明になったといえよう。そして、「テレビ浸透グループ」のような視聴者類型が描き出したのも、テレビというマスメディアによって映像と音声を見聴きするという局面だけに限定されるのではなく、たとえば、仕事の在り方、余暇の過ごし方などのライフスタイルの特性といった、多元的、複合的要因から構築されたオーディエンスの姿なのだ。

藤竹によれば、このテレビ浸透グループのオーディエンスは「家庭外にレクリエーション、あるいはリラクゼーションの機会を求めようとする構えがあまりみられず、テレビによってそのすべての欲求を充足する傾向が強い」（藤竹 1963: 30）。また、「つねにダイアル選択を行ない、いま現に放送されている番組のなかから楽しみを見つけだしてゆこうとする、テレビへのアタッチメントな態度の持ち主」（藤竹 1963: 38）でもあるという。まさに、ここでは、家庭というドメスティックなコンテクストにおける日常の楽しみを経験するライフスタイルとしてのテレビ視聴と、それを展開するオーディエンスの姿が描き出されている。さらに藤竹は、このグループのオーディエンスが、「ドラマの展開そのものが彼らの思考のプロセスを形成」（藤竹 1963: 41）し、「テレビによって得られる娯楽のなかに、娯楽と同時に教養性を見出している」（藤竹 1963: 44）とも指摘する。ここでは、テレビ視聴を娯楽だけに一元化することなく、むしろ自らのライフスタイルにおいて視聴したテレビ番組を多元的に意味づけようとするオーディエンスの姿も描き出されているのである。

たしかに一方では、こうして「ライフスタイルとしてのテレビ・オーディエンス」の姿が立ち現れたことが、純粋なテレビ・オーディエンスの不在を、それまで以上に明らかにした。しかし他方では、一九六〇年代に、ライフスタイルに依拠して描かれたテレビ・オーディエンスの姿の、その被構築性こそが、テレビ視聴が家庭という空間と時間のなかで展開されていること、そしてテレビ視聴をつうじてテレビ番組が多元的に意味づけられていることなどを、すでに示唆していたのである。ちなみに、D・モーリーは、一九八六年の『ファミリー・テレビジョン』において、より「自然な」状況で、人びとがどのようにテレビを見ているのかを問うことは、すなわち、自らの家族とともに、家庭で展開されているテレビ視聴について問うことであるという認識を示している。そして彼は、「その内部で、テレビ番組についての『読み』が形成される枠組として、ドメスティックなコンテクストを分析すること」に関心の焦点を合わせていったのである（Morley 1986: 14）。また、モーリーは同時に、「『テレビ視聴』とは、その概念を運用するすべての人にとって、いつも同じ意味をもつような一元的な活動であると考えるわけにはいかない」とも指摘している。その上で、「テレビ視聴のさまざまな選択的機会との関係において、さまざまな種類の視聴者によってなされる選択の間の差異と、同じ視聴素材にたいする、さまざまな視聴者の反応の間の差異の双方を、『テレビ視聴』というかたちの一切合切を詰め込んだ記述の背後に隠された差異として、検証し、明らかにしていく」（Morley 1986: 15）ことが必要であるとも述べている。かりに、こうした見解を、テレビ視聴の特性にかんする、一九八〇年代以降の一つの代表的な見方であるとするなら、そこに見られる基本的なイッシューのほとんどが、一九六〇年代の「ライフスタイルとしてのテレビ・オーディエンス」の構築をつうじて提起されていたものと同様であるということができる。

2 テレビ・オーディエンスの文化的被構築性

大衆文化の享受者としてのテレビ・オーディエンス

テレビ浸透グループとなって現れるような「ライフスタイルとしてのテレビ・オーディエンス」の構築と、その分析によって示されたのは、日常生活においてとらえられたテレビというマスメディアの特性と、日常生活において展開されるテレビ視聴の特性である。その結果、たしかに、テレビというマスメディアが娯楽メディア、コミュニケーション・メディアであると同時に、生活メディアであることが強調され、「テレビの存在それ自体、あるいはテレビが存在することによって作り上げられている生活の意味を探ることが、要請される」（藤竹 1970: 48）ようにもなった。しかしながら、そこで探究されるべきテレビのある生活の意味が、じつは次のような視点からとらえられようとしていたことに留意する必要がある。すなわち、それは、G・スタイナーの提起に多くを負った、「テレビによって伝達される内容よりも、人びとがテレビ・メディアそれ自体をいかにとらえるかということが、テレビにたいする人びとの反応を強く規定する」（藤竹 1970: 48）という視点であったのだ。まさに、こうしたテレビとテレビ視聴のとらえ方こそが、「ライフスタイルとしてのテレビ・オーディエンス」と、それが示唆するテレビとテレビ視聴の特性の重大な問題点を生み出したのである。

つまり、テレビのある生活の意味を探求しようとしていたにもかかわらず、「ライフスタイルとしてのテレビ・オーディエンス」とは、ある特定の時間に、さまざまなテレビ番組のなかからある一つを選択して視聴し、そうすることで形成しているはずのテレビを見ることの意味を、ほとんど等閑視して構築されたオーディエンスなのであった。たしかに、こうしたテレビ・オーディエンスの分析によって明らかになったのは、テレビというメディアについての人びとのとらえ方であり、それも、「楽しさ」、「豊かさ」、「新しさ」を経験させてくれるといったかたちで一括されてしまうようなものではなかった。むしろ、生活におけるテレビの必要性の度合いなどが、先に述べたようなスケールによって測定され、その点では、生活におけるテレビ・メディアのとらえ方の多元的な特徴も明らかにされた。しかし、テレビのとらえ方が、いかに多元的に明らかにされたといっても、それは、たとえば、「必要性」といった概念で把握できるかぎりでの、テレビについての一般化された認識なのである。また同様に、仕事や他の余暇活動との比較や関連において、テレビ視聴の特徴がいかに多元的にとらえられたにしても、それも、あくまでもテレビを見るという体験の一般化された意味にすぎないのである。言い換えるなら、テレビ浸透グループのように、日常生活においてテレビの必要性の度合いが高く、ライフスタイルにおいてテレビ視聴のプライオリティの高いオーディエンスが構築され、その分析をつうじて、そうしたオーディエンスの間で見られる、一般化された「テレビ観」が提示されたにすぎないのである。

すでに一九六〇年代半ばには、ニュース、ドキュメンタリー、ドラマ、スポーツ中継、コメディ、バラエティ、歌番組、クイズ・ゲーム番組といった、今日にまで連なる番組の基本的なジャンルがほぼ出揃い、一日の時間帯や、平日、休日に応じた編成の原型が出来上がっていたことも考えあわせるなら、こうした問題点はより一層鮮明になろう。たしかに、「ライフスタイルとしてのテレビ・オーディエンス」はテレビを視聴してはいる。しかしこのオーディエンスからは、たとえば仕事を終えた夜の時間に、家庭で家族と食事をしながら、『ジェスチャー』というクイズ・ゲーム番組を見て、その後でつづけて、『お笑い三人組』というコメディを見る生活の意味も、そうしたテレビ視聴の意味も解明されることはない。[2] むしろ、一般化されたテレビ観やテレビ視聴の意味だけしか導き出されない「ライフスタイルとしてのテレビ・オーディエンス」とは、放送されているどのような番組であれ、テレビの必要性の度合いや視聴機会に応じて、それを視聴するライフスタイルの持ち主として想定されているのである。テレビを視聴することなきオーディエンスとはぎゃくに、「ライフスタイルとしてのテレビ・オーディエンス」は、どのような番組であっても、状況さえ許せばテレビを見るオーディエンスとして構築されたのだ。それゆえに、このようなオーディエンスを構築することは、テレビ視聴をめぐるさまざまな「差異を、視聴者が与えられた番組のすべてを『視聴した』ことにしてしまうような知見のもとで隠蔽すること」（Morley 1986: 15）にほかならない。

　さらに、こうした、一般化されたテレビ観やテレビ視聴の意味を優越させ、テレビ視聴をめぐるさまざまな差異を抑圧的に隠蔽してしまうようなテレビ・オーディエンスの被構築性に、テレビをめぐる、一九六〇年代に特徴的な、もう一つの「驚き」が織り重ねられていることにも注目しておく必要がある。いうまでもなく、テレビ浸透グループに分類された視聴者とは、テレビというメディアを生活のなかに浸透させ、テレビを生活にとって不可欠なものとするテレビ・オーディエンスである。じつは、このようなテレビの生活への浸透については、「文化の享受という点で、未開拓なまま残されてきた層を、テレビはつかまえた」という評価がなされていたのである。また、「テレビによって新しく文化過程に享受者として登場してきた層は、テレビにたいして生活のなかで不可欠の存在という位置を与えている」（藤竹 1963: 32）とも考えられていた。

　ここには、テレビが新たな文化的享受を可能にするマスメディアとして普及を遂げ、その結果、テレビ浸透グループとして類型化されるような、視聴者／新たな文化の享受者が大規模に登場してきたことにたいする「驚き」が見出される。この「驚き」こそが、テレビ浸透グループといった視聴者類型としてとらえられた、「ライフスタイルとしてのテレビ・オーディエンス」の被構築性のもう一つの特徴として、このオーディエンスの姿に織り重ねられていったのだ。しかもそこでは、それぞれのテレビ番組がどのように視聴され、どのように意味づけられるのかといった文化的享受の特徴や、そうした経験をする文化的享受者が、個々の番組の視聴をつうじて形成する、テレビを見るという体験の具体的な意味が注目されていたわけではない。何よりも、テレビが人びとの日常生活に浸透し、テレビ視聴が定着していくことによって、スタイナー流にいうなら、テレビというメディア自体の、生活のなかでの必要性の認識のされ方に応じて、テレビは、それまで文化的享受が不十分であった人びとを、新たな文化的享受者として登場させたということに関心が集まっていたのである。そして、テレビ浸透グループについてのデモグラフィックな分析からは、そうした人びとが、職業、世帯収入などの面で、比較的に階層が低いことまでもが明らかにされたのだ（藤竹 1963: 31-32）。まさしく、こうして享受される文化が、より広範な享受の可能な文化、すなわちメディア文化にして、何よりも大衆文化とよばれる文化なのであった。

こう考えるなら、テレビ浸透グループとして類型化されたテレビ・オーディエンスは、「ライフスタイルとしてのテレビ・オーディエンス」として構築されただけではなく、「大衆文化の享受者としてのテレビ・オーディエンス」という被構築性も、併せもつことになる。同時に、こうしたオーディエンスが構築されることで、テレビ・オーディエンスが享受する文化にたいする評価がなされ、さらにそれに依拠してテレビ・オーディエンスの階層的評価までもがなされたことを看過してはならない。「大衆文化の享受者としてのテレビ・オーディエンス」の構築をつうじてなされた、テレビの文化的特性についての評価においては、さまざまなテレビ番組が、さまざまな視聴者によってどのように視聴され、どのような意味を形成し、それがどのように享受されているのかといったことは、ほとんど検証されてはいない。それに代わって、テレビ浸透グループのような、日常生活のなかでのテレビを不可欠とする人びとが、テレビによって文化的享受を経験するようになったことが明らかにされ、そうした人びとが「大衆」と規定され、享受される文化も、「大衆文化」として評価されたのである。このような文化とその享受者についての、ある種の「格付け」が、じつはその後も、テレビ・オーディエンスを構築する、一つの重要なコンテクストとなっていった。これこそが、テレビの文化的特性を「大衆文化」のそれとして規定しようとする独特の社会文化史的コンテクストであると同時に、テレビによって文化を享受するオーディエンスを、大衆文化の享受者とみなそうとする、テレビ・オーディエンスの文化的被構築性をもたらす社会文化史的コンテクストでもあるのだ。

メディア環境におけるテレビ・オーディエンス

テレビによって新たに享受されるようになった文化を「大衆文化」と評価し、「大衆文化の享受者としてのテレビ・オーディエンス」を構築するに至った社会文化史的コンテクストは、その後も、テレビ・オーディエンスの被構築性に、色濃く影を落としつづけることになる。そしてそのことが、個々の番組内容よりも、生活における一般化されたテレビ観を重視するスタイナー流の視点とも相俟って、テレビ視聴における番組の多元的な意味づけを検証しようとする試みを潜在化させたのである。たしかに、テレビ・オーディエンスによる、テレビ番組の独自の意味形成に注目を促す、次のような指摘もなされてはいた。

テレビ視聴状況が独特の生活状況を強く反映していることのために、送り手は受け手にたいして「世界」を指定しにくいという事情がある。このことは送り手の意図とは別の文脈や次元で、番組は受け手によって受け取られる可能性を大きく秘めていることを示している。放送研究の一つの重要な柱に「利用と満足の研究」(uses and gratifications studies)が存在する理由の一つは、この点に求められるであろう(藤竹 1970: 66-67)。

しかし、一九七〇年代になってからは、この「利用と満足」研究を理論的枠組としながらも、テレビ番組が、オーディエンスの独自のコンテクストのもとで受け取られていることを解明しようとするのではなく、オーディエンスの、もう少し別の姿が描かれるようになった。そして、そうした試みなかでは、個々のテレビ番組の意味づけではなく、テレビとテレビ視聴について、オーディエンスの間で形成されている、一般化された意識や評価などの方が注目されたのである。とくに一九七〇年代には、深夜放送やカーラジオなどによってラジオが独自のオーディエンスを形成し、また、雑誌のセグメンテーションが始まったり、マスメディア状況に対抗してミニコミ誌が創刊されたりするなど、メディアミックスの状況が進展しつつあった。こうした状況下でのメディア環境において、たとえば、マスメディアとしてのテレビの機能についての評価や、テレビを肯定的に評価するのか、それとも否定的に評価するのかに応じて、テレビ・オーディエンスが構築されるようになっていったのである。

とくにこの時期には、人びとのテレビについての意識や評価にかんする調査研究が行なわれたが、そこでは、たとえば、テレビの「必要性」についての意識を解明しようとする調査項目が設定されていた。NHK放送世論調査所が一九七四年に実施した「今日のテレビ調査」では、これからの生活におけるテレビというメディアの必要性を、九三パーセントの圧倒的多数の人びとが認めていることが明らかになった。そして、テレビの必要性についてのこうした強固な支持こそが、テレビについての肯定的な評価の基盤であるとされた。さらに、そこから一歩踏み込んで、「テレビ視聴が人びとのコミュニケーション生活の一部を形成している現状においては、その現実の重みが、テレビに対して否定的な態度をとらせることを困難にしている」（小川 1975: 106）という考察までもがなされている。すなわち、ラジオ、雑誌、新聞、書籍などの、さまざまな利用可能なマスメディアが混在するメディアミックスの状況下で、テレビは、メディア環境のなかの one of them となりながらも、生活におけるその必要性についての圧倒的な支持によって、肯定的な評価を獲得しているという点に、テレビの特性が見出されたのである。また、そうしたテレビを見ることが日常のコミュニケーションの一部となっていることもまた、メディア環境におけるテレビの必要性と、テレビ視聴についての肯定的な評価へとつながっていると考えられた。その結果、メディア環境のなかでテレビというメディアについて、ともかくもその必要性という点で一定の評価をする、「メディア環境におけるテレビ・オーディエンス」が構築されることになったのである。

ところが、この調査からは、多くの人びとが肯定的に評価するテレビにたいして、否定的評価を下す少数の人びとが存在していることも同時に指摘されたのである。しかも、そうした人びとは、若年層や高学歴層に多くみられ、「一般的にテレビ以外の（あるいはそれも含めて）コミュニケーション生活が豊かであり、彼独自のコミュニケーション構造を持った人びとである」（小川 1975: 106）と分析された。メディアミックスが進行するなかで、このような人びととの生活では、テレビというメディアだけが必要とされるのではなく、むしろ、さまざまなメディアを利用しながら活発なコミュニケーションが展開されるために、テレビの占めるウエイトが相対的に低下する。結果的に、そのことが、彼ら、彼女たちの、テレビにたいする批判的、否定的な評価へとつながっていくと考えられたのである。そして、こうした考察から、コミュニケーションの活発さと、それに起因する生活におけるテレビのウエイトの低下と、さらにテレビにたいする否定的評価とに依拠した、もう一つの「メディア環境におけるテレビ・オーディエンス」が、量的には少ないながらも、構築されることになった。

たしかに、テレビの必要性を認めることでテレビを肯定的に評価するテレビ・オーディエンスだけではなく、少数ではあっても、さまざまなコミュニケーションを展開することでテレビに否定的なテレビ・オーディエンスを構築することは、オーディエンスの多元性を示すことになる。しかし、この二つのテレビ・オーディエンスをめぐっては、後者の、若年層や高学歴層に多くみられるというデモグラフィックな特性や、テレビだけには依存しないコミュニケーションの活発さという特性などとの対比によって、前者のオーディエンスの被構築性の特徴が鮮明になる。すなわちそれは、テレビにたいする肯定的な評価や、その基盤としての、メディアミックスの状況下にあってもなお強固な、テレビの必要性についての認識に加えて、こうした評価や認識をもたらすコミュニケーションの不活発さにも依拠して、このオーディエンスが構築されているということなのである。さらに、テレビを否定的に評価するテレビ・オーディエンスのデモグラフィックな特性を反転させて、テレビを肯定的に評価するオーディエンスのそれが、高学歴層の少なさであるという点を考えるなら、このオーディエンスの被構築性について、次のように述べることもできる。つまり、テレビを肯定的に評価する「メディア環境におけるテレビ・オーディエンス」は、テレビに強く依存し、テレビ視聴がコミュニケーションの重要な部分となっているような人びとを「大衆」として位置づけ、享受されている文化を「大衆文化」とみなす社会文化史的コンテクストのもとでも構築されている。そして、それとはぎゃくに、メディアミックスが進展するメディア環境において、テレビをめぐる大衆文化的状況に抗して、独自のコミュニケーションを成立させながらテレビを相対化することのできるような、テレビを否定的に評価する「メディア環境におけるテレビ・オーディエンス」を構築する試みも同時になされていたのである。

いずれにしても、こうしたテレビの必要性についての認識も、それに基づくテレビについての評価も、やはり一般化されたテレビ観であることにかわりはない。とくに、テレビにたいする評価をめぐっては、「個別番組に対する批判であるとか、ある特定の領域についてのテレビの悪影響などについては、部分的に否定することは可能であっても、これだけ日常化した存在であるテレビを、メディア・レベルでとらえてみれば否定しきれるものではない」（小川 1975: 100）という、スタイナー流の、生活における一般化されたテレビ観を重視する視点もまた、明確に示されている。じつはそこには、「利用と満足」研究のもつ次のような問題点もまた、そのまま反映していたのである。

「利用と満足」研究は、テクストから出発する直線的モデルを突破することで、メディア過程について、オーディエンスに焦点化した見解を提起し、そこでは、「メディアが人びとに何をなしたかではなく、人びとがメディアで何をなしているかを問う」という言い方がしばしば用いられた。だが、この「利用と満足」研究も、意味それ自体を問題化するモデルではなく、特殊な番組項目よりも、番組内容についてのより包括的なカテゴリーを研究する傾向がある。(Corner 1999: 82)

「メディア環境におけるテレビ・オーディエンス」からは、テレビとテレビ視聴の特性だけではなく、オーディエンスの日常のコミュニケーションの特性や階層的特性、そして享受される文化の階層的特性までもが指摘されている。たしかに、このようなテレビ・オーディエンスの被構築性の特徴が、一方では、純粋なテレビ・オーディエンスが、やはり不在であることを明らかにしている。それはまた、他方では、テレビ・オーディエンスだけではなく、テレビとテレビ視聴も、テレビにたいする評価や、コミュニケーションの活発さなどの複合的な要因によって特徴づけられていることを明らかにしているのである。しかしながら、人びとが日常生活のかなりの部分をメディア環境のなかで過ごしていることの一端として、テレビが見られているとするなら、一般化されたテレビ観としてのテレビについての評価や、一般化されたコミュニケーションの傾向に依拠して、オーディエンスを重層的に構築したところで、メディア環境におけるテレビ視聴の意味的な解明には遠く及ばない。むしろ、そうした意味的解明の端緒となるのは、オーディエンスのテレビ視聴による番組の独自の意味づけを検証していくことにほかならない。しかし、このような試みも、重要性が指摘されることはあったにせよ、テレビ・オーディエンスを大衆文化的被構築性に回収する社会文化史的コンテクストの支配と、「利用と満足」研究という理論的枠組の限界によって、潜在化、もしくは背景化されてしまったのである。

「若者」というテレビ・オーディエンス

テレビとテレビ視聴の特性を「大衆文化的」と評価し、テレビ・オーディエンスを「大衆文化の享受者」であると規定しながらも、そうした状況を相対化し、批判的に評価するような意識が人びとの間で成立していることや、それが実態として現れることへの関心は、その後も引き継がれていく。そして、こうした関心と、それに衝き動かされてのテレビ・オーディエンスの構築は、一九八〇年代になると、ザッピングやジッピングといった視聴態様や、テレビだけではなく多種多様なメディアとかかわる「若者」への関心と、そうした実態的特性を顕著に示すテレビ・オーディエンスの構築へとつながっていった。また、この時期には、情報社会の進展が喧伝され、「ニュー・メディア」ブームが席巻するなかで、マスメディアとしてのテレビの終焉と、テレビ・オーディエンスの消失を宣告するほどまでに、メディア環境におけるテレビの地位の低下が取り沙汰されていた。このような関心と歴史的背景の下で、テレビを主題化した調査研究に代わって、情報社会や「ニュー・メディア」を主題にした調査研究がさかんに実施され、そのなかの文字どおりのone of themとして、テレビとテレビ視聴の特性や、テレビ・オーディエンスについての検討がなされたのである。

NHK放送文化研究所では、一九八六年に「情報と社会調査」を実施したが、そこでは、「メディアとたわむれる若者」の、メディアとの関係のいくつかの特徴が明らかにされている。それによると、「若者」は、さまざまなメディアと多元的な関係を形成している点で特徴的であるといえるが、じつは、そうした関係において、「楽しさ・快さ・面白さ」という意味が成立していることが、さらに特徴的であると指摘された(NHK世論調査部 1987: 41)。そして、こうした「若者」が構成するメディア環境の特徴が、次のようなものとして説明されたのである。「若者はマスコミに活発に接している。しかし、その関心の重心は、『テレビ』『新聞』などのメジャーなものから、『漫画』『週刊誌』などのマイナーなものに移行しつつある」。このような移行は、「若者」の「いわゆるオーソドックスな〈情報〉に対する欲求ではなく、…(中略)…もっと何か『楽しさ・快さ・面白さ』を得たいという気持」によって進んでいるのである(NHK世論調査部 1987:43)。その結果、さまざまなメディアとのかかわりをつうじて「楽しさ・快さ・面白さ」を経験する「若者」にとって、テレビもまた同様の経験を可能にするメディアであり、テレビ視聴もまたそうした意味を可能にする経験ではあるが、メディア環境におけるその地位は相対的に低下させられるようになる。こうして、メディア環境において「楽しさ・快さ・面白さ」を経験させてくれるという点で、たしかにテレビも見るが、むしろ他のさまざまなメディアとの関係において、そうした意味を経験できるがゆえに、テレビだけに依存することない、『若者』というテレビ・オーディエンス」が構築されたのである。

このようにして立ち現れた「『若者』というテレビ・オーディエンス」は、大衆文化的特性を背負わされてきたテレビとテレビ視聴だけには依存せず、さまざまなメディアと多元的な関係を成立させる、能動的なオーディエンスという被構築性をもつことになる。それは、一つには、「楽しさ・快さ・面白さ」を追い求めながら、たとえば、「ウォークマン」、「ファミコン」といった新種のメディアも含めた、さまざまなメディアとの関係を成立させることで、テレビを中心とした大衆文化としてのメディア文化を解体し、新たに「多様」で「個性的」なメディア文化を形成していくことへの期待を込めた被構築性であった。ただ、こうした新たな文化形成への期待が、テレビ・オーディエンスの文化的被構築性の一つになるということは、テレビやテレビ視聴の文化的特性を大衆文化のそれとみなし、テレビ・オーディエンスを大衆文化の享受者とするような社会文化史的コンテクストが依然として支配していることの、逆説的な証左なのである。もう一つには、ザッピングやジッピングといった視聴態様の新奇性に注目して、それらをテレビ番組に没入したり、強く依存したりするような、大衆文化的な視聴態様からの顕在的な脱却とみなすことによって、このテレビ・オーディエンスは構築されている。ただ、これもまた、テレビとテレビ視聴の、とりわけ実態的な特徴を、大衆文化的特性としてとらえるようなコンテクストの支配が反転して現れた、『若者』というテレビ・オーディエンス」の被構築性なのである。

ここで、さらに留意しておかなければならないのは、こうしたテレビ・オーディエンスを構築するに至った、「若者」による新たなメディア文化の形成への期待も、それの基盤ともいえる、「若者」とさまざまなメディアとの、積極的で多元的な関係への注目も、同時に、「ニュー・メディア」の消費者として、彼ら、彼女たちを位置づけていたことである。つまり、テレビ三〇年を経過し、テレビをめぐる大衆文化的状況からの脱却へ向けての期待をこめて構築されたように見えたテレビ・オーディエンスも、じつは、テレビ普及期のオーディエンスとまったく同様に、新たに登場したメディアの、消費者としての相貌も与えられていたのである。したがって、こうして、新たに登場したと考えられたテレビ・オーディエンスも、テレビ視聴や、他のさまざまなメディアとの関係において新たな意味を成立させていくという点での、新たなメディア文化の形成を可能にするオーディエンスであるとは、必ずしもいえない。むしろ、そうしたメディア文化の形成へと向かうようなディスクール的な被構築性の背後で、物質的財としてのメディアの消費者という被構築性も併せもっていたのである。

もう少し別の見方をして、たとえばザッピングやジッピングなどの、テレビの視聴態様に依拠した、『若者』というテレビ・オーディエンス」の被構築性について考えてみると、そこにはどのような特徴が見出されるであろうか。たしかに、ザッピングやジッピングとよばれ、「若者」に顕在化していたテレビの見方は、それまでには見受けることが少なかったという点での新奇性をもっている。しかし、それは、いくつものチャンネルや、いくつものシーンに散乱する映像や音声から、「楽しさ・快さ・面白さ」を経験しようとするテレビ視聴なのである。顕在的な視聴態様だけに眼を奪われることなく、ザッピングやジッピングの、こうしたテレビを見ることとしての経験的な特性について考えてみると、じつは、それはかつての「テレビ浸透グループ」の、「つねにダイアル選択を行ない、いま現に放送されている番組のなかから楽しみを見つけだしてゆこう」としていたテレビ視聴と大きな違いがない。また、J・エリスは、もともとテレビ視聴を産み出す眼差しが、「凝視よりも、一瞥である」(Ellis 1982: 137)ということを強調している。ウィリアムズは、テレビ視聴が、オーディエンスの視聴状況に応じた方法で展開される、映像を見たり、音声を聴いたりする行為として成立しているがゆえに、そこには「番組編成としてのシークエンスから、ある流れ(flow)としてのシークエンスへの決定的ともいえる移行が存在している」(Williams 1990: 89)ともいう。さらに、経験的に考えてみても、同じ視聴覚メディアである映画を映画館で観賞する場合などとはきわめて対照的に、家庭でのテレビ視聴のもっとも典型的な態様は、「ながら視聴」なのである。これらの、調査研究がもたらした知見、テレビ視聴にかんする理論的見解、そして経験的に確認できる事態を十分に踏まえるなら、ザッピングやジッピングなどとよばれ、その目新しさが注目されたテレビの見方も、じつはリモコンとビデオという装置が、テレビ視聴の基本的な特性を実態的に顕在化させたものにすぎないのだ。

したがって、『若者』というテレビ・オーディエンス」の被構築性の特徴は、メディアの消費者としての期待を、新しいメディア文化の担い手としての期待へと置換したことに加えて、テレビ視聴のもっとも基本的な特性を、テレビ視聴の新たな特性と見誤ってしまったということにも見出される。こうした、新しさの錯視ともいえる、『若者』というテレビ・オーディエンス」の被構築性の特徴は、テレビ・オーディエンスはもとより、テレビというメディアの特性も、テレビを見るという経験の特性も、いずれも大衆文化的な特性とみなすことから生起している。テレビ・オーディエンスをはじめ、テレビとテレビ視聴の特性を大衆文化的なものとみなしてきたがゆえに、テレビだけに依存することなく、多種多様なメディアと多元的な関係を成立させる「若者」を、大衆文化的状況から脱却した、新たなメディア文化の形成へと向かうオーディエンスとして構築するようになったのである。また、テレビの社会文化史的コンテクストにおいては、テレビ番組に没入した視聴態様が大衆文化的と評価され、そうしたテレビ視聴を多く展開すると想定されたテレビ・オーディエンスが、大衆文化の享受者とみなされてきた。それゆえにザッピングやジッピングといったテレビ視聴の繰り広げる「若者」を、番組に没入してテレビを視聴するような大衆文化的状況から脱却した、新たな経験としてのテレビ視聴を可能にするテレビ・オーディエンスとして構築するようになったのである。

さらに、こうした錯視によってテレビ・オーディエンスが構築されるのには、テレビをめぐる大衆文化的評価と密接に関連したもう一つの理由がある。それは、人びとがテレビを見たり、さまざまなメディアとの関係を形成したりすることで、どのような意味を成立させ、それをどのように経験しているのかという点が捨象されているからなのである。新たに登場したメディアと密接な関係を成立させることに、新たなメディア文化の形成への期待が込められたテレビ・オーディエンスも、かつてのテレビという物質財の消費者でもあったオーディエンスと同様に、テレビも含めた多種多様なメディアとの関係において形成される、さまざまな具体的な意味を等閑視することで構築されている。また、新奇な視聴態様に幻惑され、それに依拠して新しいオーディエンスが構築されるにいたったのも、同じ理由による。考えてみれば、これまで、検討を進めてきたいずれのテレビ・オーディエンスが構築される過程においても、明示的であれ、暗示的であれ、また、程度の差こそあれ、テレビをめぐる文化的特性を大衆文化的なものとみなしてきた。そうすることで結果的に、テレビ番組が、どのような状況で、どのように視聴され、どのような意味を成立させながら、それがどのように享受されているのかという、これもまさしく、テレビをめぐる文化的特性を等閑視して、テレビ・オーディエンスが構築されてきたのだ。すなわち、テレビ・オーディエンスの文化的被構築性の一つの様相は、じつのところは、テレビ・オーディエンスのテレビ視聴による、テレビ番組の独自の意味形成や、それをつうじてのテレビ番組の多層的な意味の可能性を、言い換えるなら、テレビの文化的可能性を潜在化させることであった。

3　テレビ・オーディエンスのディスクール的被構築性

テレビ・オーディエンスをめぐって見失われたもの

純粋なテレビ・オーディエンスを不在にするほどまでに、テレビ視聴が複合的な特性をもち、その結果、テレビ・オーディエンスの姿は、不可避的に重層的な被構築性を表すことになった。これまでに明らかにしてきたように、すでにテレビの普及期から、テレビ・オーディエンスは視聴者であると同時に、耐久消費財としてのテレビの消費者であった。また、新しいライフスタイルとしてのテレビ視聴を展開し、テレビによって娯楽を経験しながら、同時に教養も身につける空間、時間として、家庭を編制していくオーディエンスの姿も描き出されてきた。さらに、テレビとテレビ視聴にかんする、大衆文化という文化的、階層的評価をつうじて構築されたテレビ・オーディエンスもあれば、そうしたテレビの大衆文化的状況にたいする批判的視点から構築されたオーディエンスもあり、また、新たなメディア文化の形成と、新たなメディアの消費者としての期待によって構築されたオーディエンスも登場した。ただ、ここで重要なのは、オーディエンスの被構築性に、これまで見てきたような、どのような特徴が見出されたにせよ、テレビ・オーディエンスとは、何よりも、ある特定の時間と空間において、さまざまな番組のなかから一つを選択し、複合的な特性をもったテレビ視聴をつうじて、さまざまな意味を成立させる存在にほかならないということである。そして、もう一つ見逃してはならないことは、こうして、テレビ番組の視聴をつうじて成立するさまざまな意味が、テレビ・オーディエンスが構成する環境世界としてのメディア環境に織り重ねられることによって、オーディエンス自身も、さらにそうした意味的な多層性をもった存在として構築されていくということなのである。このように考えるなら、問題となるのは、選択されたテレビ番組の視聴から成立する、さまざまな具体的な意味を解明することなく、重層的に被構築的なテレビ・オーディエンスの特性の解明が可能なのかということである。つまり、テレビの番組内容よりも、人びとがマスメディアとしてのテレビを、どのようにとらえているかということの方が、テレビ・オーディエンスを強く特徴づけているなどと、果たしていえるのかという点が、問われなければならない。

わが国において、テレビが普及し、生活のなかへと浸透していく過程では、いくつかのメディアイベントが重要な役割を果たしてきた。たとえば、プロ野球中継を見たさにテレビを購入した世帯も、けっして少なくなかったはずである。そして、その結果として、夕食の時間がテレビで娯楽を体験する時間になり、家族で食事をしながらの夜のテレビ視聴が習慣化したといった事態に注目するなら、そこでは、生活におけるテレビのとらえ方に依拠した、「ライフスタイルとしてのテレビ・オーディエンス」が構築されることになる。しかし、こうした事態とほぼ同時期となる一九五九年の、当時の皇太子御成婚パレードの場合では、人びとが、テレビというメディアをどのようにとらえているのかということに依拠して構築されたオーディエンスの姿からは、到底明らかにはならないテレビ・オーディエンスの特徴を考える必要がある。たしかに、この御成婚パレードは、これを番組として中継放送するべく開局を間に合わせた民間放送局があったというほどに、テレビ受像機の普及だけではなく、今日のテレビ放送の制度的基盤の形成にも重要な役割を果たした一大メディアイベントであった。しかし、このようなイベントのテレビ中継によって、戦後に青春期を過ごした皇太子が、避暑地の軽井沢で出会い、恋愛結婚をした民間出身の若い妃とともに、無蓋の馬車から手を振るその光景を、家庭のテレビで見るとき、人びとは、いったいどのような意味を成立させていたのかということは、けっして等閑視することのできない重要性をもっている。なぜなら、まさに、これを解明することこそが、むしろ、そうすることによってはじめて、どのような人びとが、どのようにしてこの御成婚パレードの中継を見ることで、どのような意味的な多層性をもったテレビ・オーディエンスとして構築されたのかを明らかにしてくれるからだ。

つまり、こうしたイベントをめぐって制作された番組を視聴することで、テレビ・オーディエンスはさまざまな意味を成立させていたし、オーディエンスが構成するメディア環境にそうした意味が織り重ねられることによって、テレビ・オーディエンスも、より一層、重層的に構築されていったのである。その後も、たとえば、一九六四年の東京オリンピックの開会式や、女子バレーボールの旧ソ連との決勝戦の中継を視聴するテレビ・オーディエンスの被構築性の特徴も、人びとがテレビというメディアをどのように認識しているのかということだけではなく、むしろそれ以上に、番組内容が、どのように意味づけられたのかということに見出されるはずである。

さらに、テレビの環境化が進展した一九七〇年代以降を考えるなら、この種のメディアイベントにかかわる番組にかぎらず、どのようなテレビ番組が、どのように視聴され、どのような意味が形成されるのかということこそが、鮮明、詳細、かつ具体的に、テレビ・オーディエンスの特徴を明らかにしてくれる。一九七四年に登場したNHKの『ニュース・センター9時』は、それまでのオーディエンスが、ニュートラルなアナウンスや編集された映像を視聴してニュースの意味を形成してきたのにたいして、キャスターのコメントに加えて、その表情や仕草、声色などの身体性までにもかかわることによって、ニュースの意味を形成するテレビ・オーディエンスを産み出した。また、一九九〇年代後半の午後七時の『NHKニュース』は、「すべての項目の三分の一近くが、行政的な紛争や不一致、抵抗やストライキ、犯罪やスキャンダルといった、何らかのコンフリクト内包していた」にもかかわらず、「その半数ほどだけしか、ドラマティックでコンフリクトにかかわるような画像をともなってはいなかった」。つまり、「コンフリクトをともなう政治的項目の画面上での翻訳が、こうした出来事に固有のドラマティックな性格を失わせて」いたのである(Krauss 2000: 37)。このような定時のニュースを、家庭というドメスティックなコンテクストで視聴し、ニュースとしての出来事を意味づけるテレビ・オーディエンスもまた構築されているのであり、今日の環境世界としてのメディア環境において、どのような政治的、経済的、社会的出来事が経験されているのかを検証するためにも、その特性を解明する必要がある。

ここでは、テレビ・オーディエンスの重層的な被構築性の特徴を明らかにするために、「テレビ五〇年」の歴史におけるいくつかの調査研究から導き出される、典型的なテレビ・オーディエンスを、再構築しながら検討を進めてきた。いずれのタイプの被構築性の特徴を検討してみても、端的には、オーディエンスがテレビで何を見聞きしたのかという点、そしてテレビで何を、どのように見聞きすることでテレビ・オーディエンスは立ち現れるのかという点は、まったくといってよいほど見失われているのである。つまり、これまでのわが国のテレビジョン・スタディーズにおいては、テレビやテレビ視聴を研究の主題に掲げながら、実際のテレビ番組を見ることがどのような体験なのかということ、そして、そうしたテレビ番組を見ることで、どのようなオーディエンスがメディア環境のなかに構築されてきたのかということが、意外なほど、考えられてはこなかったのである。「テレビ五〇年」史のなかでも、ほぼ半ばの一九七〇年代には、テレビの環境化が自明視されるようになった。こうしたメディア史的観点からすれば、どのような人が、どのような状況で、テレビで何を視聴し、どのような体験をすることになったのかを明らかにすることと同時に、そのような体験をする人びとが、メディア環境において、どのようなテレビ・オーディエンスとして構築されているのかを解明することが何よりも必要なのである。

テレビテクストとオーディエンス

オーディエンスが、放送されているいくつものテレビ番組のなかから、ある時間に、一つの番組を選択して、それを視聴することで成立させている意味とは、たとえば、かつて、プログラム・アナライザーを用いた実験的な手法で研究されてきた「番組嗜好」や「視聴者の反応」などとは大きく異なっている。[3] まず、確認すべき重要な点は、あるテレビ番組を視聴するという体験が、ウィリアムズの指摘するように、番組それ自体のレベルで、編成のようなかたちとなって現れるシークエンスとは異なる、「ある流れ（flow）としてのシークエンス」を形成しているという点である。つまり、テレビを見るという体験は、個々ばらばらの出来事の断続ではなく、テレビ視聴が展開される状況やコンテクストのもとでの連続した流れとなっている。それゆえに、ある番組を選択して視聴しているにもかかわらず、テレビ視聴については、慣用的に、「ある特定の番組を見るというのではなく、テレビを見るという言い方」（Abercrombie 1996: 12）がされるのである。

テレビを見ることが、このような流れとしてのシークエンスを形成していくことであるがゆえに、オーディエンスが番組のなかの映像を見たり、音声を聴いたり、文字や言葉を読み聴きして成立させるそれぞれの意味は、相互に関連的な結びつきを形成している。その点で、オーディエンスのテレビ視聴をつうじて成立する意味とは、プログラム・アナライザーでとらえた、「面白い」、「面白くない」という反応の断片の、たんなる羅列や拡散とは、決定的に異なる。そして、テレビ・オーディエンスが、ある特定の番組を視聴する過程で、映像や音声や言語のさまざまな意味を関連づけながら組立てていくストーリーや論理は、番組の制作過程で想定されていたものとは、当然異なったものになりうる。また、同じ番組でも、異なるオーディエンスが、異なった状況やコンテクストのもとでそれを視聴するのであるから、そうしたさまざまなオーディエンスの、さまざまな視聴からは、当然さまざまなストーリーや論理が形成されることになる。すなわち、テレビ・オーディエンスが、ある番組を選択して視聴すること、より日常的、慣用的に、正確に言い直すなら、テレビを見るという体験をとおして成立させているさまざまな意味は、個々ばらばらに拡散してしまうのではなく、テクストとして多層的に織り成されているのである。

テレビとテレビ視聴の意味を、テクストとして考察することによって、書物の読者が、ストーリーの展開を追いかけることも含めた読みの快楽を、「読書」をつうじて経験しているのとまったく同様に、テレビ・オーディエンスが、テレビ視聴をつうじて、テレビテクストを織り成しながら、そこで「視聴」の快楽を経験しているということが明らかになる。そのことをもって、「文学批評で用いられている観念や方法が、テレビ研究の中心的領域でも見出されるなどといってみたところで、ぎゃくに、この領域が文化分析のもっとも重要な領域であるのなら、それはけっして驚くようなことではない」（Abercrombie 1996: 10）のだ。むしろ、ここで注目しておかなければならないのは、テレビ・オーディエンスが、そのテレビ視聴をつうじて織り成し、同時に、そこでテレビを見ることの快楽を経験するテレビテクストこそが、「その生産と消費にかんする歴史的諸条件から離れて考察することができない」（Morley 1992: 86）ということにほかならない。

テレビテクストそれ自体は、テレビ番組の構成要素となっている映像や音声、そして言語などの記号の意味に加えて、テレビ視聴をめぐるさまざまな状況やコンテクストの意味などが相互に関連づけられて織り成されているがゆえに、可能的に多様な意味が、多層的に織り重ねられていると考えることができる。しかし、こうしたテレビテクストには、一方では、マスメディア組織においてテレビ番組が制作される、テレビテクストの制度的な生産と、他方では、おもに家庭というドメスティックな空間と時間においてテレビ番組が視聴される、テレビテクストの制度的な消費という、重要な局面が設定されているのである。そして、このテレビテクストの生産も消費も、いずれもディスクール的な実践として展開されている。たとえば、皇太子御成婚パレードの中継も、「新憲法下で民主化された皇室の新しい姿を内外にアッピールするための一大イベント」、「民主化された新時代の皇太子は、民主化された新時代の結婚観や家族観を体現している」といったディスクール的実践によって、テレビテクストとして生産されていたと考えることができる。また、この番組が、「新しい日本の皇太子は、避暑地でのテニスで出会った女性と恋愛をして、旧いしきたりを乗り越えて、結婚にまでたどり着いた」、「新しい時代に青春期を過ごした皇太子の、新しい結婚の在り方」といったディスクール的実践によって、テレビテクストとして消費されていたと考えることができるのである。つまり、テレビ番組を構成している映像、音声、言語の意味によって織り成されるテレビテクストとは、その生産と消費をつうじてドミナントに編制されるディスクールによって、テクストしての可能的に多層的な意味が方向づけられたり、特定の意味が顕在化されたり、ぎゃくに他の意味が潜在化されたり、抑圧されたりするようになるのだ。

テレビ視聴をつうじて、たしかに、織り成されたテレビテクストにおいて可能的に多層的な意味が成立している。しかし、同時に、こうしたテレビテクストにおいては、ある特定の歴史的、社会的、文化的状況下でドミナントなディスクールによって、テクストにおけるある特定の意味が顕在化したり、それに向けて他の意味が方向づけられたり、収斂させられたり、あるいは潜在化されたり、抑圧されたりしているのである。すなわち、「ある特定の環境においてテクストが直面するのは、どのようなディスクールのセットなのかということから、そして、こうしたテクストとディスクールとの遭遇が、当のテクストとそれと出会ったディスクールの意味の双方を、どのように再構成するのかということから、テクストの意味は、考察されなければならない」(Morley 1992: 87) のだ。テレビ・オーディエンスとは、テレビ視聴を展開することで、たしかに一方では、可能的に多層的な意味を成立させているテレビテクストを織り成している。しかし、同時に他方でテレビ・オーディエンスは、ドミナントなディスクール的実践としてのテレビ視聴を展開しながら、テクスト的に可能な意味のなかのある特定のものを優越させ、そうした方法で、自らもディスクール的に構築されているのである。

オーディエンスが構成するメディア環境においては、テレビ・オーディエンスが展開するテレビ視聴をつうじて、可能的に多層的な意味を成立させているテレビテクストが織り重ねられていく。そのかぎりでは、そうしたメディア環境におけるテクスト的に多層的な意味の可能態として、テレビ・オーディエンスは重層的に構築されているといえる。しかし、そうしたテレビ視聴が、じつはディスクール的実践であるがために、織り成されたテレビテクストにはある特定のディスクールが編制され、その結果、テレビテクストの可能的に多層的な意味も、こうしたディスクールによって方向づけられたり、収斂させられたり、あるいは潜在化されたり、抑圧されたりするのである。まさに、その過程で、テクスト的に多層的な意味の可能態として構築されていたテレビ・オーディエンスも、こうしたディスクールによって統制された存在として、ディスクール的被構築性が与えられることになるのだ。

御成婚パレードの中継の視聴することで、「新時代の日本のにこやかな皇太子」、「若さと初々しさに溢れる皇太子妃」、「戦後日本の復興にふさわしい華やかなパレード」などのさまざまな意味が、テレビテクストとして織り重ねられる。こうしたテクストには、パレードの沿道の日の丸の小旗をめぐって、「かつて、出征兵士を見送ったときとよく似た光景」といった意味もまた、可能的な意味として織り重ねられることもありえよう。しかし、この番組の視聴が、「新時代の日本にふさわしい、新しい皇室に現れた、新しい結婚と新しい家族の在り方を見る」といったディスクール的実践として展開されるなら、そこで織り成されるテレビテクストの可能的に多層的な意味は、こうしたディスクールとの意味的関連性のもとへと方向づけられる。そして、こうしたディスクールとは対抗的（oppositional）な関連性にある「出征兵士を見送ったときとよく似た光景」という意味は、潜在化され、抑圧されることになる。まさに、このような意味的関連性が成立する過程で、テレビテクストの多層的な意味の可能態として構築されるはずのテレビ・オーディエンスが、「新時代の皇室に見る、新しい結婚と家族」というディスクールによって、いわば統制態として、ディスクール的に構築されるのである。

ここでさらに、テレビを見るという体験にして、テレビテクストを織り成すテレビ視聴が、映像を見ることであり、音声を聴くことであるという、当たり前の事態を想起するなら、こうしたテレビ・オーディエンスのディスクール的被構築性が、テレビテクストとテレビ・オーディエンスにたいする意味的な統制にとどまるものではないということが明らかになる。テレビを見る、「視聴者は、テレビという制度に彼、もしくは彼女の眼差しを委託している」（Ellis 1982: 170）のであり、その点で、そうしたテレビ視聴をつうじて織り成されたテレビテクストの可能的な意味の多層性とは、取りも直さず、テレビ・オーディエンスの眼差しの多層性にほかならない。ところが、そうであるがゆえに、ぎゃくに、ディスクールがテレビテクストの可能的な意味を方向づけ、収斂させ、潜在化させ、抑圧するという、テレビ・オーディエンスのディスクール的被構築性とは、ディスクールによるテレビ・オーディエンスの眼差しと聴取という身体作用への統制でもあるのだ。御成婚パレードをテレビで見る体験は、織り成されるテレビテクストの可能的意味の多層性ゆえに、この出来事に向けられるオーディエンスの眼差しを多層的にする契機でありながら、同時に、特定のイデオロギー的ディスクールが編制されることによるテクスト的な意味への統制ゆえに、この出来事に向けられるオーディエンスの眼差しを統制する契機ともなる。それゆえに、テレビが、オーディエンスの眼差しの「代理以上のものとなるように機能し、視聴者が世界を見ることを可能にする眼として機能する」（Abercrombie 1996: 11）ということは、まさに、このような二重の機能を果たしているということなのである。

4　テレビ・オーディエンスの被構築性が意味するもの

「テレビ五〇年」の歴史を振り返ってみると、テレビとテレビ視聴の特性、そして何よりもテレビ・オーディエンスの特徴が、じつにさまざまな方法でとらえられてきたことがわかる。本章で取り上げてきた、これまでのテレビ視聴についての調査研究から導き出すことのできるテレビ・オーディエンスの類型は、それらのもつ問題点も含めて、テレビ・オーディエンスの重層的な被構築性として、テレビの歴史にかかわるさまざまなコンテクストを明らかにしてくれる。たとえば、テレビ普及期における、消費者でもあり、視聴者もあったテレビ・オーディエンスの被構築性は、高度経済成長期における消費社会化の進行や、郊外団地の形成となって典型的に現れた消費をめぐる空間形態の変容といった、テレビ史における政治的経済的コンテクストの特性を浮き彫りにしてくれる。あるいは、家庭の生活にテレビを浸透させたテレビ・オーディエンスの被構築性は、ドメスティックな空間と時間において、メディア消費としてのテレビ視聴が、ライフスタイルとして成立するのと同時に、そうした消費が展開される空間、時間として家庭を編制していくような社会的文化的コンテクストが形成されていたことを物語っている。

また、テレビの文化的特性にたいする評価を基軸にした、テレビ・オーディエンスの構築も行われてきた。すなわち、「大衆文化の享受者としてのテレビ・オーディエンス」、「メディア環境におけるテレビ・オーディエンス」、「『若者』というテレビ・オーディエンス」の、いずれのタイプのオーディエンスが構築される場合も、テレビとテレビ視聴の文化的特性を大衆文化のそれとみなすことが出発点となっていたのである。じつは、こうしたかたちでテレビ・オーディエンスが構築されるのは、おもに一九六〇年代から八〇年代の、わが国のより広範な文化研究の多くが、同じように、メディア文化の特性を大衆文化的なものとみなすことを、一つの重要な準拠点としていたことによる。鶴見俊輔の次のようなテレビ文化の大衆文化的特性についての指摘は、その典型的なものの一つといえよう。

皇太子の結婚式は、テレビで大いに日本人全体の注意を引いて、皇太子が皇族・旧華族外から嫁をもらったということが、国民大衆と皇室との結びつきを強める役割を果たしたといえます。しかし、皇太子夫妻よりもさらによくテレビに現われるのは、…（中略）…野球や歌の英雄たちで、この人たちは、一九六〇年代および七〇年代に日本人であることの愉快さを、日本に毎日のテレビ放送をとおしてもりたてる上で、大きな役割を果たしてきました。こうした団結の気分の総まとめが、一年の終わりに行なわれるテレビ放送であるNHKの紅白歌合戦です。…（中略）…こういう仕組みは、日本の現在のまとまり、日本人としての統一をつくり出す仕組みとして働いています。いまの日本の莫大な人口のなかには、あまりまとまりがありすぎるということもいえると思います。この画一性をつくり出す傾向に対して、いくらかの異議申し立てをして批判をするという、そういう大衆芸術の様式が漫画と漫才によって担われていて、これはいまの日本に過剰なまでにあるチームワークに対して、一種のずれとか、ちぐはぐな感じをつくり出して、笑いを通して自己批判を呼びさますという働きを担っています。（鶴見 1984: 122-123）

ここに挙げられている、いわば、「プロ野球中継」観、「歌番組」観、そして「紅白歌合戦」観は、テレビ番組のなかでも主流となるものについての文化的評価であり、それが、「大衆文化の享受者としてのテレビ・オーディエンス」の構築へといたるような、テレビの文化的特性にたいする大衆文化的評価の底流をなしている。また、「漫画」観、「漫才」観は、メディア文化のなかでも、必ずしもテレビに多くを負わないものについての文化的評価であり、それは、「メディア環境におけるテレビ・オーディエンス」や、『若者』というテレビ・オーディエンス」の構築へといたるような、大衆文化としてのテレビ文化にたいする批判的評価の底流をなすものである。そして、このようなかたちでテレビ文化を大衆文化とみなす文化研究を一つの思想的起源として、オーディエンスの特徴的な姿を描き出すための理論的枠組や方法論が、これまでの調査研究のなかで構成されてきたのである。テレビ文化の享受者を、「大衆」と規定されるオーディエンスとして構築すること。また、メディア環境のなかでコミュニケーションが活発な人びとを、テレビ文化の大衆文化的状況に批判的なオーディエンスとして構築すること。そして、メディア環境のなかで、多種多様なメディアと関係を成立させている人びとを、テレビを中心としたメディア文化の大衆文化的状況から脱却した、新たなメディア文化の形成へと向かうオーディエンスとして構築すること。いずれのタイプのオーディエンスも、大衆文化的状況の下でテレビ文化をとらえようとする文化研究を思想的起源とする知と、同様の科学的ディスクールとしてのテレビ研究における理論と方法論によって構築されているのだ。

これらのテレビ・オーディエンスのタイプも、また、テレビ史をめぐる政治的経済的コンテクストや社会文化的コンテクストのもとで構築されたテレビ・オーディエンスのタイプも、たしかに、それぞれの被構築性の特性に応じて、テレビを見る人びとの特徴的な姿を描き出している。しかし、そのいずれもが、実際のテレビを見るという体験に内在するのではなく、いわばテレビを見るという体験を、「外から見る」ことで明らかになった、消費としての特性や、ライフスタイルとしての特性や、あるいはテレビの大衆文化的特性に依拠して構築された、テレビ・オーディエンスのタイプなのだ。このようにして構築されたオーディエンスの類型について、I・アンは次のように指摘している。

分類学的集合として「テレビ・オーディエンス」を考えることは、実際のオーディエンスにかんする厄介で、取扱いの難しい社会的世界、すなわち、テレビ視聴が現実的な時間と具体的な場所で生活している人びとによって展開されているということの否認を意味している。しかし、そうであるからといって、こうした否認を、失敗と見るべきではない。それとはぎゃくに、制度的な知の一つの功績とみなされるべきである。それは、征服された対象として、「テレビ・オーディエンス」を構築できるようになるためにも、一度は到達しておく必要のあるものなのである。(Ang 1991: 37)

このような指摘を踏まえて、ここで取り上げてきたようなテレビ・オーディエンスの類型についてよく考えてみると、それらはあくまでも、テレビとテレビ視聴、そしてテレビ・オーディエンスを取り巻く歴史的コンテクスト、文化的評価、思想、知の特性によって、「征服された対象」としてのテレビ・オーディエンスを描いているのにすぎない。そうした点で、これまでのテレビ研究からは、テレビそれ自体の、テレビ視聴それ自体の、そして純粋化されたテレビ・オーディエンスそれ自体の「五〇年史」など構想できないのかもしれない。あるいは、テレビ・オーディエンスなど、やはり存在しないのかもしれない。つまり、これまでテレビ・オーディエンスの姿と考えられてきたものも、じつは、テレビを見るという体験をめぐるさまざまなコンテクストや思想、あるいは科学的ディスクールによって産出され、誘導されて、はじめて立ち現れてきたのである。

しかし、そうしたなかにあってなお、人びとがテレビを見るという体験に可能なかぎり肉薄して、可能的に多層的な意味をもった、どのようなテレビテクストが織り成されるのかを検証することで、いわば可能態としてのテレビ・オーディエンスの被構築性が明らかになるのである。また、どのようなディスクール的実践として、テレビを見るという体験が展開され、テレビテクストにおいてどのようなディスクールが編制され、当のテレビテクストの可能的な意味がどのように方向づけられ、収斂させられ、潜在化させられ、抑圧されているのかを検証することで、いわば統制態としてのテレビ・オーディエンスの被構築性も明らかになるのだ。こうした試みが、たとえ、テレビ・オーディエンスの被構築性の新たな特徴を付け加えるにすぎないにしても、そこからは、これまで見失われてきた、テレビを見るという体験のいわば内側から、テレビ・オーディエンスをめぐる視界が拓かれることになろう。

注

1　G・スタイナーによって一九六〇年代に着手されたテレビ・オーディエンスについての調査研究では、一九六〇年の調査を第一回目として、その後も一九七〇年、一九八〇年の一〇年おきに合計三回にわたって、全米で二、〇〇〇人規模のサンプルにたいする面接調査が実施された。この成果は、第二回目以降の調査をリードしたR・バウアー（Bower 1985）によって集大成されている。三回の調査では、基本的に共通した設計の調査票が用いられているが、特徴的なのは、その冒頭に、生活のなかでのテレビの必要性を問う項目が設定されていることである。

2　この『ジェスチャー』と『お笑い三人組』という番組は、一九六〇年代のＮＨＫの番組のなかでも、そのポピュラリティの高さで代表的なクイズ・ゲーム番組とコメディ番組であった。平日の同じ曜日のプライムタイムに、この二つの番組が連続して編成されていた。

3　このプログラム・アナライザーは、Ｐ・ラザースフェルドとＦ・スタントンによって一九三七年にアメリカで考案された、番組にたいするオーディエンスの反応を測定、記録する装置である。番組の個々の場面にたいするオーディエンスの反応を、「面白い」、「面白くない」といった反応形態として、実際に番組を視聴しながら、それを記録するスイッチをオーディエンスに押させて、番組の流れに沿ってこうした反応を連続して記録する。わが国では、1960年代後半に、民放五社調査研究会（1966, 1969）によって、オーディエンスの「番組嗜好」を解明するための調査で用いられた。その結果、たとえば、「時代劇や事件もののように、わりあいサスペンスに富んだ場面の多い番組よりは、笑いに満ちたホームドラマのほうが、…（中略）…あえてショッキングな場面を出さずとも、情緒的な興奮をよびおこす」（民放五社調査研究会 1966: 208）といった知見が得られている。

引用文献

Abercrombie, N. (1996) *Television and Society*, Polity Press.

Ang, I. (1991) *Desperately Seeking the Audience*, Routledge.

Bower, R. (1985) *The Changing Television Audience in America*, Columbia University Press.

Corner, J. (1999) *Critical Ideas in Television Studies*, Oxford University Press.

Ellis, J. (1982) *Visible Fictions*, Routledge.

藤竹暁（1963）「生活のなかのテレビジョン――テレビ機能特徴調査（I）」、『ＮＨＫ放送文化研究所年報8』。

藤竹暁（1970）「放送コミュニケーションの構造と特質」ＮＨＫ総合放送文化研究所放送学研究室編『放送学序説』日本放送出版協会。

Harvey, D. (1985) *The Urbanization of Capital: Studies in the History and Theory of Capitalist Urbanization*, Johns Hopkins University Press.＝水岡不二雄監訳（1991）『都市の資本論――都市空間の形成の歴史と理論』青木書店

Krauss, E. S. (2000) *Broadcasting Politics in Japan: NHK and Television News*, Cornell University Press.

民放五社調査研究会（1966）『日本の視聴者』誠文堂新光社

民放五社調査研究会（1969）『続・日本の視聴者』誠文堂新光社

Morley, D. (1986) *Family Television: Cultural Power and Domestic Leisure*, Routledge.

Morley, D. (1992) *Television, Audiences and Cultural Studies*, Routledge.

ＮＨＫ世論調査部（1987）『情報・社会・人間――いま、情報化社会を問い直す』日本放送出版協会。

小川文弥（1974）「日本人のテレビ意識――コミュニケーション構造と関連させて」『ＮＨＫ放送文化研究年報20』

鶴見俊輔（1984）『戦後日本の大衆文化史』岩波書店

Williams, R. (1990) *Television: Technology and cultural form*, Routledge.

2

アクターとしてのオーディエンス

土橋臣吾

1　フィクションとしてのオーディエンス

私たちは、一日の何時間かをテレビと共に過ごし、確かにテレビを観ている。そのときに私たちはあるテレビ番組、あるいはモニターの上を流れるフローのオーディエンスとして存在している。だが、私たちはオーディエンスなる存在として日々を生きているわけではないし、オーディエンスという実体的な社会集団が存在するわけでもない。私たちは、他の多くの時間を、たとえば男として女として、あるいは労働者として学生として生きているのであり、自らをオーディエンスなる存在として定義しているわけではない。だとすれば、オーディエンスとはいったいどのような存在なのだろうか。オーディエンスをあらかじめそこに居る存在として実体化することは可能なのだろうか。「不可視のフィクション」と題された論考において、オーディエンス研究にこうした根本的な問いを投げかけたのが、ジョン・ハートレイである（Hartley: 1987）。

ハートレイによれば、オーディエンスなる実体は端的に存在しない。むしろそれは、その都度、様々な利害関心によって捏造されるフィクションなのである。捏造するのは、批判的制度（学者、ジャーナリスト、圧力団体）、テレビ産業（ネットワーク、放送局、制作者）、政治的／法的システム内の規制機関などである。こうした制度は、その時々の自らの利害関心にしたがって、様々なオーディエンス像を語り、それをフィクションとして言説的に構築する。たとえば、エリート主義的な批評家は、哀れな文化的犠牲者としてのオーディエンス像を作り出す。規制機関はそれを自らの存在と活動の根拠とするだろう。これを不満とする放送産業はまた別のオーディエンス像を立ち上げるかもしれない。つまり、オーディエンスとは、異なる利害関心の交渉の結果として析出される言説的な構築物であり、語りを通じてその都度生み出されるフィクションだというわけである。

こうした見解はあまりに極端なものにも見える。だが、一方でそれがテレビをめぐる現実のある側面を言い当てていることも否定できない。実際、オーディエンスが社会的な関心を集め、論争の的となるとき、そこにはハートレイが指摘したような言説的構築のプロセスをしばしば観察できるのである。たとえば、フジテレビ系列で一九九七年に放映されたドラマ『ギフト』をめぐる論争を思い起こそう。当時頻発した「バタフライナイフ」による少年犯罪の原因としての疑いをかけられたこの作品をめぐって、一方で「識者」はそのオーディエンスをテレビの影響を受けやすい危険な存在として語った。これに対して脚本家の飯田譲治は一定の判断力を備えたオーディエンスを語り、そこに賭けようとした。どちらの認識が正しかったのかはここでは問題ではない。重要なのは、異なるオーディエンス像のまさに言説的な構築がそこにあり、オーディエンスという存在が、様々な利害関心のなかで、語りを通じて立ち現れてきたという事実そのものである。

だとすれば、私たちがこれまで行ってきた、あるいはこれから行っていくオーディエンス研究もまた、そうした言説実践として捉え返されねばならない。オーディエンス研究も、ひとつのフィクションとして読まれなければならないのである。もちろん、デビッド・モーリーの『ネイションワイド・オーディエンス』(Morley 1980)以来、オーディエンス・エスノグラフィと呼ばれる一連の研究は、様々な手法で実際にテレビを観ている人々の語りに耳を傾け、実際のテレビの視聴状況にアプローチしようとしてきた。だが、そうした研究でさえ、無限に複雑なテレビの見方、無数に存在するテレビの視聴者を何かしらの形で要約せねばならない以上、少なくともハートレイのような論者にとっては、やはりフィクションに過ぎないということになろう。額面通りに受け取るならば、こうした議論はオーディエンス研究の不可能性を示唆するところまで行き着くものであり、その意味でオーディエンス研究にとっての根本的な問題提起となっているのである。

もちろん、オーディエンス研究の側もこうした問題にまったく無自覚であったわけではない。たとえば、イエン・アンはオーディエンス研究の政治性を問うなかで、その実践が決して政治的に中立なものではあり得ないことを繰り返し指摘している。彼女によれば、フィールドワークやインタビューで得られた資料はそれ自体で「現実そのもの」として扱いうるものではない。むしろ、研究者はそれを意味づけ、解釈するという政治的実践を行っているのであり、そこに研究者の究極的な政治的責任が発生するのである(Ang 1996=2000: 203-223)。こうしたアンの議論は、オーディエンスを無前提に実体化することなく、批判的に議論を継続していく上で有効な道筋を示している。だが、そうした議論をするアン自身が、「実際のオーディエンスの視点」という言い方をしてしまうとき（Ang 1991:162）、彼女もまた、どこかにフィクションではない実体としてのオーディエンスを想定していることが明らかになってしまう。あえてハートレイの立場に立つならば、こうしたアンの議論をもってしても、完全に納得させられることはないのである。

では、オーディエンス研究はやはり不可能なのだろうか。私たちはオーディエンスを語ることを断念すべきなのだろうか。以下本章では、この問いに対して、ある迂回路を経由して応えていくことを試みる。つまり、オーディエンス研究の可能性／不可能性をめぐる議論をいったん脇に置きつつ、構築物＝フィクションとしてのオーディエンスを語ることの意味を再考し、オーディエンス研究がある特定の仕方でむしろ積極的にフィクションを語っていく必要があることを示していく。もしかすると、それはもはやオーディエンス研究とは呼べない何かになるかもしれない。だがそれでも、オーディエンスを語ることを続けようとするのであれば、それはそのひとつの方向性を示すものになるはずである。

2　オーディエンスが構築物であるとはどのようなことか
オーディエンスを構築するのは誰／何か

これまで見てきたように、ハートレイの議論は、その問題提起の鋭さゆえにきわめて厄介なものである。だからここでは、彼の問題提起の重要性だけを記憶にとどめ、さっそく迂回路をたどることにしよう。迂回路の入り口は、「オーディエンスが構築物であるとして、それは問題か」という問いである。つまり、オーディエンスを捏造されたフィクションであると喝破したハートレイの議論にたじろぐことなく、それをむしろあらかじめの前提として受け入れ、その上で、オーディエンスが構築物であることの意味を再考し、それを論じることの意義をあらためて探っていくのである。実際、きわめて素朴に考えれば、オーディエンスが構築物であるというハートレイの指摘は、ある意味で自明の事実の追認にすぎず、オーディエンスをめぐる思考のむしろ前提として受け入れることもできる。

どういうことか。ここでまず確認しておきたいのは、テレビあるいはラジオも含めた放送メディア以前に、オーディエンスなる存在も概念もあり得なかったという、ごく単純な事実である。テレビであれ他のいかなるメディアであれ、オーディエンスはメディアに先行することはないのである。だとすれば、あるメディアの存在が社会的に有意味になるためには、何かしらのかたちで、そのオーディエンスが事後的に生産されねばならないだろう。そもそも存在しなかった社会的カテゴリーが想像／創造されねばならないのである。この当たり前の認識は、だが本稿にとって重要な出発点となる。というのもそれは、オーディエンスなる存在がそもそもの初めから構築物そのものであり、それ以外の何者でもなかったことを端的に示しているからである。こういってよければ、構築物であることはオーディエンスの本質、あるいはあらかじめの前提なのである。

このように考えれば、オーディエンスがフィクションであるか否かに拘泥することにもはや重要な意味はなくなる。それは端的にフィクションなのである。むしろここで重要な問いとして浮かび上がるのは、ある特定のオーディエンスの想像／創造がなぜ、いかにしてなされたのか、その歴史的・社会的条件を探ることだろう。いうまでもなく、個々のオーディエンス像がフィクションであったとしても、それはそうしたオーディエンス像が特定の時代、特定の社会において実際に要請されたという事実までを否定するものではない。フィクションであれ何であれ、そこにはそうしたオーディエンス像を可能かつ必要とした歴史的・社会的文脈が存在したはずなのである。だとすれば、特定のオーディエンス像の構築プロセスを政治学的に分析していくことは十分可能であり、それを広義のオーディエンス研究の重要な一部として構想することもできる。

より具体的に考えるならば、それは特定のオーディエンス像を語る言説の展開を出来る限り精緻に跡付け、そこでオーディエンスをめぐるどのような知／権力が作動していたのかを明らかにしていく作業になるだろう。たとえば、「能動的な読み手」といったオーディエンス像が、一九八〇～九〇年代の日本という社会において、なぜ、いかにして広く受け容れられていったのかを跡付ける作業などは、きわめて興味深い課題だといえる。すでに部分的に指摘されているように、そこには学的な領域における「読み手の発見」(藤田 1988) があっただけでなく、そうした「能動的」なオーディエンスを必要とするテレビ産業の思惑もあったのである(伊藤 1999:122-3)。だとすれば、おそらくそこには学的な言説と産業的な言説のあいだでの何かしらの相互作用あるいは相互参照があったであろうし、そうしたプロセスを記述できれば、「言説の政治学」としてのオーディエンス研究という重要な研究領域を画定できるだろう。

しかしながら、一方でこうした問題設定には、オーディエンスの構築をもっぱら「言説」に帰してしまうことに由来する、ある重要な不足が含まれている。確かに、言説的な構築という論点はきわめて重要なものであり、それはオーディエンスを批判的に論じていく上で、常に主要な関心事に置かれてよい。実際に、ハートレイもアンも自らの議論をまさに批判的なものとして立ち上げるなかで、言説の政治性という問題に突き当たったのであった。しかしながら、そうした議論の意図をいったん括弧に入れるならば、言説的構築を論じる論者に対して、「はたしてオーディエンスは言説によってのみ構築されるものなのか」という、きわめて素朴な疑問を提示できてしまう。もちろん、これはある意味ではたんなる「ないものねだり」にすぎない。だが、オーディエンスが構築物であることを暴露するだけでなく、その構築プロセスを実定的な次元で記述していこうとするのであれば、こうした疑問を避けて通ることはやはり難しいのではないだろうか。

　では、この直観的な疑問はより具体的には何に対する疑問なのだろうか。端的に言えばそれは、言説的構築をめぐる議論が、意味的な次元でのオーディエンスの構築を捉えることはできても、それ以外の、なかでも特にオーディエンスの在り方を物質的な次元で規定しているモノ＝テクノロジーの問題を積極的に捉え得ないことへの疑問である。再び八〇年代から九〇年代の日本における「能動的な読み手」の登場を例に取れば、いうまでもなくそこで同時期のテレビをめぐる技術的な変容を無視することはできない。衛星放送やＣＳによる多チャンネル化、ビデオやリモコンの完全な定着、テレビ複数台所有の深化、それに伴う個人視聴の拡大…。技術決定論的な想定は避けねばならないが、こうしたモノ＝テクノロジー次元での変容が、たとえばテレビをより操作的に扱い、テレビのメッセージを相対化して解読するといった新たなオーディエンス像の登場に深く関わっていたことにほとんど疑いの余地はないのである。だが、言説的構築という論点に特権的な重要性を与える限り、こうしたモノ次元の問題を正面から扱うことは難しくなる。それは、オーディエンスにとっての所与の前提、あるいは外的な条件として措定されてしまうのである。

　言い換えるならばこれは、言説的構築をめぐる議論が、オーディエンスの構築を究極的には「語る主体／語られる対象」の二者関係に還元し、結果として、ある種の「陰謀論」を導いてしまうことへの疑問でもある（「語る主体」の陰謀！）。実際、ハートレイの議論にはそうした性格が色濃く現れている。だが、まさに今確認したように、オーディエンスの構築には「語る主体」だけではなく、それ自体としては語ることのない様々なモノ＝テクノロジーが関わっている。そうした「語らぬモノ」たちは、言説とはまた異なる仕方で、特定のオーディエンス像が想像／創造されていくプロセスに深く関わっているはずなのである。だとすれば、私たちは「言説の政治学」だけでなく「モノの政治学」までを含んだより複雑なプロセスとして、オーディエンスの構築を捉えていく必要がある。つまり、「語りの主体が自らの利害に従ってオーディエンスを捏造する」といった「陰謀論」の図式を脱して、言説とテクノロジーあるいは人とモノとのより複雑な連関の中にオーディエンスの構築を見通していく必要があるのだ。

アクター・ネットワーク論の視座

しかしながら、このより複雑な連関とは具体的にどのようなものだろうか。またそれは、いかなる視座によって把握することができるのだろうか。メディア研究とはこれまでほとんど交流がないものの、ひとつの有効な理論的リソースになるのが近年の科学技術社会学の流れのなかで台頭してきたアクター・ネットワーク論である。ミシェル・カロン、ブルーノ・ラトゥール、ジョン・ローらを中心に発展してきたアクター・ネットワーク論は、ある事物や知識が社会に受容されていくプロセスを、様々な「アクター」がその事物や知識をめぐってネットワークを築き上げていくプロセスとして捉える。たとえば、彼らの関心のひとつに新しい科学的発見や技術的発明がいかに社会に受け容れられていったのか（あるいはいかなかったのか）を明らかにすることがあるが、アクター・ネットワーク論はそれを知識や技術それ自体の力で説明することを拒む。つまり、知識はそれが真実だから受け容れられるのではないし、技術もそれが合理的だから受け容れられるのではない。むしろ、ある知識や技術が社会に受け容れられるか否かは、それをめぐる多様なアクターの振る舞いに依存する。つまり、それぞれに異なる利害関心を持つアクターが、その知識や技術をめぐって相互に交渉し、その知識や技術を可能かつ必要とするような構造をネットワーク的に築きあげたとき、結果的にそれは「真実」として、「合理的」なものとして社会に定着するのである。

ここまでなら、科学技術をめぐる社会構築主義的研究と根本的な違いはない。だが、ここで決定的に重要なのは、アクター・ネットワーク論においては人間や言説だけでなく、モノや人工物にもアクターとしての資格が与えられている点である。つまり、アクター・ネットワーク論は「社会的なもの（the social）」と「技術的なもの（the technical）」を同等の資格で扱うのである。人間と自然を明確に区分する近代的な認識を越えようとするなかで生まれてきたこうした発想は、技術や知識の社会的構築をめぐる議論から大きく離れていく。周知のように、社会的構築（あるいはそのひとつとしての言説的構築）をめぐる一連の議論は、科学的発見や技術的発明が特定の様態へと形作られながら社会に受け容れられていく過程を、人・組織・制度といった、一般に人間や社会に属すると考えられるアクターのせめぎあいとして説明する。これに対して、アクター・ネットワーク論はそこにモノや人工物といった非人間のアクターの振る舞いという視点を付け加え、人間や言説のみならず、モノや人工物までもが同等のアクターとして振る舞う、異種混交のネットワークの生成プロセスを記述しようとするのである。

こうした視座を獲得することができれば、オーディエンスの言説的構築をめぐる議論に含まれていた問題点の少なくとも一部は克服可能であろう。アクター・ネットワーク論の視座を踏まえることで、言説のみならずモノ＝テクノロジーの問題を同時かつ同列に論じることができるからである。だが、先を急ぐ前に、アクター・ネットワーク論をより具体的に理解するために、ラトゥールがしばしば示す事例を参照しておこう。事例は、「コダック・カメラ」という新しいテクノロジーが社会的な成功を収めるまでに、どのようなアクターによる、どのようなネットワークが形成されていったかというものである（Latour1987=1999: 198-239）。周知のように、コダック・カメラは「写真を撮る」という行為を初めて広く一般の人々に開いたテクノロジーであった。だが、放送メディアのオーディエンスもそうであったように、「写真を撮ることを日常的に行う人々」がコダック・カメラに先立って存在したわけではない。コダック・カメラが成功を収めるには、そうした人々があらためて想像／創造されねばならなかったのである。ラトゥールは、このプロセスをまさに異種混交のアクターが徐々に連関していくプロセスとして捉え、そこに「社会的なもの」にも「技術的なもの」にも還元することのできない、人間と非人間が入り混じったネットワークの生成を見て取っていく。

詳しくみていこう。いうまでもなく、コダック・カメラをめぐるアクターとしてまず挙げねばならないのは、全ての始まりである《ジョージ・イーストマン》その人であり、彼はコダック・カメラの成功のために、そのマーケットとなる《六歳から九六歳までのアマチュア写真家》という新たな社会的カテゴリーを構想する。だが、イーストマンが《アマチュア写真家》を実際に創出し、そこにつながっていくためには、たんにそれを構想し、語るだけではもちろん不十分であった。そこには、ネットワークを繋いでいく「語らぬモノ」の介在が必要だったのである。ラトゥールによれば、決定的に重要だったのは《安価で扱いやすいフィルム》である。それこそが、大がかりな暗室やガラス板を扱うことのできる少数のプロから一般の人々へと写真撮影を開いていく唯一の手段だったからである。ラトゥールはさらに、こうした《アマチュア写真家》という新しい集団を維持する上で不可欠のアクターとして《コダック社のサービス網》を挙げている。すなわち「あなたはシャッターを押すだけ、あとは当社にお任せ」というコダック社の有名なビジネス・モデルである。これなくしては、技術的に可能であったとしても、「写真を撮る」という行為が広く人々の生活に定着することはあり得なかったというわけである。

　こうしたラトゥールの記述に見て取るべきは、コダック・カメラが成功に至るまでには、より正確に言えば《六歳から九六歳までのアマチュア写真家》という集団が新たに創出され、マーケットとして維持されていくまでには、異種混交のアクターの複雑な相互連関があったという点であり、さらにいえば、そうである以上そのプロセスは、人であれ、言説であれ、モノであれ単一の要因には決して還元できないという点である。様々なアクターのうちどれかひとつでも欠けたならば、すべては無に帰することになる。つまり、《六歳から九六歳までのアマチュア写真家》は、《安価で扱いやすいフィルム》や《コダック社のサービス網》までを含む異種混交のネットワークのなかで、そのひとつの結節点として創出されたのであり、その構築プロセスはそれらすべてを含みこんだネットワーク全体の作動としてのみ説明されるのである。このように、あらゆる意味での決定論あるいは還元論を回避するアクター・ネットワーク論の視座は、特定の要因に帰すことのできないプロセスをいかに記述するかという試みであり、コダック・カメラに対する《アマチュア写真家》とテレビに対する《オーディエンス》を重ね合わせるならば、それはオーディエンスの構築を考える上で重要な示唆を与えてくれる。

　端的に言えば、アクター・ネットワーク論的な視座を取ることで、「オーディエンスが構築物である」ことの意味は大きく変わってくるはずである。冒頭で確認したように、たとえばハートレイは、オーディエンスを捏造する主体として、批判的制度、テレビ産業、規制機関などを列挙して見せた。だが、アクター・ネットワーク論的な視座からは、そうした個々の「語りの主体」の言説実践は、オーディエンスの構築プロセス全体のあくまで一部分に過ぎないということになる。いうまでもなくより重要なのは、そうした「語りの主体」をひとつのアクターとして含みながらも、それだけには還元することのできない、より大きな社会—技術的なネットワーク（Socio-Technical Network）の作動そのものであり、そのなかで、オーディエンスがいかなる存在として構築されていったかという問題なのである。別の言い方をすれば、このネットワークのまさに結節点として構築される特定のオーディエンス像は、あるひとつの主体にではなく、あくまでネットワーク全体の要請に合致するような形で想像／創造されていくのである。

議論を整理しておこう。私たちはこれまでに、オーディエンスが構築物であるという議論をあえて前提として受け入れ、その上で、オーディエンスが構築物であることの意味を、アクター・ネットワーク論に依拠しながら読み替えてきた。そこで得られたひとつの認識は、テレビをめぐる異種混交のネットワークの中でオーディエンスを捉える視座である。しかしながら、こうした視座を採用することで、オーディエンスをめぐる思考を具体的にどのような形で再構成することができるのだろうか。またそれによって、私たちはどのような課題を新たに手にすることになるのだろうか。これらの点について考えていくために、以下ではアクター・ネットワーク論の枠組みをさらに検討し、それをオーディエンス研究に適用することの実質的な意義を探っていきたい。

3 結合の政治学

アクターはいかに結合するか

「社会的なものと技術的なものの不可分性」という、その存在論的な前提を中心にこれまで概観してきたアクター・ネットワーク論は、おそらくそれだけではきわめて平板な議論に見えるだろう。特に、ハートレイやアンがそもそも意図していた言説の政治性をめぐる問題意識はまだ括弧に入れられたままであり、そうした論点を継承できないのであれば、アクター・ネットワーク論を通じてオーディエンスを考えていくことの意義は矮小化せざるを得ない。たんに異種混交のアクターの振る舞いを記述するだけでは、それがいかに正確な見取り図を描いたとしても、そこにそれ以上の意味はない。ハートレイやアンが意図していた、オーディエンスあるいはオーディエンス研究への批判的な介入という試みは、括弧に入れられたまま終わってしまうのである。

だが、以下で見ていくように、そうした次元でもアクター・ネットワーク論は積極的な貢献をすることができるように思われる。アクター・ネットワーク論はそれ独自の批判性を有しているのである。この点について理解するためには、アクター・ネットワーク論において、異種混交のアクター同士が相互に結びつくプロセスがどのような形で捉えられているかを見ておくのが良いだろう。結論から言えば、それはアクター同士の結合をすぐれて政治的な交渉過程として記述しようとするものであり、その意味で、言説を含めた諸アクター間に働く権力の問題を十分に扱うことができる。ここでは、「翻訳の社会学」と呼ばれることもあるアクター・ネットワーク論の「翻訳（translation）」および「刻印（inscription）」の概念について説明を加えながら、この点を確認していきたい。[1]

アクター・ネットワーク論が「翻訳」というとき、そこではアクターと他のアクターとの結合が透明になされるわけでは決してないということが含意されている。アクターはむしろ、互いに相手を何かしらの形で変換したり、再定義したりすることによって互いに結合していくのである。足立の言葉を借りれば、それは「マキャベリ的」な「翻訳」であり（足立 2001:7）、あるアクターは自らの目的に適うような形へ、あるいは自らの置かれた位置に整合的な存在へと他のアクターの目的を「翻訳」し、そうすることでそれをネットワークのなかへ取り込んでいく。カロンはこの「翻訳」のプロセスを問題化、関心づけ、取り込み、動員といった幾つかのモメントに分節化しているが（Callon: 1986）、いずれにしても重要なのは、アクターはきわめて戦略的に他のアクターへ結びついていくという点であり、その意味でアクター間の結合とは、アクター間の権力関係の帰結に他ならないという点である。

しかしながら、ここで注意すべきは、それぞれのアクターが発揮するこうした権力は、個々のアクターにあらかじめ内在しているわけではないという点である。たとえばテレビ産業がある特定のオーディエンス像を語っていくプロセスを考えてみよう。それはまさしく「翻訳」のプロセスであり、そこでは無限にありうる視聴の多様性をテレビ産業が自らの利害関心に適う形に要約するという「翻訳」がなされている。[2]だが、アクター・ネットワーク論的に考えるならば、この「翻訳」はテレビ産業自体に内在する権力によってなされているのではない。なぜなら、個々のアクターがどのような力を持つかもまた、ネットワーク全体との関わりで決まってくるからである。つまり、テレビ産業であれ、他の何であれ、個々のアクターはそれ自体がネットワーク全体のなかで特定の位置と役割を占めるものとして他のアクターから「翻訳」されうるのであり、あるアクターがどのような権力を持つかは、アクター間の交渉の結果としてのみ決まってくるのである。

同様のプロセスをモノや人工物について考えるときに、アクター・ネットワーク論がしばしば用いるのが、「刻印」の概念である。きわめて単純化すれば、「刻印」とはモノや人工物に特定の利害を翻訳することだといえる。たとえば、ある機械や装置の開発者はその使われ方や条件を想定しながら設計をするから、機械や装置には開発者の意図が物質的に書き込まれ、「刻印」される（足立 2001:9）。そして、その「刻印」が十分に強力なものであれば、使用者はそれを読み取り、その「刻印」に従って自らの行動を組織化するだろう。それ自体は「語らぬモノ」が人間と同じく行為するアクターとなるのは、こうした局面においてである。たとえば、コダック・カメラの事例でみた《安価で扱いやすいフィルム》は、そこに「刻印」されたものを通じて、「日常的に写真を撮る」という人々の行動を組織化するアクターとして行為している。つまり、《安価で扱いやすいフィルム》には、いわば「誰にでも簡単に使える」という「刻印」がなされているのであり、フィルムはその「刻印」を通じて《六歳から九十六歳までのアマチュア写真家》という新たなアクターを創出し、それをコダック・カメラをめぐるネットワークに組み込んでいったのである。

だが、いうまでもなくこうした「刻印」を媒介にしたアクター間の結合は常に不確実性をはらんでいる。その「刻印」がどれほど強力か、また、その「刻印」を他のアクターがどのように「翻訳」するかによって、アクター間の結合の成否、アクター間の結合の安定性は変わってくるのである。逆にいえば、その結合が最終的にどのような形で落ち着くかは、「刻印」に引き続いて生じる他のアクターの「翻訳」のあり方に依存するということになる。さらにいえば、個々のアクターは、上で述べたようにネットワーク全体のなかでの相互規定に常に巻き込まれているから、そうである以上、そもそも個々のモノや人工物に何が「刻印」されるか、それを使用者がいかに「翻訳」するかもまた、ネットワーク全体の作動に依存することになる。このように考えることで、アクター・ネットワーク論は、技術決定論的な想定を徹底的に回避しつつも、モノや人工物をアクター・ネットワークの重要な一部として捉え、それ自体としては「語らぬモノ」たちが私たちの行動を組織化していく局面に十分な注意を払おうとするのである。

アクター・ネットワーク論の批判性

以上のように要約されるアクター・ネットワーク論の視座を踏まえることで、私たちはようやく「語らぬモノ」までを含んだ形でオーディエンスの構築を捉えることができるようになる。先の「能動的な視聴者」の例で引き続き考えるならば、既に示唆したように、そこにはまさに人間／非人間を含んだ異種混交のアクターの連関を想定することができるのである。あらためて列挙するならば、既に言及した《「読み手の発見」を語る学的な言説》、《「能動的な読み」を自らの産業的基盤として取り込もうとするテレビ産業》などに加えて、《世帯視聴率ではなく個人視聴率を要求する広告主》、《市場の細分化を前提としたマーケティング産業》といったアクターもあげられるだろう。そして、こうした人間的／社会的なアクターは、《多チャンネル化したテレビ》、《個室に置かれるテレビ》、《リモコン》、《ビデオ》、《パッシブ・メーター》[3]といったモノや人工物のアクターを介在しつつ、それらとの関係において自らの振る舞いを組織化するなかで、徐々に「能動的な視聴者」という存在を想像／創造し、そこへ繋がっていったはずなのである。

　したがって、「能動的な視聴者」という新たなオーディエンス像が構築されたことの意味を正確に捉えようとするならば、こうした異種混交のアクターの間でいかなる「翻訳」がなされ、様々なモノに何が「刻印」され、そして他ならぬテレビの視聴者／使用者がそうした「刻印」をどのように「翻訳」したのか、といったことが検討されねばならないだろう。そしてさらに重要なことには、そうしたプロセスの結果として新たに構築された「能動的な視聴者」なるアクターが、テレビをめぐるネットワークのひとつの結節点としていかなる役割を果たしていったのかも示されなければならない。繰り返し強調してきたように、個々のアクターの振る舞いは常にネットワーク全体の作動との関連で考察されねばならないのである。もちろん、こうした議論は、従来のオーディエンス研究の範疇から大きく逸脱している。だが、オーディエンスが構築物であることへの認識は、「構築」に関わるあらゆる要因の関係論的な把握という論点を必然的に導きいれるし、まさにその点においてオーディエンス研究を再構成していく可能性をもつのである。

　結論から言えば、それはオーディエンスそのものについての知識を蓄積しようとする研究から、オーディエンスの被構築性を通じて何が見通せるかを賭金とする研究への再構成である。引き続き「能動的な視聴者」について考えるならば、アクター・ネットワーク論的な視座において課題とされるのは、たとえばオーディエンスが本当に能動的かどうかを検証することでも、オーディエンスがどれだけ能動的かを測定することでも、様々な能動性のあり方を分類学的に整理することでもない。そうではなく、「能動的な視聴者」なるアクターが実際に構築されたという事実そのものの分析を通じて、同時代のテレビをめぐるアクター間のポリティクスを明らかにし、そうしたポリティクスのうちにオーディエンスという現象を動的なプロセスとして記述することが課題になるのである。言い換えるならば、「能動的な視聴者」を実体として前提してしまうのでも、フィクションとして放棄してしまうのでもなく、そうした特定のフィクションが想像／創造されていくプロセスの内に、テレビをめぐるネットワーク的な権力の作動を記述することである。

　アクター・ネットワーク論的な視座が批判性を有するのは、まさにこうした論点を開示しうるからである。彼らに独自の語彙で表現するならば、それはすなわち、閉じられた「ブラックボックス」を開き、その中身を新たに問題化することである。[4] これまで幾度も経験されてきたように、オーディエンスをめぐるフィクションはそれが定着していく過程で実体化され、完全に定着したときには、誰しもその存在を疑うことのないブラックボックスと化す。あるオーディエンス像がひとたび受け容れられたならば、テレビ産業も、学的な言説も、ときには個々の視聴者さえも、そうしたオーディエンスの存在を前提にテレビをめぐる自らの振る舞いを組織化していくことになるからである。第3章で小林義寛が論じている「家族視聴」というオーディエンス像は、まさにそうした例だといえる。それは長らく、テレビ産業にとっても、研究者にとっても、そして他ならぬ個々の家族にとっても、半ば自明のものとして受け容れられてきたのである。いうまでもなくこうした事態は、特定のオーディエンス像が確固たるアクターとしてネットワークに組み込まれ、ネットワーク全体がその状態で安定化したことの裏返しである。だがその時点で、そのオーディエンス像の構築プロセスは隠蔽され、そこに様々な権力関係があったことは忘却される。アクター・ネットワーク論は、このブラックボックスを開き、そこから異種混交のアクターのポリティクスを再び引きずり出して見せるのである。

　そして、実のところ、こうした議論はブラックボックスの中身を暴露するということ以上の意義を持ちうる。というのも、ブラックボックスの開示は、現在自明視されているオーディエンス像が実はきわめて偶有的なものであったことを明らかにし、そうすることによって、オーディエンスが他でもあり得た可能性、ひいてはそうしたオーディエンスを前提に成立しているテレビそのものが他でもあり得た可能性を具体的に示すからである。ブラックボックスの開示がもたらしうるこうした効果は、たとえばシルバーストーンが次のように要約する今日のテレビと私たちとの関係を考えるとき、きわめて重要な意味を持つことになるはずである。

> 私たちはテレビの存在を全く当然のものとみなしている。私たちは、日常生活を当然のものとみなすのと同じようにテレビを当然のものとみなしている。私たちはときに、テレビをさらに欲し、テレビに対して不平を言う。にもかかわらず、私たちは機械的な構造という意味でも、イデオロギー的な意味でもテレビがどのように機能しているのかをよく理解していない。(…)私たちは、テレビが今とは全く異なる別のあり方で存在しうるかもしれない、と想像することも予期することもできないのである。(Silverstone 1994: 3)

　ここで指摘されている、「テレビの自明性」は、アクター・ネットワーク論的には、ある特定のオーディエンスのあり方が自明視されるのと同時に生じる事態である。きわめて素朴な言い方をすれば、「テレビとはそのようなものだ」そして「そのオーディエンスとはそのようなものだ」という共通認識

（共有されるフィクション）が、それ以上問われることのない「ブラックボックス」と化したとき、上述のような事態が生じるのである。つまり、そこではテレビをめぐるアクター・ネットワークは安定的なものとしていったん閉じられているのであり、その安定性は「テレビが他であること」「オーディエンスが他であること」への想像力を抑圧するのである。

　アクター・ネットワーク論の視座は、こうした想像力の抑圧に抵抗するためのひとつの拠点となりうる。それは、テレビあるいはオーディエンスというブラックボックスを開けることによって、それらを再‐想像／創造していくための契機を与えてくれるのである。まさにこの点において、アクター・ネットワーク論的にオーディエンスを思考することは、オーディエンスあるいはオーディエンス研究への批判的介入という意味合いを持つことになる。それは、意識的であれ、無意識的であれ（本来それは徹底的に意識的に行われるべきだが）そうなのである。だとすれば、私たちはここで、それが具体的にどのようになされるべきかについてじっくりと考えていく必要がある。次節では、この点について検討を加え、アクター・ネットワーク論的にオーディエンスを考えていくことの意味、より正確にいえばその政治的な意味を明らかにしておきたい。

4　「プロジェクト」としてのオーディエンス研究

　冒頭でも参照した論考のなかで、アンはオーディエンス研究が批判的であるための条件として、「研究実践の社会的および言説的性質について意識的であること」を挙げている（Ang 1996=2000: 204）。アンのこうした主張に異論を差し挟む余地はない。既に幾度も確認されてきたように、学的な言説もまた他の言説と同じように政治的なものであり、そこには研究者の政治的責任が常に発生するのである。だが、このように言うアンが、ある研究が「批判的」であるか否かは「言説空間の内部における、他者の立場との関係によってのみ決定可能になる」（傍点筆者）と続けて述べるとき、アクター・ネットワーク論を経由してきた私たちはそこに付加すべきものがあることを指摘せねばならない。問われるべきはアンのいう言説空間だけではないのだ。研究者がオーディエンスを語るということは、それを通じて、言説空間を含むより大きなアクター・ネットワークへ自らをアクターとして登録することに他ならない。だとすれば、問われるべきは、人間、制度、言説、モノ、その他のあらゆるアクターが入り交じるネットワークのなかで研究者がいかなるアクターとして振る舞うか、その振る舞いの政治性なのである。

　このように考えるとき、先に述べたオーディエンスの再‐

想像／創造という視点が、より現実的な意味を持つことになる。つまり、私たちはまず「語りを通じてフィクションを捏造する」という言説実践の政治性を意識する。だが、その際に私たちは「言説空間」だけではなく、テレビをめぐるネットワーク全体の中に自らを位置づけ、そこで自らの実践の政治性を意識するのである。だとすれば、政治的なアクターとしての私たちは、自らもその一部であるテレビをめぐるネットワークをより肯定的なものへ組み替えていくために、どのようなオーディエンス像が必要なのか、そしてそれをどのような形で語っていくべきなのかを戦略的に構想することもできる。そして、もしそうした想像力を持ち合わせているならば、私たちはそこで、自ら想像したオーディエンスを自らの言説実践を通じて創造するという「プロジェクト」までを構想しうるのである。もちろんこの「プロジェクト」は、学的な実践の守備範囲を越え出ている。それは政治的であるにとどまらず、政治そのものになるのだ。だが、テレビをめぐる今日的状況を考えるなら、少なくともこうした構想がありうるということだけは認識しておく必要がある。

ここでテレビをめぐる今日的状況というとき、論じておきたいのはもちろん、テレビをめぐるモノ＝テクノロジー次元での変容である。テレビをめぐる技術は放送の開始以来常に変化しつづけているが、周知のようにここ数年デジタル技術との関連でテレビの新たな地平が次々に準備されつつある。たとえば、放送のデジタル化はこれまで以上に多チャンネル化を押し進め、より高品質化した映像・音声、さらにはデータ放送などの提供を可能にしている。また、当然ながら、デジタル化によって、放送とインターネットとの連携の度合いは深まり、テレビを独立した存在として考えることはますます難しくなっている。さらにいえば、放送という枠で捉えられるものではないが、比較的安価なビデオカメラや映像編集ソフトの普及は、それこそ「六歳から九十六歳までのアマチュア映像作家」を準備しつつあり、個人が映像メディアに関わることの意味は大きく変わりつつある。

いうまでもなく、こうしたテレビをめぐるモノ＝テクノロジー次元の変容は、テレビをめぐるアクター・ネットワークに新たな非人間のアクターが次々と登録されつつあることを意味している。そして、きわめて重要なことに、こうした新たなアクターは現時点ではまだ「ブラックボックス」へ閉じこめられることなく、他のアクターによる「翻訳」を待っているのである。だとすれば、これはテレビをめぐるネットワークを組み替え、「テレビの他のあり方」そして「オーディエンスの他のあり方」を構想する好機に他ならない。だが、当然ながら、この「好機」は私たちだけのものではなく、他のすべてのアクターに開かれた「好機」である。そして、そうであるからこそ、オーディエンス研究者はまさにオーディエンスを通じてそこに介入していく必要があるのだ。

こうした構想の必要性が現実的なものであることは、たとえば「デジタル化・多チャンネル化時代のテレビ放送」に関する次のような現状把握を見れば明らかであろう。

デジタル放送への移行は、既存放送体制を揺るがす大問題であるだけに、既存放送事業者にとっては最大の関心事である。関連産業界でも議論は高まりをみせており、趨勢に乗り遅れないよう目下対応に追われている。そうした動向に追随するかのように、マスコミ・研究機関においてもデジタル化問題は重要な研究テーマになってきた。だが、各方面の議論の多くは、どちらかと言えば政府主導の政策論である。さらに言えば、デジタル技術の進展に新たな事業機会を見出そうとする業界各方面の技術論や産業・経営論的な観点にウェートが置かれてきたように思われる。(篠原 1999: 234)

ここには、異なる利害を担った数々のアクターが、放送のデジタル化をめぐって既に名乗りをあげていることが明確に示されている。それはすなわち、《既存放送事業者》、《関連産業界》、《マスコミ・研究機関》、《政府》といったアクターであり、さらにはそこで生産される《政策論》、《経営論》といった一連の言説である。だが、ここには何かが欠けているのではないだろうか。登録されてしかるべきアクターが未登録のまま残されているのではないだろうか。いうまでもなく、残されているのはオーディエンスと批判的研究者である。もちろん、個別の実践としては、研究者のそれであれ、オーディエンスのそれであれ、テレビをめぐる技術変容への批判的な介入は数多くなされている。しかしながら、おそらくそれは、こうした大局的把握において可視的になるほどのプレゼンスを備えるには至っていない。そして、こうした現状が続くならば、テレビをめぐるアクター・ネットワークを組み替える「好機」は、《オーディエンス》と《批判的研究者》がそこに介入する前に、速やかに閉じられることになるのである。

だとすれば、この「好機」が閉じられる前に(すなわちテレビをめぐる新たな技術がブラックボックス化する前に)、《批判的研究者》は《新たな技術》を媒介に《新たなオーディエンス像》を想像/創造し、それをテレビをめぐるネットワークに組み込んでいく必要がある。これこそが上で述べた「プロジェクト」の内実である。そのためには、たとえば、《新たな技術》に書き込まれた「刻印」を「翻訳」したり、すでに行われているオルタナティブなメディア実践を

「翻訳」したりしながら、自らの言説実践とテクノロジーとその使用者のあいだに、有効な同盟関係を構築していくことが求められる。そうするなかで、新たなアクターとして立ち上げられるべきオーディエンス像を模索し、語られるオーディエンスがフィクションでしかあり得ないことを積極的な契機として奪い返しつつ、テレビをめぐるネットワークへ有効なフィクションを組み込んでいくのである。

これは無謀な企てだろうか。だが、たとえば水越が提唱する「メディア表現者」という概念（水越 1996）、あるいは第9章で毛利が論じている「メディアの生産者としてのオーディエンス」といったオーディエンス像を想起しよう。水越は「メディア表現者」という存在をたとえばビデオ・ジャーナリストを通じて構想しているが、それはいうまでもなくポータブルで安価なビデオカメラというモノによってはじめて可能になった存在である。また、毛利の言う「メディアの生産者としてのオーディエンス」とは、情報の生産者と消費者の区分を無意味化するテクノロジーの発展を通じて概念化されたものである。こうした存在がもはやオーディエンスではないというのであれば、シルバーストーンが論じているエスニック・マイノリティのテレビについて考えてもよい。それは、デジタル衛星というテクノロジーによって可能になった新たな放送であり、そこにはメディアを通じてローカル・コミュニティを再生させていく新たなオーディエンスの存在が見通されているのである（Silverstone 1999=2003: 225-6）。

いうまでもなく、これらの事例に共通しているのは、《新たな技術》とそれをオルタナティブな形で「翻訳」する人々の結合であり、さらには《新たなオーディエンス》をそこに見出していく研究者の存在である。もちろん、こうした個別の事例あるいは研究事例をもって、即座にテレビをめぐるネットワークの組み替えがなされるといいたいわけではない。だが、こうした研究・実践がさらに蓄積され、それを上で述べてきたような「プロジェクト」として束ねていく視座が共有されるならばどうだろうか。そこからさらに強力なアクターとしてのオーディエンスが現れ、それがテレビをめぐるネットワークに深く介入していくことは十分あり得るだろう。フィクションとしてのオーディエンスを語ることの可能性と政治的責任はまさにこの点にある。端的に言うならばそれは、たんなる「言説による捏造」などではなく、むしろ言説と人とモノのネットワークを築き上げ、そうすることで新たなアクターとしてのオーディエンスを構築していくことなのである。

以上のように、アクター・ネットワーク論を経由してオーディエンス研究を再構成しようとした本章での試みは、結果的に、これまでオーディエンス研究と呼ばれてきたものとは異なる場所へ辿り着くことになった。だが、一定の歴史を持ちながらも、未だ変化の可能性に開かれているテレビというメディアを考えていく上では、その現状を正確に把握するだけでなく、その将来を構想していくことまでもが求められるはずである。そして、それはたとえばレイモンド・ウィリアムズがその著書『テレビジョン——テクノロジーと文化形式』において取り組んだ課題でもあった（Williams 1974）。ウィリアムズが、そうした問題意識の下で『テレビジョン』の最終章を"alternative technology, alternative use?"というタイトルで書き上げたことの意味はもう一度思い出されて良い。彼がそれを書いた七〇年代前半も、ビデオやケーブル伝送といった今日すっかり定着したテクノロジーが、新たなものとしてその姿を見せ始めた時期だったのである。そうした議論にも連なるものとして、テレビをめぐる新たなテクノロジーの問題を、決定論を回避しつつも正面から論じさせるアクター・ネットワーク論は、再び急速な技術変容に巻き込まれつつある今日のオーディエンスを考える上で、ひとつの有効な視座を提供している。

注

1　この二つの概念については、アクター・ネットワーク論および周辺の議論において盛んに論じられているが、「翻訳」概念についてはカロン（1986）が、「刻印」概念についてはラトゥール（1992）などがまとまった見解を提示している。

2　テレビ産業によるオーディエンスの「翻訳」として最も露骨なのが「視聴率」という数字への翻訳であろう。そこでは、テレビ視聴の無限の多様性・複雑性がひとつの数字にまで縮減され、単純化されている。ちなみに、この「単純化」という言葉は、カロンがアクター間の結合のロジックを論じるときに、「翻訳」以外に使う言葉でもあり、そこでは現実としては不定形で矛盾をはらんだ存在であるアクターが、互いに他のアクターを「単純化」することで結合していくといったことが意味されている（Callon 1987）。

3　テレビの付近にいる個人を自動的に認識することのできる感応装置を備えた視聴率測定のための装置のこと。

4　この「ブラックボックス」という概念もアクター・ネットワーク論で頻繁に用いられる概念である。ある事象をめぐってすべてのアクターが満足し、ネットワークが安定化したときに、そのアクター・ネットワークはそれ以上問われないものとして閉じられるが、それを指してブラックボックスと呼ぶ。ラトゥール（1987＝1999）の序章などを参照。

引用文献

足立明（2001）「開発の人類学——アクター・ネットワーク論の可能性」『社会人類学年報』二七号、一—三三頁

Ang, I. (1991) *Desperately Seeking the Audience*, Routledge

Ang, I. (1996) 'On the Politics of Empirical Audience Research' in Ang, I. *Living Room Wars*=山口誠訳「経験的オーディエンス研究の政治性について」、吉見俊哉編（2000）『メディア・スタディーズ』、せりか書房、二〇三—二三三頁

Callon, M. (1986) 'Some elements of a sociology of translation: domestication of the scallops and the fishermen of St Brieuc Bay' in Law, J. (ed.) *Power, Action and Belief: A New Sociology of Knowledge?*, Routledge and Kegan Paul. pp.196-233.

Callon,M. (1987) 'Society in the Making: The Study of Technology as a Tool for Sociological Analysis' In Bijker et.al(eds.) *The Social Construction of Technological System*, The MIT Press. pp. 83-103.

Hartley,J. (1987) 'Invisible Fiction: Television Audiences, Paedocracy, Pleasure', *Textual Practice*1(2):121-38

藤田真文（1988）「「読み手」の発見――批判学派における理論展開」『新聞学評論』（日本新聞学会）37, pp67～82.

伊藤守（1999）「オーディエンスの変容を〈記述〉する視点と方法――オーディエンス・スタディーズとメディア消費の空間論」『マス・コミュニケーション研究』55号、一一〇―一三〇頁

Latour,B. (1987) *Science in Action*, Harvard University Press.=川崎・高田訳（1999）『科学が作られているとき――人類学的考察』、産業図書

Latour,B. (1992) 'Where Are the Missing Masses? The Sociology of a Few Mundane Artifact' in Bijker, W.E. and Law, J. (eds.) *Shaping Technology / Building Society: Studies in Sociotechnical Change*, The MIT Press. pp.225-258.

水越伸（1996）「新しいメディア表現者の登場と日本のジャーナリズム」『マス・コミュニケーション研究』48号、三五―五三頁

Morley,D. (1980) *The 'Nationwide' Audience*, British Film Institute.

篠原俊行（1999）「デジタル化・多チャンネル化時代のテレビ放送」津金澤聡廣・田宮武編著『テレビ放送への提言』、ミネルヴァ書房、二三二―二五六頁

Silverstone, R. (1994) 'Television, ontology and the transitional object' in *Television and Everyday Life*=土橋臣吾・伊藤守訳「テレビジョン、存在論、移行対象」、吉見俊哉編（2000）『メディア・スタディーズ』、せりか書房、五五―八一頁

Silverstone, R. (1999) *Why Studies the Media?*, SAGE=吉見俊哉・伊藤守・土橋臣吾訳『なぜメディア研究か――経験・テクスト・他者』、せりか書房

Williams, R. (1974) *Television: Technology and Cultural Form*, Fontana.

3

テレビと家族

――家族視聴というディスクールをめぐって

小林義寛

はじめに

二〇〇三年初夏より。シャープの液晶テレビのコマーシャルは、「リビングに家族の集まる」家の復活を、吉永小百合の声により、テレビで訴えた。

同年七月二四日。朝日新聞朝刊家庭欄は、「ノーテレビデー」を特集し、「家庭」における子どものテレビ視聴時間の問題点を解説した。

思えば、テレビと「家庭」とをめぐる、この両者にみられるような対立する主張は、日本のテレビ放送草創期から展開されていた。たとえば、テレビは、一方では「家庭」内コミュニケーションを促進するとして、他方ではそれを疎外するとして。しかも、それは、テレビ普及期後の「家族視聴」あるいは「家庭視聴」の時代は当然としても、「個人視聴」あるいは「個別視聴」が指摘された時代、ある人びとにとっては「家族の危機」であり他の人びとにとってはまさに「家族の時代」であった一九八〇年代からその後の現在に至るまで、引き継がれている。しかし、第2章（土橋論文）でのJ・ハートレイの言説的な構築物としてのオーディエンスに関する議論を敷衍したとき（Hartley 1987）、それは、「子どものような」オーディエンスに、かたや「家族」が集い「家庭」内コミュニケーションをおこなうような「家族」となることを指導し、かたや親代わりのように「家族」になるための「家庭」内コミュニケーションに対する阻害要因を指摘して注意を喚起する。そうして、国民的テレビのオーディエンスがとりわけ「家庭」という場において、「家族」としてあるいは「家族」になるために構築されてきた、といえるのかもしれない。

ここでは、若干問題を移行させている。ハートレイの議論は、無根拠で不可視な存在としてのオーディエンスの構築性であった。けれども、ここでは、言説的な構築物としてのオーディエンスを前提とした上で、そのオーディエンスがいる場としての「家庭」なり「家庭」空間およびそのオーディエンスが含まれる「家族」集団がテレビとともにあるいはテレビを通して構築されている、といったことに主に焦点がある。なかでも、とりわけ、戦後「家族」の構築性とテレビとの関わりについて、議論を展開するつもりである。というのも、たとえば一九八〇年代をみれば、一方では「家族の危機」の時代であり「家族」の定義等をめぐり多くの議論がされていたのに対し、他方ではまさに「家族の時代」でありテレビのなかの「家族」やテレビと「家族」との関わり合いに関して、その当の「家族」ないし「家庭」自体を問うことなく当然の前提として調査・研究がおこなわれていたように[1]、テレビと「家族」ないし「家庭」をめぐる議論はあたかも「家族」なり「家庭」なりを自然的な事実であるかのごとくあつかってきた。そして、それは、ふたたびハートレイになぞらえれば、アカデミズムの制度があたかもそのようなものとしてオーディエンスを構築してきたように思われるからである。

そこで、以下、まず三〇年以上にわたり磯野家という「家族」を中心に描き続けてきたアニメ『サザエさん』から始め、その中でテレビがどのように位置づけられているかをみておこう。その上で、戦後日本の「家族」と「家庭」空間に関する議論へと展開を進めながら、テレビと「家族」をめぐる議論に関して考察する。そうして、テレビがオーディエンスとしての「家族」や「家庭」をいかにして構築してきたかをみていくつもりである。

1　磯野家にはテレビがない？

磯野家と家庭電化製品との関係には興味深いものがある（マンガ『サザエさん』に関しては、東京サザエさん学会編 1992）。が、一九六九年より放映が始まるアニメ版『サザエさん』は、東芝がスポンサーであることから、より一層その関係にはおもしろいものがみられる。一般的には、世間の家電製品の普及にあわせ、磯野家にも家電製品が導入されている。にもかかわらず、テレビに関しては、現在でも、茶の間に一台きりである。このアニメ『サザエさん』における磯野家に関して、間取り等もあわせ、以下、若干素描してみよう。

磯野家は二世代住宅である。アニメで確認できる基本的な間取りには、庭に面した縁側のある波平とフネの部屋（おそらく波平が掛け軸を背景にカツオをしかる場面からすれば「床の間」のある座敷）および客間、茶の間と台所、玄関から電話の置かれている廊下に面したところに、カツオとワカメの部屋とサザエ・マスオ・タラオ（フグ田家）の部屋、風呂と洗面所、トイレ、玄関がある。また、庭には物置がおかれている（図参照）（東京サザエさん学会編 1992: 37、砂野設計事務所 2002）。複合家族の二世代住宅ということを考えた時、台所、風呂、洗面所、トイレの数等、若干使い勝手の悪さを感じられるであろう。また、家電製品が次から次へと導入されていくなかで、テレビが茶の間に一台、電話が廊下に一台というのも、当の居住形態からするとかなり厳しいように思われる。とくに、現代的な電気製品にからむ回――たとえば隣の伊佐坂家に作家の難物のためにパソコンが導入される回（二〇〇三年四月一三日放映）――やフジテレビのウェブでのキャスト紹介カツオの項目（http://www.fujitv.co.jp/b_hp/sazaesan/sazaesan_cast.html）に友人として紹介されているパソコン少年「西原」の存在などからすれば、時代状況にあわせて家電製品等が導入されているにもかかわらず、茶の間以外のどの個室にもテレビはなく、電話の子機等もないという姿には、若干の違和感を禁じえない。

さて、ここで、テレビの置かれている茶の間をみてみよう。筆者の記憶のある限りでは、中央にちゃぶ台が一つあるだけの空間であるが、七人家族が集うにはかなり窮屈な空間に感じられる。ここに、食事時などには、いわゆるホームドラマの文法を無視して、ちゃぶ台を中心に円形に家族七人がすわる――画面奥の窓側に左から波平、マスオ、画面手前の右からカツオ、ワカメ、タラオ、画面左の台所側にサザエ、フネが坐している。この空間は、普通、「家族」が集う場、食事等の空間として利用されている。すなわち、「家族の団欒」の場として描かれている。

ところで、この空間の中で、テレビの置かれている場所であるが、それは、窓に向かって左側、波平にとって右後方である。近年、磯野家の食事時などにもテレビの片隅がみられるようになったが、画面上の煩雑さのためか、作画上の都合のためかはわからぬが、これまでは、通常「家族」が集っていたりする場面にテレビが描かれていることは少なかった。テレビが描かれている時は、テレビが話題になる時やテレビをみている時だけであった。その意味では不可視のテレビといってよい。テレビが関わる時にだけ突如としてこの不可視のテレビが発生する、それが磯野家のテレビであった。それゆえ、通常の「家族の団欒」の場面では、テレビは消される（画面上からさえも）。また、近年描かれているテレビでさえも、パソコン等がある時代であるにもかかわらず、一九六〇年代末から七〇年代にかけての、「家族視聴」といわれた時代の、厳つい家具のような、さも日本名が似合いそうな旧式タイプの大きなテレビである。しかも、ほとんどの場合、「家族」が集っている場面とりわけ食事時などの「団欒」時には、テレビの片隅だけがうつされているだけで、テレビがオンになっている様子はない。磯野家にとって、テレビは「家族の

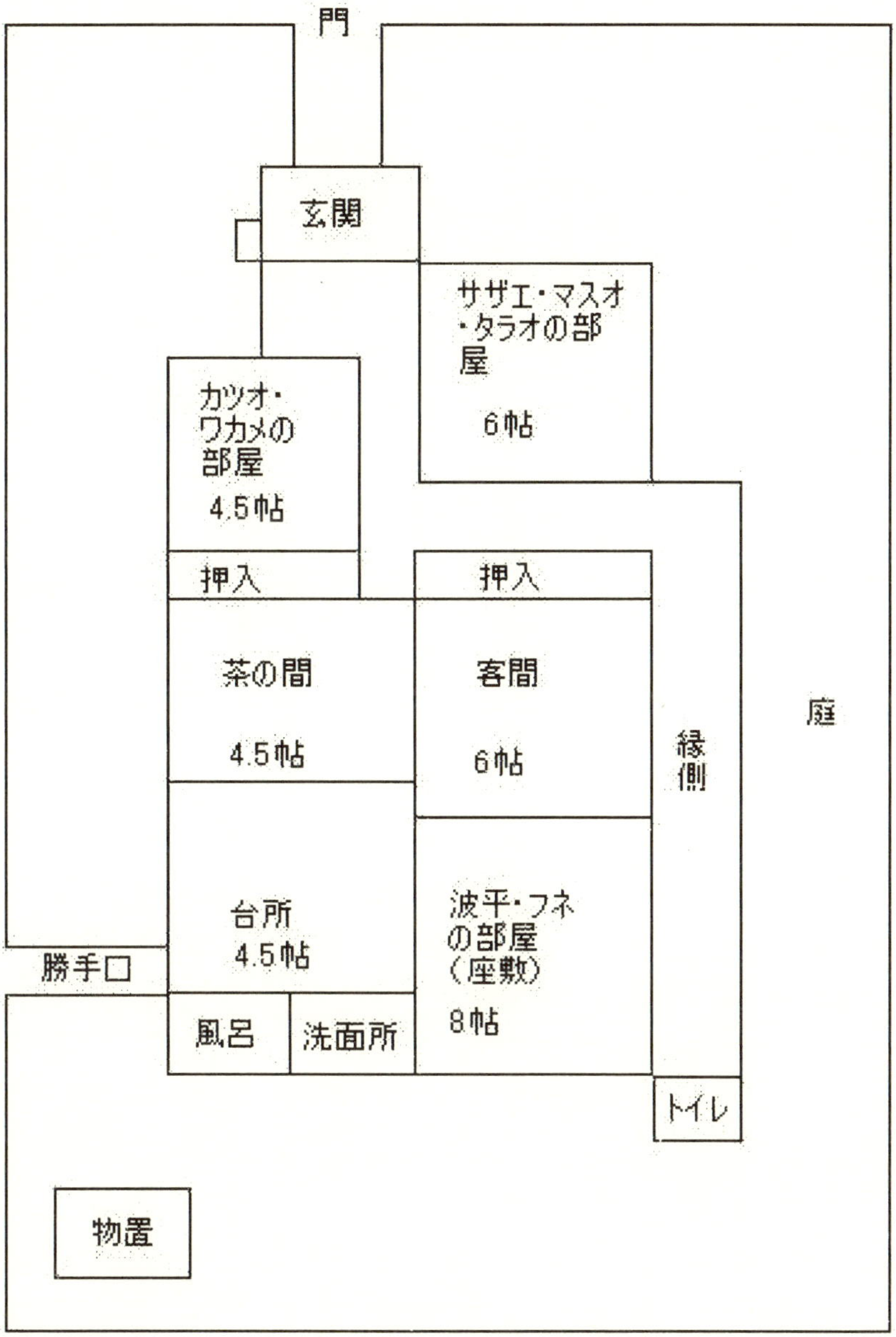

図——磯野家間取り図（アニメから想定される間取り図。東京サザエさん学会編『磯野家の謎』p.39の間取り図、および砂野設計事務所のウェブ〈http://www.architects.jp/column212.html〉をもとに作図）

団欒」にとって相応しくはないのである。

ちなみに、アニメ版での磯野家は、マンガ版とは異なり、時代設定に微妙なものがある。三十年以上にわたり成長の止まった登場人物たちは、いわゆる「典型的な日本の家族」や「家庭」の風景を写し出す。懐かしさとともに、どこにでもありそうな、それでいて現在からすればある種の戯画化されているようなアイロニーさえも感じる営み、それが磯野家だ。にもかかわらず、そこには多くの「現在」も介入する。三十年以上前を保ちつつ、「現在」が引用され、混入されていく。その意味では、磯野家には時代などない。永遠に続く過去の「典型」を示し続ける。だから、現代的な家電製品や話題がエピソードのトピックとして登場しながらも、それらは基本的には常に隠され続ける。電子レンジも炊飯器も存在しているはずなのに、どこにもみあたらない。テレビゲームもビデオもない。それらは日常の磯野家からは徹底的に排除される。時に逸脱はあるとはいえ、フネとサザエは三食を毎日「チン」という音もさせることなくつくり続け、カツオ、ワカメ、タラオはいかにも「こども」らしく遊ぶ。波平とマスオも、麻雀や赤ちょうちんに誘われることはあっても、多くは定時に夕食を「家族」とともにとる。ケータイもなく、磯野家は常に対面した濃密なコミュニケーション空間の中にある。その意味で、磯野家は「典型」なのだ。近年失われたとされる「日本の典型」が磯野家に示される「家族」あるいは「家庭」の風景である。だから、それを阻害するようなものとして指摘されることのある要因、「手抜き」料理やテレビなどは隠され、排除される。けれども、時にエピソードとして介入する「現在」は、磯野家に示される「典型」が単なる失われた過去ではなく現在でも必要とされる現実性を、現在性において保証する。そうすると、磯野家におけるテレビは、それの存在において現在の時制を保証しつつ、その不可視性において磯野家に示される「日本的な家族」や「家庭」の永続性を保証している。

さて、ここで、対照として、アニメ『ちびまる子ちゃん』の場合をみておこう。さくら家は、一九七〇年代の静岡県清水市を舞台にしている。筆者が記憶している範囲では、茶の間、祖父母の部屋、こども部屋、台所、風呂、洗面所、トイレがさくら家にはある。磯野家同様、普段の茶の間は、「家族」が集う場、食事等の空間として利用されている。すなわち、ここは「家族の団欒」の場である。ただ、磯野家とは異なり、作画上、斜め上方から俯瞰したタッチで描かれているためか、ちゃぶ台を中心にさくら家六人が集っていても、あまり窮屈には感じられないし、テレビは常時茶の間に据えられてもいる。また、当然、『サザエさん』とは異なり、一九七〇年代という時代設定が確固としているため、各個室にはテレビはない。

磯野家の場合と異なり、さくら家では、「家族の団欒」の場に、テレビは顕在性をもって描かれている。いいかえれば、さくら家にとって、テレビは「家族の団欒」にとって大きな阻害要因とはなっていない。それどころか、場合によっては、テレビが「団欒」の紐帯となっている場面さえある。その意味では、磯野家におけるテレビが家具であるとすれば、さくら家にとってのテレビは「家族」の一員である、ともいえる。

さて、こうしてみた時、「はじめに」で示したコマーシャルや新聞もそうだが、日本の「家庭」には、茶の間や居間なりリビング等の共有空間があり、そこで「家庭」内コミュニケーションを中心にした「家族の団欒」が形成されていることがわかる。そして、その共有空間にはテレビが置かれてあり、「家族の団欒」にとって、テレビは正・逆の機能をはたしていることになる。けれども、ここで、当然のごとくに存在している日本の「家庭」や共有空間、「家族の団欒」であるが、現実的なこととして、日本におけるそれらはそれほど古くからみられたものではない。ある意味、それらはテレビの普及とともに一般化したともいえる現象である。にもかかわらず、それらはテレビ以前からあり、それがあたかも当たり前の事実として描かれ、語られている。それゆえに、テレビは、「家庭」や「家族」にとって、また、その「団欒」にとって、その都度、正・逆それぞれの機能を果たすかのように位置づけられてきた。

そこで、次節において、日本の「家庭」や共有空間の成立と普及の事情を簡単にみておこう。そうして、それらがテレビの普及と実はパラレルな状況にあることを確認しておこう。

2　テレビのおかれる空間

よく知られているように、一九五一年に公営住宅の基本プランとして五一C型（五一C・N型）が提案され、一九五五年設立の日本住宅公団によって2DK住宅へと結実する（一九五六年初入居）。この住宅の基本は、戦前から構想されていた食寝分離、就寝分離を、狭小なスペースにおいて実現することにあった。その後、一九六四年の東京オリンピックを継起としたテレビの普及にともない、くつろいでテレビをみるための空間として、居間すなわちリビングがつくられるようになり、nDKからnLDKとなる（一九六七年に3LDK発売）。このL空間の基本理念は、対社会コミュニケーションと「家庭」内コミュニケーションとをL内でおこなう、というものであったが、現実的には対社会コミュニケーションは広く展開はされなかったようである（江上徹 2002: 161-164、水沼淑子 1993: 199）。

さて、日本のテレビ放送開始（一九五三年）から普及の過程（一九五九年の皇太子御成婚から一九六四年の東京オリンピック）を公団住宅の変遷に重ね合わせることは簡単である。また、布野修司が考察したnLDKモデルと「戦後家族」の理念との関係（布野修司 1985）を、テレビの普及過程と重ね合わせてみていくこともできる。さらに、若干先走れば、第4章（阿部論文）で展開される『皇室アルバム』をもとにした、「民主的な家族・家庭」としての皇室とそれをみる視聴者との関係を重ね合わせることもできる。が、それらについては後にふれるとして、ここでは時代をもう少し遡ってみよう。

「家庭」という概念が日本において成立したのはそれほど古いことではない。今日的な意味での「家庭」が定着したのは、山口昌伴によれば、「新語として広く定着したのは大正期から昭和初期、一九二五年の前後からのことであった」（山口昌伴 1999a: 26-27）[2]。一九〇四年に堺利彦が「家族平等」を推奨し、食卓を囲んで「家族が団欒」することをよいこととしているが、この頃、明治末から大正期にかけて登場し、普及したちゃぶ台による、日本の食卓の変化を背景にしている（定行まり子 2002: 199）。また、大正期から昭和戦前期にかけての「生活改善運動」においても、食事における「団欒」が推奨されている（山口昌伴 1999a: 147）。そのような状況からすれば、当時、「家庭」という語が定着し、ちゃぶ台が普及しつつあったとはいえ、「団欒」が一般的な現象ではなかったことがわかる。実際、茶の間での「団欒」を想起する当時の定型化された住宅は明治四〇年代（二〇世紀初頭）に成立した中廊下型住居であるが、それは中流の上以上の「家族」のものであり、一般的なものではなかったし、中流の中以下のほとんどは借家人であった（川添登・松本暢子 2002: 11-12）。

先にちゃぶ台の普及についてふれたが、この頃、日本の食卓は、箱膳などの銘々膳による個別の食事から共用の食卓へと移り変わっていった。その背景には、「文化的な新しい家族像」とともに、当時の食寝同室という住宅事情によることが大きい（真島俊一・宮坂卓也 2002: 102）。とはいえ、この頃、「食事＝団欒」という認識が起こり始め、堺の主張にみられるように、その形式による身分差を示す道具である銘々膳を廃し、食卓を「平等な家族」による「団欒」の場にすることが必要であるとされた。ここに、「新しい家族団欒」という行為が創出され始める（内田青藏 1999: 222-223）。が、車政弘は、井上忠司の調査に基づき、銘々膳からちゃぶ台への逆転が起こるのは一九二〇年代としつつも、堺の意図に反して、銘々膳がほとんど無くなるのは一九六〇年代であった、と位置づける（車政弘 2002: 90-91）。また、「家庭」という語が定着し、「団欒」が創出され始めるのだが、それは現在のわたしたちがイメージするものとは若干その様相を異にしているともいえる。そのあたりを、江上徹は、牟田和恵や西川祐子に依拠しつつ、「家父長制に否定的な一家だんらん的家族の結びつきを示しつつ、単純に近代家族形成の方向だけに向か」ったのではなく、「伝統的、一体的な家族像と結びつ」き、それが住宅改善にも現出している、という（江上徹 2002: 158）。すなわち、たしかに明治から昭和戦前期にかけて、日本の「家族」や住宅は近代化してゆくのではあるが、その基本には、直系家族的「家」制度やその観念が支配的という、ある種の二重性をそなえていたことを認識しておかなければならない（江上徹 2002: 159）。同様に、車は、「家庭の民主化」はちゃぶ台の時代ではなく、椅子式テーブルの時代に現実のものとなった、という（車政弘 2002: 109）。こうしてみると、当時の「家庭」なり「団欒」なりを現在のものと同列に考えてしまっては危険である、といえよう。

おそらく、わたしたちが意図し、現在一般化している「家庭」や「団欒」という概念を体現し、広く一般化していくのに大きな役割を果たしたのは、先にあげた公団住宅であろう。「家族本位の住宅に家庭的家族が住む」――たしかに戦前にも理念的には示され試みられてはいたが――ために、当時の状況を背景に、2DK住宅が誕生する。先にもあげたように、この住宅の基本は食寝分離、就寝分離にあった。しかし、現実的にはその分離はおこなわれず、それらが達成されるようになるには、椅子とテーブル等の洋家具の導入によるところが大であったとみられる（川添登・松本暢子 2002:27）。また、山口昌伴は、一九六五年頃を振り返り、「団欒」はまだ一般的ではなく、上流の裕福な「家庭」での現象であったとし、「近代の家庭生活一家団欒というのは、上層の有閑階級のライフスタイル・イメージだったのである」とのべる（山口昌伴 1999:28）。

こうしてみてみると、日本の「家庭」における「団欒」の形成と定着は、テレビの放送開始から普及とほぼ同時期に進行していたことがわかる。いいかえれば、あらかじめ「団欒」があり、そこにテレビが普及していったのではなく、多くの場合、テレビの普及とともに「団欒」が形成されていったのである。他方、共有空間であるが、近代日本の「家庭」において個室を分離しえているのは上層富裕層を中心としたごく一部に過ぎない。多くが食寝同室であり、それに便利であるがゆえにちゃぶ台――ちゃぶ台をかたづけて就寝につく――が普及した。そのため、現代的な意味での共有空間は成立しえていない。いうなれば、すべてが「私的な共有」空間であった。それゆえ、nDKモデルは、食寝分離と就寝分離とを基本に、寝室としての個室を分離することにより、共有空間を析出する。そこに初めて、現代的な意味での共有空間が誕生することになる。が、先にも記したように、現実的には分離は達成されず、本来の共有空間もそのようなものとしては機能せず、共有空間としては成立しえなかった。テレビはそのような空間におかれたのである。共有空間でありながら共有空間でない空間、そこにテレビは設置された。その意味では、あらかじめ存在した共有空間にテレビが設置されたのではなく、共有空間が共有空間として成立しえたのはテレビ以後である、といえる。

また、テレビをくつろいでみるためにつくられた居間あるいはリビング（nLDKモデル）が大きく普及するのは一九六〇年代末から一九七〇年代であるが、その頃はテレビが白黒からカラーテレビへと交代していく時期にあたる。そして、先にもみたように、この頃に個室の分離がある程度達成し、共有空間が確実に析出されていく。とくにL空間は、先に対社会的コミュニケーションと「家庭」内コミュニケーションの場として構想されたとしたが、現実的には、大正期の「家族団欒」の理念を継承してL空間が構築されたため、対社会的コミュニケーションは多く、犠牲にされた。簡単にいえば、普段の日常生活に「家族」がL空間を使用しているため、散らかったりしていて接客などには使用しにくい、ということである（江上徹 2002: 163-164）。その意味では、この空間は決して公共空間とはいえない。[3] こうして、テレビは徹頭徹尾、日常の生活の中に組み込まれたのである。

以上、考えてみると、テレビはあらかじめ「団欒」や共有空間が存在したところにおかれたわけではないことがわかる。そこからすれば、テレビが所与の「家庭」内コミュニケーションを促進するわけでも阻害するわけでもない。戦後「家族」の形成において、テレビは、共有空間において「団欒」をおこなうような、「民主的な家族と家庭」の形成とともに普及していったのである。しかし、先に記したように、一九六〇年代はまだまだそのような状況にはなかった。とすれば、急速に普及していったテレビは、そのような「家族」の形成に大きく作用したのではないであろうか。そこで、次節では、戦後日本の「家族」の状況を簡単におってみよう。

3 テレビをみる「家族」

一九五九年、現在の天皇と皇后とが結婚パレードをおこなった。いわゆる「皇太子御成婚」である。婚約からの「ミッチーブーム」はここで頂点に達し、日本におけるテレビの普及にとって大きな契機となったといわれる。その後、『皇室アルバム』やその他の皇室報道を通じて、わたしたちは、この若い皇太子一家が愛情に満ち、友愛によって結ばれた「家庭」を営んでいることを目にする。[4] 一九六〇年代、未だ「家庭」も「団欒」も定着していないわたしたちにとって、理念的な「近代家族」を体現する一家がテレビの向こう側で、「民主的な家庭」を営んでいる。当のわたしたちにとっては、その姿は未だ憧れに過ぎない。テレビ——当時、アメリカ制作のドラマが多く放映されていた[5]——や映画を通じてかいまみる、「理想的なアメリカの家族」。それが単なる神話に過ぎないことも知らずに（クーンツ 1998）、わたしたちはそれに近い姿を皇室のなかにみた。しかも、活動的で「近代的な」美智子さまが「良妻賢母」を演じている……けれどもわたしたちの現実は……。皇室報道の詳細に関しては第4章の阿部論文にゆずるとして、ここでは、「戦後家族」について若干みてみよう。

一般に、日本の家族制度は、戦後改革を経て、それまでの封建的で伝統的な家族制度から「民主的な近代家族」になったといわれる。[6]その戦後、「家庭」という言葉が再び流行する。それは、戦争中の、戦争遂行の基盤としての「家庭」とは異なるが、同様の指向、日本再建の基盤として「家庭」を位置づけた。すなわち、「健全な家庭」、「民主的な家庭」の建設により日本の再建はなる、と。いいかえれば、「家庭」は国家の基礎単位として、戦前・戦中と同様に位置づけられた（西川祐子 2000: 41-44）。もっとも、先にみたように、一九六五年頃においても、「上層の裕福な有閑階級のライフ・イメージ」が近代的な「家庭の団欒」であり、その他の多くの「家族」にとっては未だ「近代的な家庭」は一般化してはいなかった。とはいえ、一九五五年以後、六〇年代の高度成長期を通して、日本の社会は大きな変貌を遂げる。

高度成長期には、戦前の「家庭」や「団欒」が定着し始めた頃よりもより大きな変化がみられた。産業構造は転換し、それにともない産業別就業人口が著しく変わった。一九五五年に減少傾向にあったとはいえ第一位であった（四一・一％）第一次産業が一九六〇年には第三次産業と入れ替わり（第一次三二・七％、第三次三八・二％）、一九六五年には第二次産業をも下回るようになった（第一次二四・七％、第二次三一・五％）。また、三大都市圏を中心として都市への人口集中が進み、産業構造の転換とあわせて、雇用者人口が農業や自営業者の人口を上回るようになる。こうして、六〇年代を通して日本は「サラリーマン化」が進行した。この間、家族の平均構成員数も五人台から三人台へと減少する。[7]「サラリーマン化」と家族構成員数の減少にともない、女性の役割も大きく変わる。農業や自営業が多くを占めていた時代には、「家庭」が生活の場であるとともに生産活動の場でもあった。そのため、「家庭」において女性もともに生産活動に従事することが一般的であったと考えられる。それもあり、戦前期も通じて女性の就業者の割合は五〇％前後を占めているが、「サラリーマン化」の進行の中で、六〇年代を通して、とりわけ都市の核家族世帯においては、「夫は外で仕事を、妻は家庭で家事・育児を担う」という、いわゆる「伝統的な日本の家庭」での役割分業が確立し、[8] 家事労働に専念する「専業主婦」が増加する（一九七五年に就業率は底、四五％となる）。

その頃（一九六六年）、中央教育審議会から、当時の文部（現文部科学省）大臣にあて、「後期中等教育の拡充整備について」という答申が出される。いわゆる「期待される人間像」の答申である。[9] この答申では、「家庭」が「愛情」「いこい」「教育」の場とされ、「開かれた家庭」とすることが望まれた。

この答申の若干の細部をみると、戦後の「民主化の理念」とスプートニク・ショック後の当時の状況とを背景に、第二部に「日本人にとくに期待されるもの」として、「個人として」、「家庭人として」、「社会人として」、「国民として」という四つの章が設けられている。そこにおいて、「民主的な個性」の確立が重視されつつ、「家庭」人として、古い家族制度は批判されたが「家庭」道徳は否定してはならず、国民として、愛国心をもち、象徴すなわち天皇に対する敬愛の念と、すぐれた国民性を伸ばすために「日本の美しい伝統」の重要性がうたわれている。また、「女子に対する教育的配慮」として、後期中等教育機関の拡充において、教育の機会は男子と均等でなければならないが、「女子の特性に応じた教育的配慮も必要であ」り、「女子が将来多くの場合家庭生活において独特の役割をになうことを考え、その特性を生かすような履修の方法を考慮する」必要性が主張された。[10] すなわち、次第に増加している「専業主婦」としての特性が重視されたのである。さらに、中間答申「期待される人間像」が公表された一九六五年に、首相の諮問機関として設置された家庭生活問題審議会は、一九六八年に「明日の家庭生活のために」（「期待される家庭像」といわれる）を答申する。そこでは、「家庭の幸福」が国の繁栄の基盤とされ、「健全な家庭生活」のために障害となる住居水準の向上の必要性がうたわれた。こうして、「家庭」が国家の基礎単位とされ、統制の対象とされるなか、現実的に「近代家族」が成立していく（その他の政府の「家庭」対策に関しては、藤井治枝 1995: 149-152を参照）。しかも、それがなんら問われることもなく「日本の伝統」とされた。

また、この時期、「家庭論」に関わる論争が展開された。[11] すなわち、よく知られている「主婦論争」と「男性女性化論争」とである（上野千鶴子 1982、西川祐子 2000: 82-83、藤井治枝 1995: 130-134）。しかし、これらの論争において、解体や擁護のどの立場をとろうとも、「家庭」の存在は疑われることはなかった。「家庭」は歴史的な存在ではなく、時間的・空間的に普遍的な存在とされた（上野千鶴子 1982: 251、西川祐子 2000: 83）。いいかえれば、「家庭」は所与の実在として議論が展開されていたのである。そして、これらの論争をよそに、現実として「マイホーム主義」は多くの「家庭」に浸透していった。[12]

結果、一九六〇年代を通して、急速に実態としても「近代家族」は形成されていった。が、それは、一九七五年に完成をみると同時に、解体していく。[13]とはいえ、「近代家族」の形成の過程で、私領域と公共領域、家内領域と公共領域、生活領域と生産領域の分離がおこなわれ、私領域、家内領域、生活領域として「家庭」が、そして、女性が性別分業とともに位置づけられた(落合恵美子1985、上野千鶴子1994、牟田和恵1996、西川祐子2000)。こうして位置づけられた「家庭」に対して、高度成長期を通じて期待された役割は、藤井治枝によれば、それは先に記した政策等からもうかがえるが、以下の三つがあげられる。すなわち、「人的資源の供給源としての家庭」、「消費市場としての家庭」、「体制の安全弁としての家庭」である(藤井治枝1995: 134-139)。西川祐子は、このようにして成立した「近代家族」を「家庭」家族モデルとし、「近代家族」の条件をすべてみたすこのモデルの規範としての強制力が一九二〇年から一九七五年の間に強くなったとする(西川祐子2000: 61)。

さて、このようにしてみた時、「近代家族」とりわけ「家庭」家族の急速な成立期とテレビの普及期とが一致していることがわかる。国家の基礎単位として「家庭」が位置づけられ、それが「家庭」家族として成立していく時代、その時代を通して日本では他の家電製品とともに急速にテレビが普及していった。その意味では、テレビは、所与の日本的な「近代家族」が住まう「家庭」の、その共有空間におかれたのではない。むしろ、テレビは、その普及とともにそれをとりまく言説を含めて、「家庭」という空間とそれにともなう「近代家族」を形成していったのであろう。正逆の機能のどちらの視点であっても、テレビと「家族」という観点で「家庭」の関連で、あるいは、テレビを「家庭」内コミュニケーションとでみられるテレビとして語ることは、形成途上にある「家庭」家族を、その言説において支持し構築することでしかなかったのではないであろうか。しかも、それがまだ理念や規範的なモデルでしかなかった時代にさえも、「家庭視聴」あるいは「家族視聴」は、それがあたかも実体概念であるかのごとく展開されていった。

牟田和恵は、B・アンダーソンに依拠しつつ、『「国民」という『想像の共同体』を作り上げるために」要請されたのが「家庭」であると述べる(牟田和恵1996: 181)。牟田の議論は、本章の「はじめに」で示したハートレイの議論——藤井治枝の議論同様アンダーソンに依拠している——と通底している(Hartley 1987)。「家庭」は、「国民的テレビのオーディエンス」

と同様、階層的な多様性、身分制度による非等質性、各「家」の論理による個別性を否定し、均質で一様な「国民」——国家の直接の構成員となる個人——をつくるために要請された家族形態である（牟田和恵 1996: 181）。とすれば、「家庭」家族は、テレビの普及とともに、テレビによって均質で一様な「国民」というオーディエンスとして、構築されていった。当然、「家庭」を所与の実体とする議論は、「家庭」家族が理念や規範的であればあるほど、「科学的な知」を装いつつ、「家庭」イデオロギーに寄与するものとなる。その意味では、上野千鶴子の以下の主張は示唆的である。「わたしたちは家族モデルがこれほど支配的な力を持った近代という時代そのものを、『家族の時代』として、疑うべきだろう。社会科学者もまた、近代が作った家族イデオロギーにとらわれている。彼らは家族を被説明項としてではなく、説明変数として扱うことで、かえってそのイデオローグとして機能している。反対に『家族』の歴史＝社会的構成こそが、問われなければならない当の対象なのである」（上野千鶴子 1994: 96）。テレビ研究あるいはオーディエンス研究の文脈でいえば、これまでの議論は、問われなければならないはずの「家族」なり「家庭」なりを、問われることのない所与の前提、自然的な事実のごとくあつかってきた。その意味では、「イデオローグとして機能してきた」という上野の批判を甘んじて受けなければならないであろう。とくに、一九七五年以後、その「家族」が変容していく過程のなかで、「家庭視聴」あるいは「家族視聴」は次第に薄れていくにもかかわらず、テレビをめぐって展開される「家庭」内コミュニケーションに関わる言説は、結局、「家庭」と国家をめぐるイデオロギーの表明に過ぎない、とさえいえる。こうしたなかで、「敬愛」すべき象徴である皇室の「家庭」の姿がテレビのなかで、事ある毎に放映され続けているのである。

むすびにかえて——けれどもわたしたちは「家庭」で「家族」とテレビをみている

テレビは、そして、テレビとオーディエンスをめぐる議論は、国家の基礎単位として、「家庭」を構築していった。理念がいつの間にか実体化され、そうしてそれがもはや当たり前の事実として、問われることなく、自然的な事実として、所与のものと措かれる時、それにもとづく主張はもはや一つのイデオロギーの表明でしかない。「家庭視聴」あるいは「家族視聴」は、結局、そういうものでしかなかったのであろう。

けれども、現実的には、わたしたちは「家庭」で「テレビ」をみるていた。記憶をたどってみれば、筆者自身もそうであった。「家族」とともに「家庭」でテレビをみていた。こうした「事実」を、どのようにして捉えればよいのであろうか。おそらく、筆者を含めてわたしたちは、テレビをめぐって「国民」として構築されたのであろう。その側面は否定できない。にもかかわらず、それは一つの側面にしか過ぎないように思われる。

では、現実的に、わたしたちとテレビとの関わり合いはどのようなものであったのであろうか。日常的なテレビとわたしたちとの相互作用、関係性はいかなるものであったのであろうか。しかし、これまで、単なる経験や思いこみからはなれて、それらが探求されてきたとは思われない。自らの常識を前提にして、テレビとわたしたちとの関係が語られてきた。けれども、むしろ必要とされたのは、テレビ自体の、およびテレビに接する人びと自体の、振る舞いの精緻な記述ではなかったのではないか。その際、日常生活を所与のものとはせず、「家族」や「家庭」とテレビとの相互構築過程を捉える視点が必要であったはずである。

だが、もはや五〇年の年月が過ぎ去ってしまった。

今後わたしたちに可能となるのは、おそらくこの五〇年に関しては、テレビをめぐる記憶の探求であろう。テレビと「家庭」、「家族」をめぐっては、そこにある種の集合的な記憶が形成されているように思われる。それは、理念や規範と大きく関わっている。あるべきテレビ視聴の姿、また、テレビと「家庭」や「家族」との関係。そして、他方で、情報コミュニケーション・テクノロジーが高度に多様化している現在の状況のなかでの、テレビとわたしたちとの関係を、記述のレベルと規範のレベルとで考察すること。その際には、テレビやわたしたちを、他のさまざまなモノとの関係のなかでみていく必要がある。当然、「家庭」や「家族」、日常生活自体を所与のものとしてではなく、それ自体も問うべき対象として考察しなければならない。

テレビの経験が一つの流れであるように、日常生活自体もある流れである。多様に、多層に、多元的に交錯するわたしたちの営みの流れのなかに、テレビをみる経験がある。わたしたちの営みのなかには多くのモノが存在し、多くの人との関わり合いがある。その多元的な時空のなかに、ある時は気散じとして、ある時は注視する対象として、またある時には片手間にのぞきみるものとして、さらにはただスイッチが入ってついているだけの存在として等として、テレビがある。テレビをみる経験とは、日常性のある流れのなかで、テレビの流れが交錯することではないのか。そこに、ゴフマン的にいうなら、「テレビをみる」という転調がなされる（Goffman1974）。フレームは多層に重なり合い、そのフレームのなかには、共に住まう人との相互作用も存在するであろう。その相互作用がある時には「家族」なり「家庭」なりのゲームを構成しているかもしれない。けれども、場合によっては、それと共に、料理をつくる、新聞を読むなどのフレームもそこには重なり合っていることであろう。そうして、わたしたちの日常生活は構成されている。とすれば、テレビとわたしたちとの関わり合いを考えることとは、単に視聴類型を構成することでも数字に還元することでもなく、その関係性の総体に焦点をあてることではないのであろうか。そして、それは、生活のある一コマだけに、他のものはさておきテレビをみているという一コマだけに焦点をあててオーディエンスをまたはオーディエンスとして語ることではなく、ある流れのなかでオーディエンスになる過程を考察することともいえる。その際、当然に、テレビは、空虚さのなかに単体で存在し、わたしたちに対峙しているわけではない。たとえば、ある居住空間のなかでちゃぶ台とそれを囲む幾人かの人間とテレビとが出会った時、あたかも「家庭」で「家族」とテレビをみているかのような風景ができあがるように、テレビは他のモノとの関わり合いのなかにある。そうしたものとしてテレビを考えていかなければならないであろう。

けれども、テレビはいったいどのようにしてみるられていたのであろうか。そして、オーディエンスとはいったい誰なのであろうか。

注

1　たとえば、一九八五年の『現代思想』は、特集として「家族のメタファー」を組み、「家族」の定義をめぐるニーダムの議論の紹介等がある。他方、「家族」視聴を前提としたものとして、一九八一年のNHK放送世論調査所編『家族とテレビ――茶の間のチャンネル権』や一九八三年のFCT（子どものテレビの会）テレビ診断スタッフによる『テレビと家族』がある。とくに『家族とテレビ』と『テレビと家族』は、目的・方法等が異なるとはいえ、家族類型に関して共通に夫婦家族と核家族とを別にあつかっているが、その両者をめぐる概念の検討があったようにはみられない。しかし、現実的には、家族概念や家族類型に関しては多くの議論がなされていたことを考えると、それらを顧みずに素朴に「家族」を前提としていたように思われる。

2　なお、山口は、今日的な意味での「家庭」を打ち出した初期のものの一つとして、一九〇四年の堺利彦『新家庭論』（『家庭の新風味』）をあげる。また、江上は、一八九〇年代から二〇世紀初頭にかけて、「家庭」の語を冠した雑誌が多く登場したという（江上徹 2002: 156）。「家庭」に関する初期の雑誌等に関しては、上野千鶴子 1994および牟田和恵 1996等も参照。

3　今日の日本の住居空間の認識の変化については、塩谷壽翁（2002: 114-147）を参照。なお、塩谷も、日本人の空間感覚の大きな変化を一九七〇年代に位置づける。

4　西川祐子は、家族イメージによる国民統合における天皇の肖像画の役割を指摘する。戦前期の、家庭が定着し始めた頃（大正・昭和期）、洋装の天皇・皇后を中心にした皇室の「家庭」家族の「一家団欒」の様子が家庭雑誌などに掲載されている（西川祐子 2000: 23-24）。

5　落合恵美子は、一九六〇年代の「ホームドラマ全盛時代」を初期のアメリカ直輸入のドラマと、中頃からの日本のドラマとを比較している。それによれば、初期アメリカのドラマには「物わかりのよいパパを中心とする理想的な核家族像にあこがれた」が、六四年頃から三世代同居の大家族を描くドラマが主流になり、「家族」が茶の間で「団欒」しながら食事をするシーンが多くなり、「温かい大家族。家制度の形と戦後の民主的な核家族の中身という、現実にはなかなか一緒になりにくいものを混然と融合させて理想の家族像と」した、という。落合はここで、六〇年代の「家族」を「核家族化はしていたけれども、大家族を夢みる核家族」とする（落合恵美子 1994: 83-85）。もっとも、「近代家族」の特徴に核家族をあげることには批判も多く、また、戦後とりわけ高度成長期の日本の特徴として核家族の増加は必ずしも妥当しない。そのあたりに関しては、上野千鶴子 1994: 80-83および牟田和恵 1996: 3-5等を参照。

6　これ自体が一つの神話である。日本の「家」は決して「伝統」とはいいがたく、また、戦後が決して「民主的」とはいいがたい（上野千鶴子 1994、牟田和恵 1996、西川祐子 2000）。

7　『厚生白書』平成一〇年版では、一九七〇年代前半までの核家族の増加に関して、「三世代同居を根本から否定することなく核家族世帯が形成されたといえる」と、上記（前注5）落合と同様の見解である。

8　周知のように、専業主婦の女性が家で家事をするという「役割分業」は、けっして「日本の伝統」とはいえない。理念あるいは規範と実態あるいは記述的な現象面との問題はあるが、現実的に女性の役割分業として専業主婦が多数を占めてはいなかった。たとえば、明治初期は、八割が農業に従事し、職住分離はあまりみられていない。その意味では女性労働も貴重な労働資源であったし、「姉家督」などの慣習もみられた。近代日本における女性の労働に関しては、藤井治枝 1995を参照。

9　実際には、一九六五年に中間答申として「期待される人間像」が発表され、当時の流行語となり、翌年に「後期中等教育の拡充整備について」全体が答申される。

10　また、「今後における女子の社会的な役割の重要性にかんがみ、その社会性を高めるための教育指導を行なうとともに、女子の特性に応じた職業分野に相応する専門教育の充実を図る」とも述べている。

11　藤井によれば、核家族と女性に関わるイデオロギーは、現実における核家族や専業主婦の増加とそれにともなう「家庭主義」よりも、「まずジャーナリズムを通じて」形成された（藤井治枝 1995: 130）。

12　藤井は、その他、社内報における家庭対策・若年女子労働対策、ヒューマン・リレーションズ等に対しても考察している（藤井治枝 1995: 139-149）。

13　「近代家族」のメルクマールとしては、落合恵美子の「定義」が有名である（落合恵美子 1994: 101-107）。これに対する疑問や批判の提示はある（上野千鶴子 1994、西川祐子 2000等）が、それらにおいても、概ねこの頃に成立したとする。また、藤井治枝は、日本の産業構造の変化（レギュラシオン派に依拠して）と女性労働との関係で、オイルショック以後の女性労働の変化をみているが、その意味でもほぼ一致している（藤井治枝 1995）。

引用・参考文献

アンダーソン、B(1997)『想像の共同体』（増補版）白石隆・白石さや訳、リブロポート
江上徹(2002)「近代末期の地平から家族と住まいの一〇〇年を省みる」日本生活学会編『生活学　住まいの一〇〇年』、ドメス出版、一四八—一七〇頁
FCT（子どものテレビの会）テレビ診断スタッフ(1983)『テレビ

と家族』、子どものテレビの会

布野修司(1985)「戦後家族と住居――nLDK家族モデルと建築家」『現代思想』Vol.13-6、青土社、一三七―一四七頁

藤井治枝(1995)『日本型企業社会と女性労働――職業と家庭の両立をめざして』、ミネルヴァ書房

Goffman,E., 1974, *Frame Analysis*, Harper & Row

Hartley,J., 1987, "Invisible Fiction" *Textual Practice* 1(1),pp.121-38

川添登・松本暢子(2002)「住居の二〇世紀」日本生活学会編『生活学　住まいの一〇〇年』、ドメス出版、八―三六頁

クーンツ、S(1998)『家族という神話――アメリカン・ファミリーの夢と現実』岡村ひとみ訳、筑摩書房

車政弘(2002)「食卓の変遷と電気やぐらごたつ」日本生活学会編『生活学　住まいの一〇〇年』、ドメス出版、八九―一一二頁

真島俊一・宮坂卓也(1999)「都市・木造住宅と台所――昭和一一(一九三六)年の文化住宅から」日本生活学会編『生活学　台所の一〇〇年』、ドメス出版、九四―一一五頁

水沼淑子(1993)「日本建築の歴史《明治以降の内部空間》」プロフエッショナルブック『インテリア』編集委員会編『インテリアと生活文化の歴史』、産調出版、一五八―二〇一頁

牟田和恵(1996)『戦略としての家族』、新曜社

西川祐子(2000)『近代国家と家族モデル』、吉川弘文館

NHK放送世論調査所編(1981)『家族とテレビ――茶の間のチャンネル権』、日本放送出版協会

落合恵美子(1985)「<近代家族>の誕生と終焉」『現代思想』Vol.13-6、青土社、七〇―八三頁

――(1994=1997)『21世紀家族へ［新版］――家族の戦後体制の見かた・超えかた』、有斐閣

定行まり子(2002)「家族の生活と住まい(2)――子どもの生活と居場所」日本生活学会編『生活学　住まいの一〇〇年』、ドメス出版、一九五―二一〇頁

砂野設計事務所(2002)「サザエさん家にみる住居学」(コラム)砂野設計事務所ウェブ http://www.architects.jp/column212.html

塩谷壽翁(2002)「現代の住まいをつくりだしているもの――暮らしにあらわれる空間感覚を読む」日本生活学会編『生活学　住まいの一〇〇年』、ドメス出版、一一四―一四七頁

東京サザエさん学会編(1992)『磯野家の謎』、飛鳥新社

上野千鶴子(1982)『主婦論争を読む』Ⅰ・Ⅱ、勁草書房

――(1994)『近代家族の成立と終焉』、岩波書店

内田青藏(1999)「ダイニングキッチン(DK)誕生前史――わが国戦前期の住宅にみられる台所と食事の場の一体化の過程に関する一考察」日本生活学会編『生活学　台所の一〇〇年』、ドメス出版、二一五―二三九頁

山口昌伴(1999a)「台所学の方法」日本生活学会編『生活学　台所の一〇〇年』、ドメス出版、一五―三七頁

――(1999b)「生活改善同盟会を解読する」日本生活学会編『生活学　台所の一〇〇年』、ドメス出版、一三八―一六五頁

Ⅱ　オーディエンスのいる風景

4 家族と国家の可視化と「ナショナルな主体」の想像／創造

阿部 潔

はじめに

テレビとナショナリズムをめぐる今日的な問い

九〇年代の後半から現在に至るまで、日本社会では「ナショナリズム」をめぐる論議が盛んに交わされている。戦後の民主的な教育における「憲法」と謳われた教育基本法の改正に関する議論のなかで、「国を愛する心＝愛国心」の重要性が唱えられている。[1] 若者を中心に幅広い人気を誇るマンガ作家が書いた『戦争論』なる書物では、モラルを喪失した現在の日本人に必要なものとして「公共心」の復権が声高に叫ばれる。[2] このようにさまざまな領域で／さまざまな論者によって主張されるナショナリズムの言説を、ひと括りにすることは出来ない。だがそこに、ある種の共通した傾向性を指摘することは可能であろう。それを一言でいえば、現在その必要性／重要性が唱えられている「ナショナルなもの」は、国家＝日本国としてイメージされている点である。つまり、現在のナショナリズム論議における主たる論点は、いかにして誇りに満ちた確固たる存在として「日本の国」を打ち立てるべきか、に置かれている。

ところで、こうしたナショナリズムの高まりは、戦後民主主義と真っ向から対立する保守的・反動的な政治動向として捉えられがちである。だが、果たしてそう簡単に言い切れるだろうか。[3] 別の言葉でいえば、近年のナショナリズムの高まりは、戦後民主主義の中から突然変異的に産まれた反動に過ぎないのだろうか。

たしかに、ナショナリズムを「国家主義」として理解するならば、戦後社会は戦前・戦中の反省に基づき極端な国家主義への警戒をつねに保持してきたと言える。戦争に代表される国家の暴力に対して、戦後日本の世論は「反戦・平和」の名のもとに厳しい批判の眼差しを向けてきた。

だが、ナショナリズムは同時に「国民主義」でもある。同じ民族＝国民であることを基盤として、政治的な動員や方向付けを可能にする社会のシステムは、国民主義としてのナショナリズムに支えられている。だとすれば、帝国時代の植民地を敗戦により喪失し、「内地」だけに領土を限定された戦後日本社会は、その結果として「日本国民＝日本民族＝私たち日本人」と看做す「単一民族神話」のもとで、国民主義のメンタリティをより露骨なかたちで再生産してきたのではないだろうか。つまり、「日本人である」ことを拠りどころとして人々を統合／動員する国民主義のメカニズムは、戦後も一貫して作動し続けてきたように思われるのだ。[4]

こうした点に目を向けるならば、戦後日本社会は、一方で国家暴力の台頭にはある程度の警戒心を示し続けてきたが、他方で国民矜持に潜むナショナリズムの危険性に対して、極めて無自覚かつ無反省であったと言わざるを得ない。そして、ナショナリズムをめぐるこうしたメンタリティから、戦後のテレビ・メディアも決して免れてはいなかった。むしろ逆に、テレビが紡ぎ出す諸言説は、さまざまな形で「日本国民＝日本民族＝私たち日本人」を作り上げることに貢献してきたとすら言える。

このように考えてくると、昨今の国家主義としてのナショナリズムの高まりを前にして、テレビ・メディアは大きな課題を突き付けられていることが明らかとなる。一方で、台頭しつつあるナショナリズムに潜む危険性や問題点を、ジャーナリスティックな視座から冷静に論じることが求められている。だが他方で、そうした批判的な言説が説得的なものとなるためには、戦後のメディア空間のなかでテレビが果たしてきた国民主義としてのナショナリズムの問題点を、自省的に厳しく問い直すことが不可欠である。それが果たされなければ、これまでの国民主義との自らの共謀関係を棚上げしたうえでのナショナリズム批判は、多くの視聴者たちにとって白々しいものとならざるを得ない。テレビ・メディアがどのような緊張感をもってナショナリズムと対峙できるかが、今まさに問われているのである。

本稿では、戦後のメディア空間においてテレビがどのように国民主義の再生産に関わってきたかを明らかにすべく、「皇室」をめぐるメディア言説について検討を加えていく。天皇家の人々をテレビがどのように伝え、それを人々がどのように受けとめてきたかを見ていくことを通して、戦後社会におけるテレビと国民主義との密接な関係の一側面を浮かび上がらせることを目指す。

1　天皇が象徴する国民・国家
――戦後における「国」のありかた

「国家」の非日常性と「国民」の自明性

私たちは日々の生活において、自分が属する国＝国家を必ずしも明確に意識しているわけではない。むしろ、多くの人々にとって国家を意識するのは、非日常的な状況においてであろう。具体的に言えば、他国との戦争や紛争の危機が高まるときには、いやがうえにも自分の国＝祖国を意識せざるを得ない。しばしば戦争に際して「国のために戦う」との表現が使われるが、逆に言えば、人々は戦うときにこそ「国」を明確に意識するのである。また、戦争という暴力的な手段に訴えるのではなく、より平和的で友好的なスポーツを通して国同士が競い合うときにも、人々は「自分の国」を自覚する。オリンピックやワールドカップが開催されるとき、私たちはごく自然に自らの母国を応援するが、それはどこかしら日常とは異なる祝祭の場として受けとめられている。こうしたことからも、国＝国家は、戦争であれ祝祭であれ非日常的な状況下において意識に上るものであることが窺える。逆に言えば、国家の存在は日常生活においてはどことなく縁遠いものなのである。

それに対して、私たちは自分がどこの国の国民であるのかを、至極当たり前のことと捉えている。つまり、日本社会に生きる人々の多くは、なかば無前提に自分たちは「日本国民／日本人である」と素朴に考えている。たしかに、オリンピックやワールドカップの盛り上がりのなかで、「日本の代表選手」たちに声援を送る「日本人としての私」を殊更に意識することはあるだろう。だがそれは、国際紛争などを機に生み出される「日本国」に対する非日常的な危機意識とは、どこかしら異なっている。なぜなら、スポーツを通じて「日本人である」ことを確認することは、日常的な感覚からの連続としてなされているように思われるからである。そうした祝祭の場は、日頃はなかば無意識に抱かれている「国民／日本人である」ことが、より明確なかたちをもって浮かび上がってくる瞬間にほかならない。つまり、「国家とはなにか」がそもそも日常では意識されることがないのと対照的に、「国民とはなにか」との問いは、日常の生活において意識する必要すらないほどに、ごく当たり前の自明なこととして、人々に受けとめられているのである。

このように考えてくると、一般的に「国（nation-state）」と言われるものに対して、私たちが二重の意識を持っていることが明らかになる。つまり、国＝国家（state）の存在はどことなく縁遠く感じられ、日常においてさほど明確な像を結ばないのに対して、国＝国民（nation）としての自覚は、改めて問い直す必要もないほど自明なものとして、私たちは受けとめているのだ。こうした私たちの意識構造から、国家の非日常性と国民の自明性を見て取ることができる。

ところで、このように私たちが自然に抱く国家の非日常性／国民の自明性という感覚自体は、特殊な歴史的コンテクストのなかで成立したものだと思われる。つまり、戦後日本社会という特定の時空間において、そうした「国」をめぐる意識は形成されたのである。きわめて単純化して言えば、戦前の肥大した「国」のあり方（軍国主義的な日本帝国）への反省に基づき、戦後は非軍事的な「国」のあり方（民主的な日本国民）が模索された。そうした戦後改革理念の帰結として、私たちは国家の非日常性／国民の自明性という状況を、ごく当たり前のこととして生きているのである。その意味では、現在の私たちが抱いている「国」についての意識や感覚は、決して昔から変わることなく持ち続けられてきたものではない。そうではなく、現在の日本社会のあり方を大きく規定してきた「戦後」という体制のもとではじめて、国家の非日常性／国民の自明性は成立するに至ったのである。

戦後天皇制が象徴するもの――国家から国民へ

天皇が「日本国と日本国民統合の象徴」であることを、学校での教育などを通じて私たちの多くは知っている。だが具体的に、なにを／どのように象徴することで、天皇は「日本の象徴」と成りえているのだろうか。こうした問いをたてると、国家の非日常性／国民の自明性の成り立ちを、より具体的に考えていく糸口がつかめる。つまり、戦後の象徴天皇制のあり方こそが、国家の非日常性／国民の自明性という現在の「国」をめぐる二重の意識構造を形成することに、大きく寄与してきたと思われるのである。

大日本帝国憲法に定められた戦前の天皇は国家＝大日本帝国を統治する統帥権の持ち主であり、その存在は、日本の国そのものを具現していたといっても過言ではないだろう。神聖天皇制のもとで神聖にして不可侵の存在と見なされた天皇は、政治的・文化的に絶対的な力を有していた。

それとは対照的に、主権在民を謳う日本国憲法において「日本国と日本国民統合の象徴」と定められた現在の天皇は、政治的には何ら実質的な権限を持っていない。だが、戦後社会においても天皇制という象徴制度は、日本国／日本人にとって大きな位置と意義を持ち続けているように見受けられる。だとすれば、そこでは天皇を介してなにが／どのように象徴されているのだろうか。

ここでまず明らかなことは、現在の天皇によって象徴されているものが、戦前のような強大な国家（大日本帝国）ではない、という点である。つまり、実質的な政治的権限を持たないと言う制度的な条件に加えて、現在の象徴天皇制は具体的な国家のイメージを喚起させることが極めて少ない。だが依然として、天皇は多くの人々にとって「国の象徴」として崇められてもいる。そうだとすれば、そこで象徴されている「国」とは、国家ではなく国民であることが窺い知れるであろう。つまり、戦後の象徴天皇制が主として担ってきた役割は、「国家の象徴」であるよりは「国民の象徴」であったと理解されるのである。

「家族」による象徴——家と国とのアナロジー

ところで、このように「国民」を象徴する天皇制は、天皇一人だけの力で成り立っているわけではない。むしろ、個人としての天皇ではなく天皇家の人々＝皇室が、国民統合を象徴しているように見受けられる。このことは、戦前の天皇制との大きな違いである。統帥権の保持者としての天皇個人は、絶対的な権力を持っていた。それと比較して「日本国と日本国民統合の象徴」である戦後の天皇は、ひとりだけで象徴的な力を発揮しているわけではない。皇后をはじめとするその他の皇室メンバーと一緒になってはじめて、「日本の象徴」としての位置と意義を占めることができる。現在の私たちが思い描く「日本の象徴」としての天皇の具体的なイメージは、美智子皇后や皇太子／雅子妃などと一緒に公的な式典に現れる姿にほかならない。つまり、天皇が一人だけでいる様子を見て、そこに「国民の象徴」を感じ取ることはいささか困難なのである。その意味で、戦後の象徴天皇制における「象徴」の主体は、家族＝天皇家であると理解される。

しかしながら、このように天皇家を担い手として「国」が象徴されること自体は、実のところ戦前の天皇制にも見られることである。諸個人を超越した「家」それ自体に価値を置く伝統的な家制度の雛形は、言うまでもなく「万世一系の天皇家」であった。そうした家制度と天皇制に支えられるかたちで、戦前の国体イデオロギーが形成されたことは改めて言うまでもないであろう。個々人が生を授かった家から、そうした家々を含む地域共同体へ。「おらがムラ」としての地域共同体から、それら共同体を包摂する国＝日本へ。さらには日本国から、アジア諸地域を含んだ大東亜共栄圏へ。このように暴力的な拡張／膨張を遂げていく国体概念の根底において、「国家」が「家族」とのアナロジーでイメージされていることは明白である。帝国の臣民たちが自らを「天皇の赤子」を称したことからも、家族と国家の相同性が窺い知れる。日本帝国の構成員たちは、天皇を父と仰ぐ偉大なる家族のメンバーとして、自己アイデンティティを確立していた。つまり、戦前は天皇個人を絶対的な権威とみなす神聖天皇制のもとで、国家＝大日本帝国そのものが「家族」とのアナロジーで表象されていたのだ。

それに対して戦後の象徴天皇制では、天皇個人というよりもむしろ天皇家それ自体が、国民の統合を象徴するものとして機能している。そこでは天皇家のイメージが国家と結び付くのではなく、国民を統合するシンボルへと水路付けられている。このように考えると、戦前には国家が前景化され戦後には国民が前景化されるという違いはあるものの、家族像を媒介としながら天皇制が象徴的かつ自己遂行的に「国」＝国民・国家を創り上げていくメカニズム自体は、なんら変わることなく存続していることが確認される。

天皇／メディアの二重の媒介——「統合」されるべき「国民」の形成

ここまで見てきたように、現在の象徴天皇制から人々が感じ取るものは、国家と言うよりも国民のイメージである。ところで、私たちがそうした「国民の象徴」としての天皇を目にするのは、多くの場合においてメディアを介してである。昔であれば、肖像として絵画に描かれた皇族の像や、御真影として写真におさめられた天皇の姿が、私たちが天皇を知る媒体＝メディアであった。[5] そして現在では、テレビを通じて映し出される皇室の様子が、人々が抱く天皇イメージの形成に大きな役割を果たしていることに異論の余地はない。要するに、現在の私たちはテレビを通して天皇を見る／知るのであり、その点で私たちの天皇体験はつねに既にメディア体験でもある。

こうした天皇をめぐるメディアと人々との関係には、「二重の媒介作用」とでも呼ぶべき仕組みが見て取れる。一方で天皇制は、国民・国家という抽象的な事柄を天皇家という具体的な存在を通して象徴している。つまり、天皇家の人々に媒介されることで「国」と私たちが結び付くのである。他方でテレビは、私たちが日頃接する機会がない皇室の姿を番組のなかで取り上げることによって、視聴者と天皇とを媒介している。こうした二重の媒介作用のなかで、私たちの日常的な天皇体験は成立している。

ここで注意すべきことは、こうした天皇体験を通じて立ち現れる「国民＝日本人」は、実のところ二重の媒介作用に先んじて存在するものではない、という点である。これまでのナショナリズム研究が明らかにしてきたように、近代の産物である国民国家は「想像の共同体（imagined community）」にほかならない。[6] だとすれば、天皇によって象徴される国民もまた、何らかの実体としてあらかじめ存在するものではなく、天皇／メディアに二重に媒介されることによってはじめて、想像的に産み出されるものにほかならない。

このように考えるならば、日本国憲法に明記された「日本国民統合の象徴」という天皇の位置付けは、通常想定されているのとは逆の意味において理解する必要がある。つまり、天皇によって統合されるべき国民がそもそものはじめから存在するのではなく、象徴たる天皇を媒介として、日本国に統合されるべく国民が想像／創造されるのである。メディア経験に則して言えば、テレビに映し出された天皇家の人々の姿を視聴／受容するなかで、国家の非日常性と国民の自明性という状況をごく自然に生きる「ナショナルな主体」が作り上げられていく。そうしたナショナルな主体として形成されることを通して、人々は自らが「日本人である」ことを再認識（re-cognition）し、そのこと自体を疑う必要もないほどに自明なことと受け入れる。このように天皇制とテレビ・メディアそれぞれの媒介作用を通じて、国民＝日本人であることが至って自然に表象／再現（re-presentation）されていくのである。これこそが「国」のあり方をめぐって天皇制が発揮している文化的な権力作用にほかならない。

以上見てきたように、メディアに映し出された天皇の姿に接することで、私たちは「ナショナルな主体」として形成されている。戦後の象徴天皇制のもとでは、戦前の天皇制が具現していた「国家」の像は希薄であるが、天皇家を担い手として演じられる「国民」のイメージは、ごく自然に人々に受け入れられている。その意味では、現在においても天皇制は依然として「想像の共同体」の創造に大きな力を発揮しているのである。

それでは、具体的にどのようなテレビ番組が、天皇を媒介とした「ナショナルな主体」の構築に寄与してきたのだろうか。天皇家の人々は、テレビによってどのように語られる／映し出されることで、「日本国民統合の象徴」に成りえてきたのだろうか。そして、メディアを介して皇室の姿を見る／知ることによって、私たちはどのようにして自らを「日本国民」として認識してきたのだろうか。次に、具体的なテレビ番組を題材として、そうした点について考えていく。

2 『皇室アルバム』のなかの天皇家の姿
──「身近な貴人」への親しみ

天皇の姿は、さまざまなかたちでテレビに取り上げられてきた。式典や行事に参加した皇族たちの姿を、私たちはテレビのニュース番組などを通して目にする。最近ではワイドショー番組でも、天皇家の人々の動向が、ある種のセンセーショナリズムのもとに報じられている。このように、私たちはテレビ映像を介して天皇をめぐるさまざまな語りに接している。それぞれのジャンルごとに、また同じジャンルにおいても個々の番組ごとに、天皇の語られ方／映し出され方は異なっているだろう。しかしながら、そうした個別性を通底するかたちで、メディアが描き出す天皇像のなかに何らかの共通性が見出されることも事実であると思われる。つまり、「二重の媒介」を経て私たちのもとに届けられる天皇家をめぐるイメージには、一定の傾向性があると考えられるのである。

ここでは、そうした傾向性を浮かび上がらせるべく『皇室アルバム』を具体的な題材として議論を進めていく。[7]『皇室アルバム』は、もっとも歴史の長い皇室関連番組である。過剰な語りや派手な映像を極力抑えた番組作りは、放送開始当初から現在まで変わることなく貫かれている。その意味では、ワイドショーなどに見られる最近の皇室の取り上げ方と比較すると、『皇室アルバム』はどことなく古臭さを感じさせる。しかしながら、こうしたオーソドックスな番組スタイルにこそ、天皇／メディアの二重の媒介作用がどのようなメカニズムのもとで「ナショナルな主体」を築き上げてきたのか、を読み解く鍵が潜んでいると思われる。つまり『皇室アルバム』が映し出す天皇家の姿をつぶさに見ていくことで、戦後社会における「ナショナルな主体」の形成過程の一面に光を当てることができると期待されるのである。

「皇室アルバム」の背景

『皇室アルバム』（現在TBS系列で放送）は、一九五九年（昭和三十四年）十月五日に放送が開始された。同年四月十日には皇太子明仁（現在の天皇）と正田美智子さん（現在の皇后）との結婚式が執り行われており、日本中に「ミッチーブーム」が吹き荒れていた。広く知られているように、当時普及の初期段階にあったテレビは、皇太子ご成婚を機に一気に茶の間へと広がっていった。実に白黒テレビの契約者数は前年から倍増し、結婚一週間前には二百万件を突破した。そうした意味で『皇室アルバム』は、当時のミッチーブームと家庭へのテレビの急速な普及とを追い風にして開始された番組にほかならない。

開始当初の放送時間は、月曜日の午後九時から十五分間であった。いわゆる「ゴールデン」と呼ばれる時間帯に番組が編成されていることからも、当時の人々の皇室への関心の高さが窺われる。放送開始直後の「この番組を通じて、国民と皇室との『カベ』をなくすべく、もっと皇室の奥深くカメラを向けて、ほんとうの天皇ご一家の日常生活を国民に見せてほしいもの。それでこそ意味のある番組になり得ると思う」との新聞投書の言葉（『毎日新聞』昭和五十一年十月十一日）からも、天皇家の姿がテレビを通じて広く伝えられることに人々が大きな期待を寄せていたことが分かる。

その後、番組の放送時間は一九七五年から土曜日午前九時三十分となり、さらに一九九六年四月からは土曜日午前六時四十五分、そして二〇〇三年四月以後、現在の日曜日午前六時四十五分へと変遷を遂げてきた。ライバル局との競争が激しい時間帯から、休日の早朝の時間帯への放送時間の変更からは、テレビを通じた皇室報道に対する視聴者の関心の低下を読み取ることもできるだろう。だが他方で、一九五九年から現在まで続く『皇室アルバム』は、民放屈指の長寿番組でもある（二〇〇三年七月六日現在、二二六四回を迎えた）。また、皇室関係者の結婚などイベントがある時期には、今でも多くの人々の関心を集めている。例えば、九三年の皇太子徳仁と小和田雅子さんとの結婚を取り上げた回の『皇室アルバム』は、一四・六パーセントと高い視聴率を記録した。こうしたことからも、いまだに続く皇室に対する人々の興味と関心が類い希な長寿番組を支えていることが確認される。

このように『皇室アルバム』は、皇族を対象とした民放番組のなかでも最も老舗の番組であり、根強い人気を誇っている。それでは、その番組制作の特徴とは、どのようなものなのだろうか。『皇室アルバム』を通じて、天皇家の人々はどのような存在として私たちに伝えられているのだろうか。

「皇室アルバム」の番組特性――肉声の不在

『皇室アルバム』を視てまず感じることは、そこにおけるナレーション（語り）の中心性である。番組はナレーター（吉田智子）の淡々とした語りのなかで、進行していく。皇室たちが各種の行事や式典へ参加する姿を映し出した映像と、それを説明・解説するナレーション。これら二つが『皇室アルバム』を構成する主たる要素である。そこでは端的に、テレビ画面に登場する人物たちの「生の声」が欠けている。その結果、『皇室アルバム』における「声」は多くの場合、画面に映し出された皇族たちの声ではなく、彼ら／彼女らを背後から説明・解説するナレーターの声として、私たちに聞き取られるのである。

もちろん、番組において厳密な意味で「生の声」が皆無なわけではない。ときとして、天皇をはじめとする皇族たちの肉声が『皇室アルバム』において聞こえてくる。しかしながら、そうした肉声はほとんどの場合、行事・式典での挨拶や宣誓といったフォーマルで公的な声である。逆にいえば、普段の会話やお喋りといったインフォーマルで私的な声は、『皇室アルバム』からは決して聞こえてこないのである。

こうした「生の声の不在」は、ほかのテレビ番組と比較して特異なものである。言うまでもなく、ドラマであれドキュメンタリーであれ何らかの「人物」を対象としたテレビ番組では、映し出される主人公の姿と彼ら／彼女らの肉声とは、ごくごく当たり前にセットとして私たちに届けられる。つまり、私たちの通常のテレビ体験では、ブラウン管に映し出される人物とそこから聞こえてくる声の持ち主とが、ごく自然に一致している。しかしながら、『皇室アルバム』では、その関係が逆になっている。つまり、ナレーションを中心に展開される番組進行では、映像として姿が伝えられる人々＝皇族たちの声が不在なのである。

このように特異なかたちで「声」が伝えられることには、取材に対する宮内庁の規制が関係しているように思われる。かつて番組開始当時に、宮内庁は「前例がないから」との理由で音声を録ることを許可しなかった。そうした取材規制によって映像はあるが音声がないという当初の状況のなかで、ナレーションを中心とした番組作りが模索されたであろうことは想像に難くない。しかしながら、後に音声と映像が同時に録れるようになって以降も、ナレーションを中心とした『皇室アルバム』の番組スタイルが変わることはなかった。そうした経緯を考えれば、当事者の肉声ではなくナレーターの語りをもって構成される『皇室アルバム』の表現様式は、制作スタッフ側の何らかの方針に基づくものであると判断される。

さらに興味深いことは、このように『皇室アルバム』において中心的な位置を占めるナレーションであるが、実のところそれは明確なメッセージを伝えようとするものではない。ただ単に、画面に映し出される映像を説明するだけの声に過ぎない。つまり『皇室アルバム』では、ナレーションを通じて何らかの争点をめぐる主張や意見が語られることはなく、あくまで映像についての淡々とした解説が繰り広げられるだけである。その点で番組におけるナレーションの語りは、視聴者には「透明な声」であるかのように思われがちである。

このような番組特性のために、『皇室アルバム』を視る私たち視聴者は、ある種の捉えどころのなさを禁じ得ない。なぜなら、画面に映像として映し出される登場人物たちの「生の声」が欠落していることに加えて、ナレーションとして語られる言葉からは明確なメッセージや論点が聞こえてこないからである。肉声を欠いた映像とメッセージを持たない音声。これら二つのコンビネーションによって伝えられる皇室の姿を目の当たりにしても、私たち視聴者はそこから何らかの「意味」を容易には汲み取ることができない。こうした表現様式を持つ『皇室アルバム』では、皇室をめぐるさまざまな事柄が、言説的（discursive）なモードではなく意匠的（figurative）なモードのもとで視聴者に向けて投げ出されているかのようである。だが、それを受けとめる私たちに明確なメッセージが与えられることはない。だからこそ、人々は番組に対して何かしら捉えどころのなさを感じてしまうのである。

こうした皇室の姿を淡々と映す／語る『皇室アルバム』のスタイルは、制作者たちが口にする番組作りのモットーからも確認される。「気取らない客観報道」を心がけ「オーソドックスな作り方で、あえて古めかしさを意識」した『皇室アルバム』は、ワイドショーのようにセンセーショナルに皇室の姿を追いかける番組のスタイルとは大きく異なっている。ワイドショーが一方で殊更に皇室を賞賛するかと思えば、他方で皇室バッシング的な語りも取り上げるのとは対照的に、『皇室アルバム』は情緒的な価値判断を控えつつ、淡々としたナレーションのもとで皇室の姿を意匠的に伝えていく。だが、そうした抑制の効いた捉えどころのなさこそが、『皇室アルバム』が長年にわたり人々の支持を集めてきた秘訣のように思われる。その意味で「皇室と視聴者のみなさんのパイプ役に徹する」（浜口芳治ＭＢＳプロデューサー）という番組作りの方針は、大いに成功していると言えよう。

ところで、こうした「客観的な映像」と「透明な声」という特徴を持つ『皇室アルバム』の番組スタイルは、視る者たちに対して何らの言説効果も発揮しないわけではない。明確なメッセージを欠き具体的な論点が欠落している語りと、さまざまな皇族の姿を捉えた映像が生み出す捉えどころのなさは、実のところ番組を通じて伝えられる事柄そのもの（皇室）に積極的に反対することを困難にしている。賛成か反対かを問うようなはっきりした争点がそこにないのであれば、それも当然であろう。さらに、そうしたあらかじめの「反対の封印」は、結果として視る側を受動的な容認へと誘っているように見受けられる。つまり、淡々と語られるナレーションからなる『皇室アルバム』を視ることを通じて視聴者たちは、熱狂的に支持することなどなくとも、捉えどころなく映し出される対象＝皇室をごく自然に受けとめている。深みのある意味を欠いた語りと肉声を欠いた映像によって伝えられる皇室の姿に触れることで、私たちは天皇制を至って「当たり前」のこととして受け入れるよう誘われていくのである。

それでは、明確なメッセージを訴えることなく、情緒的な語りや衝撃的な映像とも無縁な『皇室アルバム』が、人々の根強い支持を獲得し続けてきたのはどうしてなのだろうか。視聴者たちは『皇室アルバム』を視ることを通じて、どのようにして天皇をはじめとする皇室の人々をごく自然に受けとめるようになるのだろうか。そうした謎を解く鍵は、映像を介して伝えられる皇室の姿が醸し出す身近である／崇高であることの微妙なバランスに潜んでいる。

「身近である」と「崇高である」の共存

『皇室アルバム』のなかで映し出される皇室の姿は、きわめて身近なものである。沿道に集まった人々ににこやかに手を振り、ときには気さくに声をかける天皇と美智子皇后の姿。各地の養護施設や福祉施設を訪れ、そこで暮らす人々に暖かい言葉を投げかける皇太子と雅子妃の姿。テレビ画面を通じて伝えられるこうした天皇家の人々は、私たちにとって「身近な存在」として受けとめられている。

もちろん、皇族たちが私たち一般人とは異なる「貴人」であることは言うまでもない。しかしながら、戦前の神聖天皇制と現在の象徴天皇制とでは、皇室に対して人々が感じ取る「身近さ」において決定的な違いがある。戦前の臣民にとって「神聖ニシテ侵スヘカラス」の天皇は、遥か遠くに存在する「崇める神」であった。だが、戦後の国民にとって「日本国の象徴であり日本国民統合の象徴」である天皇は「身近な貴人」である。そこには、天皇家の人々に眼差しを注ぐ国民のあいだに分かち持たれた、身近さ／親しみやすさの感覚が見て取れる。要するに、日本国憲法のもとで「神」から「人」への変貌を遂げた天皇（家）は、多くの人々にとって身近な存在となったのである。

『皇室アルバム』が描き出す皇室の像は、こうした「身近な貴人」のイメージに見事に合致している。たしかに、皇太子の成婚の際に行われる「結婚の儀」や「朝見の儀」、また天皇即位の際に執り行われる「即位礼正殿の儀」など伝統的な皇室行事には、古くから続く「日本の伝統」が感じ取られる。テレビを通じてそれらを目にする視聴者たちは、そこに身近さではなく非日常的な縁遠さを感じるに違いない。だがそうした「伝統」は、実のところ私たちが日常的に生きる「現代」のなかで演じられてもいる。例えば、『皇室アルバム』が映し出す伝統行事の参列者たちの服装（伝統的な衣装ではなく洋風の正装）を目にすることで、私たちはそうした行事が皇室にとっても非日常的なものであり、日頃の生活では天皇家の人々も私たちと同じ「現代」に生きていることを窺い知ることができる。つまり、たとえ皇室を担い手とした伝統儀礼が映し出されるときであっても、私たちはそこに自らの日常生活に照らした「身近さ」を感じ取っている。逆に言えば『皇室アルバム』は、そうした身近な存在として皇族の姿を伝え続けてきたのである。

ところで、こうした身近さは、近代的＝今風であることと、密接に関係している。かつての神聖天皇制のように神秘的で伝説的な存在ではなく、現在の象徴天皇制は徹底して世俗的で近代的なものとして『皇室アルバム』を介して映し出される。とくに美智子さんは、そうした皇室の近代性＝新しさを一身に担ってきたと言っても過言ではない。軽井沢でのテニスをきっかけとした皇太子とのロマンスが新聞や雑誌で取り沙汰され、やがて正式に婚約が決まると、世間ではミッチー・ブームが巻き起こった。そうしたブームのなかで美智子さんは、現代の多くの女性たちの憧れの的として称賛を浴びた。メディアが伝えるその姿は、今を生きる理想の女性像にほかならなかった。つまり当時の女性たちにとって、美智子妃は望まれる「女性のあり方」の範例として大きなインパクトを持っていたのだ。こうした美智子さんのイメージからも分かるように、現在の天皇家に関して作り上げられる肯定的なイメージは、近代的＝今風であることを必須条件としている。

しかし、こうした身近さは皇室が人々にとって尊い／貴い存在であることと矛盾しない。いわば、一方で私たちの日常生活に照らして身近な存在に感じられる天皇家の人々は、他方では一般の人々とやはりどこかで隔絶された気高い方々として受けとめられてもいる。つまり、身近である皇室の姿は、同時にどこかしら崇高であることを感じさせるものでもある。こうした身近さ／崇高さの二重性は、『皇室アルバム』において皇族たちによって具現化される「無私性」のなかに典型的に見て取ることができる。

例えば『皇室アルバム』では、赤十字など各種の慈善活動に取り組む皇族たちの姿が頻繁に取り上げられる。ここで注目すべきことは、そうした慈善活動への参加が、一般の人々の取り組みとは明らかに異なる意味合いをもって語られている点である。普通の個人の場合であれば、慈善活動への参加や献身は、個々人の公的な仕事や役割とは異なる私的な活動（ボランティア）として位置付けられるであろう。そうした無私の行為は立派なこととして肯定されはするが、あくまでその人の個人的／私的な事柄として他人には受けとめられる。だがそれとは対照的に、皇族たちによる慈善活動への参加や貢献においては、「無私である」こと自体が公的な意味を持つに至る。つまり、助けを必要とする人々を気高い方々＝皇族が気に掛けること自体が、多くの人々にとってありがたい／喜ばしいことと感じ取られている。皇族たちの慈善活動は私的な活動ではなく、私たち＝日本国民にとって大きな意味を持つ公的な事柄として意味付けられているのだ。そこでは、人々の平和を祈り安寧を気遣う「国民の象徴」たる慈悲深い天皇家の姿が、テレビ映像を通して典型的に描き出されている。要するに、慈善運動という身近な活動に力を注いでいる皇族たちは、私たち国民の多くにとって「気高く尊い方々」として受けとめられているのだ。

さらに、私たちにとって身近で気高い皇室は、国際的な存在として『皇室アルバム』のなかで映し出される。各国の王室や指導者を国賓として宮中に招いたり、外国を訪問した際にさまざまな文化交流に参加する天皇家の人々の活動は、まさに「皇室外交」にほかならない。利害や打算に左右されがちな政治外交とは異なり、文化や伝統や人道を通じて他国と関わりを深めていくような外交活動に、皇室がおおいに寄与している様子が『皇室アルバム』を通じて私たちに伝えられる。そこで描き出される現代の皇室の姿は、近代的であると同時にきわめて国際的でもある。自らの伝統や文化に固執して内に籠るのではなく、積極的に外国との交流を持つことで「外へと開かれた皇室」を目指す姿勢が、各国の貴賓たちと語らう皇族たちの映像によって伝えられる。『皇室アルバム』が映し出す皇室は、戦前の神秘のベールに包まれた神聖天皇制とは対照的に、自ら進んで「日本国の象徴」として他国との外交や異文化交流に取り組んでいる。そのように外国と交わる天皇家の人々の姿は、戦後一貫して目指されてきた「国際化時代の日本」を象徴するものにほかならない。

ここまで見てきたような、近代的=今風であるがゆえに人々にとって身近なものと感じられながらも、同時にそこに何がしかの崇高さや気高さを感じさせる皇族の姿。国民の平和と安寧を気遣う無私なる象徴としての天皇家の人々。日本のなかだけに閉じ籠るのではなく、諸外国との交流を通じて世界へと開かれていく皇室。こうした戦後象徴天皇制の理想的なイメージが、『皇室アルバム』では繰り返し描き出される。だが、そうした天皇家の姿は、なんらかの明確なメッセージを伴って私たちに届けられるのではない。そうではなく、身近さ／崇高さの絶妙なバランスのもとで表象される皇室の有り様は、視る側にごく自然に／当たり前に受けとめられていく。意匠的で捉えどころのない映像を通じて、皇室の存在自体がなにかしら「ありがたいもの」として人々に受容される。別の言葉で言えば、天皇をめぐるメディア言説に触れることで視聴者たちは、象徴たる天皇を媒介に国民として統合されるのだ。こうした言説作用の結果、長年にわたり『皇室アルバム』は、声高に称賛したりイデオロギー的に肯定することなくごくごく自然なかたちで、天皇制の正統性を保障してきたのである。

以上見てきたように、『皇室アルバム』が伝える皇室の姿は、ごく自然なものとして視聴者に受けとめられている。その理由は、そこで描き出される皇室の人々が、私たちにとって「身近な貴人」と感じられるからである。では、そうした「身近な貴人」である天皇家の人々は、具体的にどのようなイメージのもとで私たちに伝えられるのだろうか。別の言葉でいえば、どのような表象のメカニズムを通して、人々が親しみと羨望の眼差しをもって見つめるような存在として、皇室の姿は視聴者のもとに届けられるのだろうか。

そうした身近さを生み出す仕組みを解く鍵が、「近代的な家族像」に潜んでいると思われる。天皇家を担い手として映し出される家族イメージに触れることで、私たちは身近さと尊さを感じ取るよう誘われる。なぜなら、多くの人々にとってごく日常的な家族という場／関係をめぐるイメージがメディアを介して伝えられることによって、皇室と視聴者とのあいだに想像的な繋がりが築き上げられるからである。つまり、メディアが伝える家族像を梃子にして、「国民統合の象徴」たる天皇は、人々にとって身近でリアリティのある存在と成りえているのではないだろうか。次に、そうした家族像が『皇室アルバム』においてどのように描かれてきたかについて見ていこう。

3 「近代的な家族」の肖像――天皇と国民をつなぐもの

情愛で結ばれた家族――親子の絆

『皇室アルバム』における天皇家の描かれ方の大きな特徴は、家族における愛情が前景化されている点である。とりわけ、両親と子供とのあいだの愛情がなによりも大切であることが、天皇・皇后と子供たちを捉えた映像のもとで強調される。そうした子供への愛情の重要性が殊更に指摘されるのは、子育てに関する語りにおいてである。

昭和三十五年（一九六〇）二月二三日に浩宮が生まれた。当時の美智子妃は、子供を自分の手元で育てることを決意した。だが、そうした育児の仕方は、一定の年齢に達したら両親と引き離して育てるという伝統的な皇室の慣習に背くものであった。しかしながら、親子の情愛を重視する美智子妃と皇太子（明仁）は、自分たちの子供と一緒に暮らすことを選択した。番組のなかで伝えられる「別々の生活をしていると、心の安らぎというものがないと思う。それとやはり、人間として立派になることが、まず一番大事なことだと思う」との当時の皇太子の言葉からは、家族における情愛を重んじる立場が窺い知れる。

さらに、親子三人の新居となる東宮御所の建設に際しても、二人は台所を設けさせたり床の材質を柔らかいものにするなどの要望を出した。こうしたことからも、皇太子と美智子妃が、これまでの伝統にとらわれない「新しい家族」を築き上げることに積極的に関わろうとしていた様子が見て取れる。

ところで、親子の同居や子育てをめぐる一連の画期的な出来事は、美智子妃の考えによるところが大きい。そのことは、番組のなかで紹介される「一番大切なことは、何よりも両親が掛け値のない目で、少しでも早く、子供の個性とか発達の型とか、そういったものを見極めて、そのうえで深い愛情と忍耐をもって、子供の心を大事に大事に育てていくことだと思います」との記者会見での言葉からも確認される。つまり、皇室の慣習に逆らいながらも親子の情愛を基本に据えて自分たちの家族を築き上げることを、美智子妃は身をもって実践したのである。

言うまでもなく、情愛で結ばれた親子のあり方は、近代的な核家族の理念にほかならない。こうした皇族を担い手とした近代的な家族の姿が、視聴者／国民に好感をもって受けとめられたであろうことは想像に難くない。なぜなら、情愛をもって個人を尊重する家族のあり方は戦後民主主義の価値観と合致するものであったし[8]、高度経済成長へとひた走っていた当時の人々は、いまだ残る前近代的で封建的な家制度の軛から脱して自由で対等な関係からなる近代家族を自らの手で作り上げることに、漠たる憧れを抱いていたと思われるからである。つまり一九六〇年代当時にあって、皇太子と美智子妃が具現する家族のあり方は、これからの日本社会が目指すべき「理想の家族」の像にほかならなかったのである。

ただ、『皇室アルバム』におけるこうした家族イメージの表象において興味深いことは、皇太子／美智子妃によって担われる近代的家族という理念が、実は昭和天皇／良子皇后による明仁親王の子育ての時代からの連続として語られている点である。昭和八年十二月二十三日に明仁は生まれた。当時、母親の良子皇后は明仁の子育てに際して、皇室の慣習を変えて三歳三ヵ月になるまで自分で育てたのである。その理由は「親子の情愛を重んじられたから」であるとされる。このように戦前の良子皇后の子育ての仕方に萌芽的に見出される情愛家族の理念は、戦後、皇太子が自分の家族を持ち子供を育てる段階になって、遂に現実のものとなった。『皇室アルバム』では、そうした世代を超えて引き継がれた変革の試みとして「情愛で結ばれた家族」が語られる。

ここで興味深い点は、こうした「情愛家族」をめぐる語りを通して、戦前の神聖天皇制と戦後の象徴天皇制との「連続性」が示唆されていることである。言うまでもなく、制度的に見れば戦前と戦後で天皇制は断絶している。「神聖ニシテ侵スヘカラス」（大日本帝国憲法第一章第三条）という現人神から、「日本国と日本国民統合の象徴」（日本国憲法第一章第一条）へと、天皇制は大きな変貌を遂げた。しかしながら、昭和天皇自身は新憲法発布後も退位することなく、戦後も天皇であり続けた。その結果、ひとりの人間がその一生のなかで「神」と「人」の双方を生きることになったのである。

このような天皇個人の連続性が、戦後日本において政治的・道義的な物議を醸してきたのは周知の事実である。しかしながら『皇室アルバム』では、そうした政治的・イデオロギー的な観点から天皇制の連続／非連続が取り沙汰されることはない。その代わりに、さりげなくごく自然なかたちで、戦後の天皇制において中心的な位置を占める「親子の情愛で結ばれた近代的な家族」という理念が、実は戦前から戦後へと途切れることなく連続して追い求められてきたことが、明仁親王を育てる良子皇后の姿を捉えた当時の映像を通して示唆されるのである。つまり、制度的には断絶として理解される戦前の神聖天皇制と戦後の象徴天皇制とのあいだに、情愛で結ばれた親子という家族理念を媒介とした連続性と一貫性が作り上げられていく。言うまでもなくそうした「連続性」は、『皇室アルバム』の語りのなかで良きこと／ポジティブなものとして意味付けられるのである。

天皇家フェミニズム——「新しい風」を吹き込む女性

ここまでの議論からも明らかなように、皇室における情愛で結ばれた近代家族は、主として女性（良子・美智子）を担い手として描き出されてきた。そのなかでも、美智子さんがその時代ごとに占めてきた位置には独特なものがある。軽井沢でのテニストーナメントをきっかけとして芽生えた皇太子とのロマンスは、当時の人々の大きな関心を呼んだ。ミッチー・ブームと言われるほどの人気を博した正田美智子さんは、旧華族ではなく民間出身者ということもあり、それまでの皇室のイメージを大きく変える存在として期待が寄せられた。知的で明るく活動的で、しっかりと自己主張する彼女の姿は、まさに当時の人々が抱いた近代的＝今風な女性のイメージを代表していたに違いない。

結婚してからも、伝統に囚われない独自の近代的な教育方針に則り、自分の手で子供たちを育てる様子が、『皇室アルバム』での映像を通じて人々に伝えられた。さらに、そうした家庭における母親の役割だけでなく、子育て期を過ぎてからは、諸外国との交流や国内での慈善活動などにも積極的な役割を果たし続けてきた。こうした四十年あまりにわたりメディアが伝えてきた美智子さんの姿は、その時代における望ましい／憧れる女性のイメージと結び付けられることによって、国民の深い信望を得てきたのである。

こうした美智子さんによって具現されてきた女性イメージは、従来の皇室における女性像とは明らかに異なっている。何よりも近代的＝今風であり、多くの国民にとって身近さ／親しみやすさを感じやすい。そして、育児など自分が主として関わる事柄については、たとえ伝統的な慣習と衝突することがあってもハッキリと意見を主張する。そこから浮かび上がるのは、古くからのしきたりに縛られた「伝統的な女性」とは対照的な、時代の変化に柔軟に対応していく「近代的な女性」の姿である。

このような現代に即応した皇室女性のイメージを作り上げるうえで、美智子さんがその時代ごとに果たしてきた役割には特別なものがある。その意味で、国民にとって身近であると同時に羨望を抱かせるような皇室における「近代的な家族」の物語は、美智子さんを主役として演出されてきたといっても過言ではないだろう。ここには「天皇家フェミニズム」とでも呼ぶべき大きな変化が見て取れる。『皇室アルバム』でしばしば使われる言葉で言えば、それは「新しい風」にほかならない。番組では、民間出身の美智子さんが伝統的な皇室に入ったことで、そこに新しい風が吹き込まれたことが強調される。そうした語りによって、彼女が結婚当初から身をもって体現してきた「近代性」が肯定的に評価されていることは言うまでもない。[9]

しかしながら、こうした革新性は、あくまで「家族」という価値観を絶対的なものとしたうえでのことである。別の言葉でいえば、天皇家フェミニズムにおいては、近代的=今風な女性像が家庭における妻／母に期待される「女らしさ」と矛盾することは許されない。古くからの伝統に「新しい風」を吹き込むことは容認／奨励されるが、それはあくまで家族=天皇家という規範を揺るがすことがないかぎりにおいてである。[10]そうであれば、ラディカル・フェミニズムが糾弾してきたような近代家族そのものに潜む家父長制的な女性蔑視のイデオロギーへの疑問や批判が語られることが、天皇家フェミニズムではまかり間違ってもありえないのは当然である。逆に言えば、『皇室アルバム』が多くの人々の支持を得てこられたのは、こうした革新と伝統との絶妙なバランス感覚のもとで「近代的な女性」を称賛してきたからにほかならない。つまり、一方で人々が憧れるような理想的で現代的な家族のあり方を提示しつつ、他方でジェンダーをめぐる伝統的な規範から逸脱することなく保守的な家族観を人々に伝えることで、『皇室アルバム』は天皇家を「国民統合の象徴」として語ることに成功してきたのである。

美智子さんに象徴的に具現化される現代風の女性像は、たしかに伝統的な皇室に「新しい風」=革新を持ち込んだように見受けられる。浩宮の子育てに際しては、明らかに自らイニシアティブを発揮し、旧来からの慣習を大胆に変えていった。そこには進歩的な現代女性の姿が見て取れる。他方で、家庭では妻として皇太子に仕え、母親として愛情をもって子供たちに接し、女性として慈しみの心をもって周囲の人々に接する「理想的な母」の役割を、美智子さんは四十年のながきにわたり見事なまでに果たしてきた。『皇室アルバム』の映像を通じて天皇家の姿にふれる多くの国民たちは、そうした美智子像＝母像を共感をもって受け入れてきたに違いない。さらに、彼女自身の魅力も相俟って、「家庭における母」の理想的なイメージは、多くの女性が憧れ目指すモデルとして機能してきたように思われる。こうした革新と伝統の絶妙なコンビネーションこそが天皇家フェミニズムの神髄であり、それを一身に担ってきた美智子さんの根強い人気の秘密なのである。

仲良し夫婦――高齢化時代の理想像

ここまで論じてきたように、皇室における情愛で結ばれた家族のイメージは、主として女性＝母親と子供たちとの関係を軸として描き出されてきた。しかし、そのことは家族において男性＝父親の姿が全く欠落していることを意味するわけではない。たしかに、美智子さんによって担われてきた理想の女性＝母親のイメージが鮮烈であるため、それと比較すると天皇明仁のイメージは『皇室アルバム』において明確に提示されてきたとは言い難い。だが、昭和天皇と良子皇后の関係の描かれ方と比較した場合、『皇室アルバム』が伝える明仁と美智子さんの姿は、きわめて身近で現代的なものであり、視聴者たちの支持や共感を得やすいものになっている。つまり夫婦イメージという点において、二人は『皇室アルバム』のなかで独特な表象のされ方をしているのである。

夫婦イメージという点からまず指摘できることは、明仁が結婚当初から一貫して「理解のある夫」として描かれてきたことである。『皇室アルバム』では、記者会見の場で家庭のあり方や子育ての仕方について話す明仁の姿が映し出されるが、そこでの言葉は美智子さんの考えを支持したり補足する内容になっている。映像を視る私たちは、美智子さんの口から発せられる親子の情愛を重んじた子育てという方針が、皇太子の理解のもとで打ち出されていることを感じ取る。『皇室アルバム』のなかで伝えられる三人の子供たちとの家族団欒の様子を捉えた映像においても、中心的な位置を占めるのは美智子さんであっても、皇太子もつねに家族とともにいて、妻と子供たちを暖かく見守っている。こうした映像を通して、皇室に「新しい風」を吹き込み、情愛で結ばれた近代的な家族を作り上げていくという革新的な挑戦が、美智子さんと皇太子の二人三脚によって担われてきたことが窺い知れるのである。

こうした子育てや家族関係に理解ある夫の姿を具現している明仁は、夫婦関係においても昭和天皇とは異なるイメージを私たちに伝えている。戦前はもとより戦後の象徴天皇制においても、昭和天皇は一貫して家父長としての役割を体現してきた。公式の場に皇后と一緒に現れるときでも、一歩先を歩く天皇には、皇后のことを気にする様子は微塵も見られなかった。妻である皇后が夫である天皇の一歩後を黙って付いてゆくという伝統的な夫婦像が、『皇室アルバム』での映像からも確認される。いわば家族のなかで昭和天皇が占めてきた位置は、良子皇后をはじめとする他の家族メンバーの上に指導者＝家父長として君臨するものにほかならい。そうした伝統的な男＝夫／父のイメージのもとで、昭和天皇は人々に受けとめられてきた。

それとは対照的に『皇室アルバム』で映し出される現在の天皇の姿には、家父長のイメージが希薄である。子育てに理解のある夫は、権威的な家父長と言うよりも、家族を暖かく見守る優しいお父さんとして描き出されている。美智子皇后との関係においても、伝統的な家制度における明らかな格差を伴った夫婦の姿ではなく、近代的な核家族における対等な夫婦の像が前景化されている。私たちはそうした二人の関係を、公式の場に現れるとき、歩調を合わせるべく天皇が皇后にさりげなく視線を送っている姿からも窺い知ることができる。このように『皇室アルバム』は結婚当初から一貫して、互いに対する愛情を絆とした仲の良いカップルとして明仁殿下／美智子さんを映し続けてきた。こうした夫婦像は、昭和天皇／良子さんに対して人々が抱いてきたイメージとは大きく異なるものである。

このような「仲良し夫婦」のイメージは、子供たちがそれぞれ成人となり、二人の息子が結婚して自分の家族を持つ段階になると、より強調されるようになった。具体的には、登山など共通の趣味に二人で興じる姿が、『皇室アルバム』のなかで頻繁に取り上げられる。そこに映し出される熟年夫婦の姿は、子育て期を終えて夫婦二人の時間が存分に持てるようになったライフ・ステージを迎えた近代家族の理想的なあり方を、私たち視聴者に訴えかけるものにほかならない。いつまでも続く互いへの情愛といたわりによってかたく結び付き、趣味を分かち合うことを通じて互いに満ち充りた時間を過ごす天皇／皇后の姿。そこからは、「家」を絶やさないために世継ぎを作ることが夫婦における最大の重要事であるとする伝統的な皇室の発想とは明らかに異なる、夫婦それ自体の幸福を何よりも重んじる近代的＝今風の考え方が読み取れる。高齢化の急速な進行に伴い老後の過ごし方が多くの人々にとって切実な課題となっている現在、こうした熟年を迎えた夫婦二人の絆を重視する家族のあり方は、多くの人々にとって理想的なモデルとして受けとめられているに違いない。

以上見てきたように、放送開始から四十四年目を迎えた長寿番組である『皇室アルバム』は、戦後の象徴天皇制のあり方を、字義通り象徴的に伝えてきたと言える。身近であると同時に崇高である「国民統合の象徴」は、テレビ・メディアの語りを通じて視聴者である私たちに届けられる。近代的な家族イメージのもとに伝えられる皇室のあり方に触れることで、人々はそこに目指す／憧れるべき「理想の家族」を見出す。つまり、自分自身にとっての家族のあり方と重ね合わせるかたちで天皇家の姿が受容されることで、天皇と国民とのあいだに想像的な結びつきが成立する。そうしたメディアによる媒介によって、象徴天皇制は、まさに「国民統合の象徴」として機能している。天皇制を熱狂的に称賛したりイデオロギー的に正当化するのではなく、ただ淡々と映し出す／語り継ぐスタイルにこだわり続けてきた『皇室アルバム』は、その意味でもっとも忠実に象徴天皇制を再生産してきたとも言える。なぜなら、賛成か反対かを問うことなく、捉えどころのない意匠的な映像を通じて皇室の姿を伝える『皇室アルバム』は、ごく当たり前の存在として天皇制を受けとめるよう人々を誘うからである。別の言葉でいえば、私たち視聴者は『皇室アルバム』を視聴することを通じて、天皇という象徴によって統合されるべき「国民」として形成されてきたのである。

4　象徴としての天皇の行方
——グローバル化時代の「国」のこれから

「国家なき国民主義」としての天皇制

ここまで『皇室アルバム』を具体的な題材として見てきたように、家族の像を前面に打ち出すことを通じて、戦後の象徴天皇制は「国民統合の象徴」として機能してきた。逆に言えば、メディアが伝える皇室の姿は、統合されるべき国民の形成に大きく寄与してきたのである。こうした天皇／メディアの二重の媒介によって作り上げられるナショナルな主体は、日本における戦後の「国」のありかたを端的に物語っている。一方で国家は日常から縁遠いものとして受けとめられ、他方で国民は疑う必要もないほどに自明なものとして生きられている。それはまさに「国家なき国民主義」（姜尚中）にほかならない。

しかしながら、こうした天皇制による国＝国民の象徴のありかたは、現在大きな曲り角に来ているように見受けられる。そう考える理由は、天皇家を担い手として表象される家族像が、二つの位相において大きな課題に直面しているからである。そのことは、これまで当たり前とされてきた「日本の象徴」のありかたに、少なからぬ変化を与えつつあるように思われる。

家族イメージ受容の変容

現在、天皇家が具現する家族イメージに関して指摘できることは、それがかつてのように理想的なイメージとして機能し得なくなりつつある点である。たしかに『皇室アルバム』が描き出す天皇家の姿は、いまだに多くの人々にとって魅力的なものであり続けているだろう。しかし同時に、そこでの家族イメージの受けとめられ方には変化も生じている。かつて五〇年代から六〇年代にかけて皇太子明仁と美智子さんのロマンスがメディアによって華やかに報じられ、結婚後の新しい家族の様子が人々に伝えられたとき、多くの視聴者たちは、そうした家族像を自らの家族と重ね合わせて考えることができた。つまり、理想の家族のありかたは、いまだ実現されてはいないものの、いつの日にか達成されるべき目標として受けとめられていた。その意味で、天皇家が具現する家族の姿は人々にとって「リアルなもの」であったと言える。

しかしながら、現在の天皇家が表象している家族のありかたは、その現実味において以前とは大きく異なってきている。依然として望ましい姿として受けとめられているものの、そうした理想的な家族イメージは、それに眼差しを向ける私たちが生きる現実との接点をさほど持つことなく、受容されているように見受けられる。つまり、天皇／メディアによって媒介される理想の家族の姿は、人々にとって目指すべき具体的な目標というよりも、ある種の虚構として消費されていると考えられるのである。

ここには、皇室によって担われる家族が人々に対して持つ意義が、「理想的な信条」から「虚構としての気分」へと変化していった様が見て取れる。具体的に言えば、天皇／美智子さんと同世代の人々にとって、成婚から子育て期を経て現在熟年期を迎えるに到った家族のありかたは、自分たちの実人生と重ねて受けとめることが十分に可能なものである。だからこそ、熟年を迎えた仲良し夫婦のイメージは、現在でも多くの人々に支持されるのである。それに対して、メディアを介して伝えられる皇太子／雅子さんの結婚や子育てをめぐるイメージの受容のされ方には、そうした具体性や現実味が希薄である。たしかに二人と同世代の人々は、メディアが伝える家族イメージを自然に受け入れているだろう。しかし、だからといって二人が具現する家族のありかたを、自分たちが目指すべき理想の家族像として真剣に受けとめているようには思えない。むしろ、ワイドショーの取り上げ方に典型的に現れているように、自分たちとの距離をあらかじめ想定したうえで「こうあればいいのに」といった羨望の気分に支えられた虚構＝「リアルでないもの」として、天皇家の姿は人々の好奇の視線を集めている。そこではあたかも、理想的な家族というお約束ごと／アリバイとして、天皇家のイメージが人々に分かち持たれているかのように見受けられる。

このようにメディアが映し出す皇室の家族像の受けとめられ方は、理想・信条から虚構・気分へと変化しつつある。当然ながら、こうした変化は天皇制による象徴作用のありかた自体にも影響を与える。『皇室アルバム』を事例として論じてきたように、戦後の天皇制は家族像を媒介として人々を「統合」されるべき「国民」として想像／創造してきた。だが、家族像の受けとめられ方が変化しつつあるならば、その帰結として、国民の想像／創造のされ方も変わってくるに違いない。別の言葉でいえば、「理想の家族」を前面に打ち出すことで国民を作り上げていくことは、今後ますます困難になると予想されるのである。

グローバル化と「国家」の前景化

次に指摘できる天皇家イメージをめぐる変化として、戦後社会において当たり前に受け入れられてきた「国家なき国民主義」自体が、現在のグローバル化のもとで揺らぎつつあることがあげられる。これまでさまざまな論者によって指摘されてきたように、グローバル化のうねりは単純に国民国家を消滅させるわけではない。むしろ逆に、グローバル化が引き起こす危機的な状況への対応／反動として「ナショナルなもの」が高まりを見せているのが、現在の世界の状況である。[11]

九〇年代以降の日本における政治・社会的な趨勢も、そうした「ナショナルなもの」の台頭として理解できる。[12] ここで注目すべきことは、現在台頭しつつある「ナショナルなもの」が、戦後社会を特徴付けてきた国＝国民であることの自覚や誇りだけでなく、より明確に国＝国家を志向している点である。具体的にいえば、国旗・国歌の法制化以来続く一連の「普通の国」を目指した政治的な動き――日米安全保障条約における新ガイドライン、9・11テロを契機としたテロ対策特別措置法、朝鮮半島の緊張を視野に入れた有事法制、自衛隊派遣を目的としたイラク復興支援特別措置法――から浮かび上がるものは、軍事力に支えられた自衛力を持った「毅然とした強い国家＝日本」へのあくなき志向である。そこでは、危機に満ちたグローバル時代には、国家安全保障《ナショナル・セキュリティ》の確保こそが至上命令であると看做されている。

ところで、こうした「普通の国」を目指す動きのなかで想定されている「国」とは、言うまでもなく国＝国民であるよりも国＝国家である。有事法制をめぐる議論から明らかになったように、「国にとっての有事」において最重要視されることは、個々の国民を守ることではなく国そのものをいかに防衛するかである。ここには、戦後一貫して唱えられてきた

「平和を求める国民」という理念と、現在目指されている「強い国家」という現実とのあいだの緊張が見て取れる。このことからも分かるように、現在進みつつある一連の法制化に顕著に見出される「国」をめぐる意識／感覚のあり方は、戦後の「ナショナルなもの」を規定してきた国家の非日常性／国民の自明性とは大きく異なっている。極論していえば、そこで目指されている「国」のありかたは、「国家なき国民主義」とは対照的な「国民なき国家主義」とでも呼ぶべきものである。

こうしたグローバル化を背景とした「国」をめぐる制度／意識の激変によって、これまでの天皇制のあり方が問われるのは当然の帰結であろう。戦後の象徴天皇制が一貫してそうであったように、家族イメージのもとで「国民統合の象徴」として機能するだけでは、グローバル化時代に求められる課題＝「国家の象徴」に十分に応えることはできないのである。つまり、理想の家族像を媒介として統合されるべき「国民」を想像／創造するだけでなく、そうした国民を統合／動員する「国家」のイメージをどのようにして紡ぎ出すことができるのか。これこそが、現在の象徴天皇制に突き付けられた今日的な課題にほかならない。

天皇という象徴のゆくえ——「国」のこれから

ここまで見てきたように、一方で、これまで天皇家によって担われてきた理想の家族イメージは、今では多くの人々にとって現実生活とはどこかしら乖離した虚構・気分としてのみ受け取られがちである。他方、象徴天皇制が支えてきた「国家なき国民主義」は、グローバル化を生き抜くために国家の姿が前景化されるなかで、問い直しを受けている。こうした状況を考えれば、戦後ながきにわたり当たり前に通用してきた象徴天皇制は、今まさに大きな転換期を迎えていると言えよう。

おそらく、メディアが映し出す天皇家＝理想の家族イメージを媒介として統合されるべき「国民」を想像／創造する作用は、象徴天皇制が続く限りこれからも変わることはないであろう。だがこれからは、そうした「国民統合」の役割に加えて、そうした国民を動員することによって成り立つ「国家」の姿をより鮮明に描き出すことが、天皇／メディアの二重の媒介作用に求められるに違いない。

そうした「国民主義」から「国家主義」への象徴機能のシフトがどのように為されていくかについては、現時点では予断を許さない。ただしひとつだけ確実なことは、そうした変化の趨勢のなかに、かつて戦前の神聖天皇制のもとで発揮された暴力の可能性を見出すことは、なんら杞憂ではないという事実である。「戦争の世紀」と称される二十世紀の歴史が雄弁に語るように、どのようなものであれナショナリズムは、戦争や紛争と無縁ではあり得なかった。とりわけ自分たちにとっての国=祖国の存在根拠が、ほかの人々にとっての国=外国との対抗関係において殊更に強調されるとき、ナショナリズムはむき出しの暴力をいとも容易に身に纏ってしまう。そうしたナショナリズムの宿痾を、私たちはすでに何度となく目にしてきたのではないだろうか。「ナショナルなもの」には、根深い暴力の可能性が構造的に孕まれているのだ。

これからのグローバル化時代に求められる「国」のありかたは、当然ながら戦前のそれとは異なるに違いない。しかしながら、そうした国=国家が過去の忌わしい暴力と無縁であると考えることは、あまりにナイーブに過ぎる。「日本の象徴」としての天皇制が大きな転機を迎えつつある今こそ、私たちは冷静に「国」それ自体のありかたについて考えるべきではないだろうか。国民・国家を象徴するメカニズムとは、そもそも何のために存在するだろうか。そうした象徴システムには、どのような危険性が構造的に潜んでいるのか。天皇制のもとに象徴されてきた「国=日本」は、いま現在どこに向かって進みつつあるのか。こうした問いに真摯に取り組むことができてはじめて、私たちは二十世紀の苦い教訓を活かすべく、ナショナリズムを超えるための第一歩を踏み出せるに違いない。

注

1　高橋哲哉（二〇〇三）。
2　小林よしのり『戦争論』幻冬舎、一九九八年。
3　戦後民主主義と愛国=ナショナリズムとの関係の変遷を詳細に跡付けた研究しては、小熊（二〇〇二）を参照。
4　戦後社会を色濃く特徴付ける「単一民族神話」に基づく民族差別主義的なナショナリズムのあり方については、鄭暎惠（二〇〇三）参照。
5　天皇家の肖像にする優れた研究としては、以下を参照。多木浩二『天皇の肖像』、若桑みどり『皇后の肖像』。
6　ベネディクト・アンダーソン『想像の共同体』（増補版）
7　ここで分析の対象としたのは、放送された『皇室アルバム』を再編集した十巻のビデオ資料である。『皇室の二十世紀』（全十巻）、企画　毎日放送/毎日映画社/毎日VRシステム、制作・著作毎日放送/毎日映画社、一九九九年制作。それぞの巻のタイトルは以下のとおり、1「天皇皇后両陛下　ふれあいの旅」、2「天皇皇后両陛下　華麗なる国際親善」、3「昭和天皇の想い出」（一）、4「昭和天皇の想い出」（二）、5「若き日の皇太子明仁殿下」、6「世紀のご成婚　天皇皇后両陛下」、7「美智子さまとお子さま方」、8「天皇陛下　平成のご即位」、9「皇太子殿下と雅子さま」、10「秋篠宮さまと紀子さま　紀宮さま」
8　戦後民主主義の理念と象徴天皇制とがどのように「両立可能」

であるのかとの問いは、戦後天皇制の正統性そのものに関わる重大な問題である。だが『皇室アルバム』において、そうした政治的・イデオロギー的な話題が取り上げられることはない。その代わりに、エピソード的に両者の親和性が示唆されることがある。例えば、一九六〇年に皇太子と美智子妃は幼い浩宮を残してアメリカ訪問の旅に出かけた。そのときに、留守を預かるものに美智子妃が託した育児メモが後に「徳ちゃん憲法」と名付けられたことがエピソードとして語られる。ここには、戦後理念（憲法）と天皇家とを矛盾なく結び付けようとする語りが見出される。

9　第七巻のビデオ「美智子さまとお子さま方」の最後のナレーションは、そうした美智子さんによって持ち込まれた「新しい風」を称賛するような語りの典型とも言える。「皇后様が皇室にお入りになって四〇年。陛下とお二人で皇室に新しい風を吹き込まれたという声に、こうお答になっています。『きっと、どの時代にも新しい風があり、またどの時代の風も、それに先立つ時代なしには生まれ得なかったのではないかと感じています』」

10　第八巻のビデオ「天皇陛下　平成のご即位」において紹介される、即位に際しての記者会見の席上での以下の言葉は、美智子さんが担ってきた「新しい女性」のイメージが、家庭における妻／母と絶対に矛盾するものでないことを明らかにしている。「陛下が今までにも増して重い責務を果たしていらっしゃるのですから、日々のお疲れを癒す安らぎのある家庭を作って行きたいと願っています」

11　デヴィッド・ヘルド『グローバル化とは何か』

12　阿部潔『彷徨えるナショナリズム』

文献

阿部潔(2001)『彷徨えるナショナリズム　オリエンタリズム／ジャパン／グローバリゼーション』世界思想社

アンダーソン、ベネディクト(1997)『想像の共同体』（増補版）白石隆・白石さや訳、リブロポート

小熊英二(2002)『〈民主〉と〈愛国〉——戦後日本のナショナリズムと公共性』新曜社

姜尚中(2003)『反ナショナリズム——帝国の妄想と国家の暴力に抗して』教育史料出版会

高橋哲哉(2003)『「心」と戦争』晶文社

多木浩二(1988)『天皇の肖像』岩波書店

ダワー、ジョン(2001)『敗北を抱きしめて——第二次大戦後の日本人』上・下、三浦陽一・高杉忠明訳、岩波書店

鄭暎惠(2003)『〈民が代〉斉唱——アイデンティティ・国民国家・ジェンダー』岩波書店

若桑みどり(2001)『皇后の肖像』筑摩書房

ヘルド、デヴィッド(2002)『グローバル化とは何か』中谷義和監訳、法律文化社

5 テレビ・ジャーナリズムの「受け手」像を探る

吉岡 至

はじめに

ＮＨＫの最新（二〇〇〇年）の生活時間調査によると、どの曜日をとっても九割の人がテレビを視聴しており、テレビへの接触時間も、全員平均三時間二五分、行為者平均三時間四四分に達している。また、一日に九割を超える人がとっている行動は、「テレビ視聴」の他には「睡眠」「食事」「身のまわりの用事（洗顔、トイレ、入浴、着替え）」だけである。こうした点をふまえて、テレビは日本人にとって「別格のメディア」であり、テレビ視聴は、人々が社会を感じる触覚と化しているという意味で、他の三つの行動とともに、万人が行う「生理的・肉体的色彩を帯びた行動」と、分析されている（ＮＨＫ放送文化研究所編 2000: 22）。つまり、テレビ視聴はわたしたちの日常生活のなかで、欠くことのできない、ごく当たり前の行動となっている。わたしたちは気がつけばテレビのスイッチをオンにして、画面に何かが映し出されている状態にしている、そうした日常風景を描くことも可能だろう。

ふり返ってみると、人びとの間で、テレビが世の中の出来事や動きを知る手段として、もっともよく利用されるメディアに位置づけられたのは、『読売新聞』の時系列調査の結果によれば、一九六二年のことである。[1] この年に、テレビ（四一％）が新聞（三五％）を抜いて以降、速報はテレビ、詳報は新聞という役割分担が認識されるようになっていった。また、一九六二年三月には、テレビジョン放送の受信契約者が一千万の大台に達し、同年のうちに、対世帯普及率が五〇％を超え、ラジオを毎日聞く人の数よりも、テレビを毎日見る人の方が多くなったのである。一九六二年は、その普及と利用の面からみて、報道メディアとしての「テレビ時代」の到来を告げる年であったといえよう。

しかしながら、テレビジョン放送のニュース番組は、どの時間帯（朝・昼・夜）でも多くの人びとが視聴を希望する「番組嗜好」の高いものの一つであったが、一九六〇年代前半までは実際の「番組視聴」はさほど高いものではなかった。いわば、高い希望率に見合うほどの視聴率をあげていないのが実態であった。ニュース番組が視聴率ではじめてトップになったのは、一九六四年のことであり、NHKの『朝七時のニュース』であった。[2] これは、夜の番組を抜いて、朝の番組が第一位になったということでも注目されたが、このことは、多くの人びとが朝の時間帯に報道番組を視聴するようになってきたことを意味するものである。まさに朝起きると、新聞を開き記事に目を通すように、テレビのスイッチを入れニュースに目をやる生活パターンが現われ始めたのである。つまり、日々の出来事を伝えるテレビ・ジャーナリズムがわたしたちの日常生活に密着したものとなり、テレビは社会を知るのになくてはならない存在、わたしたちにとって有力な「社会的情報源」となっていったのである。

以下では、日本のテレビジョン放送五〇年の変遷を視野に入れながら、基本的には総合編成の地上波放送を中心として、テレビを「視る」という行為を、テレビ・ジャーナリズムの観点から検討してみたい。

1　テレビジョン放送のなかのジャーナリズム

（1）「同時的現実再現装置」としてのテレビジョン

日本でテレビジョン放送が開始されて間もないころ、テレビの社会的威力はどのように認識されていたのだろうか。有力だったものの一つは、おそらく一大革命的な言説もしくは大いなる期待の言説ではなかっただろうか。たとえば、当時、テレビについて発言をしていた研究者のひとり島田厚は、「テレビジョンはラジオの場所に映画をとり入れた画期的な環境提示の手段であり、原子力の利用と並んで、近代科学が打ち建てた二十世紀最大のモニュメント」（島田 1955: 101）と位置づけている。原子力との対比において、テレビをとらえるあたり、時代を感じさせもするが、社会的コミュニケーションの革命を予感させるものであり、[3] 映像の二〇世紀を象徴するものだろう。

島田が「画期的な環境提示の手段」として位置づけたテレビの性格を、NHKが放送開始に向けて招聘したテレビ・ディレクター、テッド・アレグレッティ（Ted Allegretti）は、テレビジョン放送が開始された一九五三年の論文のなかで、次のような指摘をしている。

この〈純〉テレビジョン放送を通じて、われわれは事件が現実に発生する場所とテレビジョンを眺めている場所、この二つの場所に同時に存在するのと殆ど同じ効果を有することが可能になる。つまりそれが花形選手が第九回戦でホームランをかっとばす場面にしろ、原子爆弾が破裂する場面にしろ、実際は遠くはなれていながら歴史がつくられる現場にいてこれを視ることが可能となる。このような報道伝達を行い得ることにテレビジョンの本質とその比類なき性格があるのである。（アレグレッティ 1953: 38）

つまり、テレビジョン放送は、日常・非日常を問わず、その「報道伝達」の働きによって、わたしたちに「現場／現実」を経験させてくれるメディアとして位置づけられている。テレビの出現によって、わたしたちは居ながらにして、同時に起こる世界のさまざまな出来事を目の当たりするることができるようになった。これが、テレビ・ジャーナリズムを考える一つの出発点であるといえよう。

こうしたテレビメディアのもつ「同時的現実再現」機能に着目する指摘は、テレビジョン放送に関する研究や言説において当初から多くみられるし[4]、今日においても、「ナマ」や「絵になる」といったかたちで、「同時性」や「再現性」をテレビジョン放送の、とりわけテレビニュース報道の特質として重視する傾向がみられる。

最初の大がかりな中継放送は意外に早く、一九五三年三月三〇日、時の皇太子・明仁殿下がイギリスのエリザベス女王の戴冠式に参列するために横浜港から出発する風景であった[5]。この放送は、皇太子の御成婚パレードの中継ほどではないにせよ、今でいえば一種の「メディア・イベント」に近いものとみなすこともできようが、こうした出来事を映像中継する機能はテレビにおいてはじめて可能になったのであり、それは現実世界をおもに映像と音によって可視化する働きであり、オーディエンスに現実認識を促すのみならず、その出来事への参与感覚をもたらすことになる。つまり、テレビ画面のなかに人びとが「同時に現実を視る」文化のはじまりである。

その後、衛星中継も一九六〇年代に開始され、日常のニュース素材を受信するために恒常的に利用されるようになっていった。人びとに記憶されているのは、一九六三年一一月二三日に、通信衛星リレー一号によって映し出された映像であり、出来事であろう。最初の衛星伝送は、アメリカ・モハビ砂漠の映像であったが、その日、J・F・ケネディ大統領が暗殺され、そのニュースが衛星経由で日本に伝えられた（テレビ報道研究会編 1980: 25）。まさにアレグレッティの指摘どおり、遠くの現場からのナマの映像やレポートを挿入できることが「テレ＝ビジョン」ニュースの特性であることを強く意識させるものであった。

NHKが一九六九年七月に実施した「放送意向調査」の結果をみると、「テレビらしさ」として、「現場中継によって、今起こっている事件や出来事が見られる」と「外国や宇宙のことまで、居ながらにして見られる」が一位と二位を占めている（NHK放送世論調査所編 1983: 121）。一九六〇年代後半には、本格化したベトナム戦争（一九六五年）、続発した航空機事故（一九六六年）、一連の反戦闘争や大学紛争（一九六七～六八年）、金嬉老事件（一九六八年）、アポロ一一号月面着陸や安田講堂事件（一九六九年）など、歴史的な出来事が実際にテレビで中継・報道されているが、オーディエンスの側でも「ナマの現実を映し出す」テレビの特性を十分に認識し、そうした特性を備えたテレビ・ジャーナリズムの威力を感じとっていたことがうかがえる。

すなわち、社会や世界が注目する、大きな事故・事件、災害・戦争などを伝えるテレビニュースは、その速報性に加えて、映像の迫真力や臨場感をもって出来事を報道するから、オーディエンスにも強いインパクトを与えるのである。たとえば、一九七二年二月に発生した浅間山荘事件の報道に象徴されるように、テレビの中継が事件の推移を同時進行の形で人びとに伝えるような場合、テレビジョンの同時性がいかんなく発揮され、オーディエンスは事件の目撃者の一人となり、あたかも現場にいるのと同じ感覚でそのなりゆきを見守ることができるのである。全国のほとんどの人びとが事件の推移を食入るようにみるようなテレビ視聴は、日常のニュース接触とはかなり異質なものではあるが、テレビ報道が、オーディエンスに共通の体験をさせ、事件の集合的な記憶を作りあげていく、この働きは計り知れないものがある。

今日では、米同時多発テロ事件（二〇〇一年）や「イラク」戦争（二〇〇三年）にみられるように、重大な出来事の同時中継報道は常態化しているともいえ、テレビメディアの「同時的現実再現」機能は、メディアによる「環境監視」の仕方において、また人びとの「現実認識」の仕方において、テレビ・ジャーナリズムがもつきわめて重要な特徴であろう。

(2) ニュースメディアとしてのテレビジョン

テレビの登場をまたずとも、「現実を見聞きする」ニュースは、新聞、ラジオ、映画などの先発のマスメディアによって社会に提供されていたが、テレビジョン放送においても「ニュース」は一つのジャンル、一つの番組として、その開始当初から編成されていた。[6] しかしながら、テレビ独自のニュース番組がただちに誕生したわけではなかった。テレビニュースは先発の新聞、ラジオ、映画のフォーマットに影響を受けながら、そこから自律していく過程のなかで発展してきたといえる。[7]つまり、テレビのニュース番組は、「発生的には、取材＝新聞方式、放送（アナウンス原稿）＝ラジオ方式、映像（フィルム）＝映画方式の組み合わせ」であったといわれており、「この伝統的フォーマットからぬけ出して〈取材から放送までのプロセス〉〈放送時の演出〉さらに〈ニュース内容〉に明らかな変化をみせるようになったのは昭和四〇年代、それも後半に入ってから」なのである（テレビ報道研究会編 980: 12）。

ニュースの全国ネットワークの観点からすれば、NHKの全国マイクロウェーブネットワークが完成するのは一九六二年のことであり、すでに述べたように、この頃から人びとの間でもテレビがニュース源として重要な位置を占めるようになる。また民放では、一九五九年の皇太子御成婚の共同取材体制がきっかけになり、この年にラジオ東京（現・TBS）系のなかの一六社がJapan News Network（JNN）を結成し、全国的なニュースネットワークが形成されることになる。しかし、その実質的なネットワークニュースの展開は、電電公社（現・NTT）の全国マイクロウェーブ網が完成する一九六一年からであった。NTV系列（NNN）とフジテレビ系列（FNN）はカラーマイクロ回線の全国ネットワークが完成した一九六七年に、現・テレビ朝日系列（ANN）はやや遅れて一九七〇年に、ニュースネットワークを結成している。こうして、東京をキー局とするニュースネットワークとしてのテレビジョン放送が確立されていった。このことは、キー局が編集したものがそのまま全国ニュースとして送り出されることを意味しており、ローカル枠のニュースを別にすれば、各放送局の全国ネットワークごとにニュースバリューの一致が図られているという「虚構」[8]のうえにニュースネットワークが組まれていることになる。

番組の構成や内容に目を向けてみると、一九六〇年四月に開始された『きょうのニュース』（NHK）は、アナウンサーが画面に登場し、ニュース原稿を読む形式をとった、総合編集のワイドニュースであり、テレビ的演出や表現上の工夫がみられるようになった。

アメリカの〈Evening News〉（CBS）を参考として、一九六二年一〇月に開始された『ニュースコープ』（TBS）はキャスターニュースの基礎を作り上げたものであるが、キャスターを中心としたショー形式の番組構成だけでなく、第一回のトップ項目が〈赤い羽根共同募金始まる〉のフィルムニュースであったことに象徴されているように、映像を伴うソフトニュースなども重視するテレビ的編集が意識されていた。

一九六四年四月に放送を開始した『木島則夫モーニングショー』（NET）は、日本初の朝の時間帯の生の「ニュースショー」番組として登場した。その視聴率（月平均）は、当初は五％前後であったが、一年もしないうちに、常に一五％

前後の安定的な数値を獲得するようになり、主婦層を中心に広く視聴されたワイドショー番組として定着した。この番組は、アメリカで人気のあった〈TODAY〉（NBC）の日本版を目指したもので、おもに、①ナマ放送が原則、②機動性のある番組構成、③実用性を織り込む、④魅力のある司会者、⑤司会者グループの誕生、⑥カメラワークの新しい試みなどの意図をもって、番組作りに取り組もうとしていた。[9]

一九七〇年代に入ると、これまでにない斬新なニュース番組を目指し、『ニュースセンター9時』（NHK）が一九七四年四月から開始された。この番組はいろいろな意味で、当時、「背信」や「異端」のレッテルが貼られ、開始当初は、テレビを日常感覚で受け止めつつあった人々にも戸惑いをもたれたようで、視聴率はけっして芳しいものではなかった。この番組が試みようとしたものは、「テレビ的なるもの」の追求である。[10] それは、伝統的なニュースの基準を新しい価値判断で見直す実験であり、活字ジャーナリズムとの決別であり、映像と音によるイメージの表現それ自体において、報道手段としてのテレビが持ちえる新たな方法論を確立することでもあった。番組の冒頭部分が、その日に手に入れることのできた、もっとも受け手の興味を引く、もっともアクチュアルな映像と音による「グラビア」で飾られたのも、その意図の表れであったといえよう。

『ニュースセンター9時』の結果としての成功を受けて、一九八〇年代に入ると、ニュース番組の大型化やテレビニュースのソフト化・多様化がより一層進行していったのである。[11] 現在も続いている『ニュースステーション』（テレビ朝日系列）は一九八五年一〇月に登場した成功例である。軌道に乗るのにやや時間を要したが、メインキャスターをつとめている久米宏の視聴者の目線に立ったニュースの切り口や個性的で軽妙な語り口が新鮮であったことから、やがて人々に受け入れられ、事実をわかりやすく多角的に伝えることで、多くのオーディエンスを獲得していった。『ニュースステーション』を一つのメルクマールとして、民放の報道系番組において、ニュース素材のまとめ方やその表現・演出法の工夫がなされるようになり、『筑紫哲也NEWS23』（TBS系列）、『きょうの出来事』（日本テレビ系列）、『ニュースJAPAN』（フジテレビ系列）などを含め、現在視聴している全国ネットの総合編集によるニュースワイド番組が形づくられ、定着していったのである。

(3) テレビメディアのジャーナリズム性

テレビジョン放送において、ニュース／報道は一つのジャンルとして、また一つの番組として、テレビ・ジャーナリズムを支えるものであることはたしかであるが、ニュース番組だけがそのジャーナリズム性を反映するものではない。ニュース番組以外にも、国会中継番組、報道特集番組、ドキュメンタリー番組、ニュース／時事解説番組、対談／座談会／討論会番組、ワイドショー番組、天気予報番組などは、広義にテレビ報道番組として位置づけられるものであろう。さらに広義にとらえるならば、バラエティやドラマなどの非報道系の番組も、そのジャンルを超えて、ジャーナリズム性を有する番組としてとらえることも可能である。この点に関して、野崎茂は次のように指摘している。

> CMにせよ演芸にせよワイドショーにせよテレビドラマにせよ、視聴者の心につき刺さるインパクトを持とうとすれば、大衆が感性的・感覚的に共有している今日的問題に即して、パフォームしなければならない。つまりアクチュアリティを追いもとめる、そのことによって、意図的・非意図的をとわず、それらの番組は時事問題についての実質的な論評機能を果たすことができる。論評のかまえをとらない論評である。「明示的言論」の等価物として機能するわけだ。そして結果的には、人びとの関心や意見を誘導する。（野崎 1984: 196）

野崎によれば、「明示的言論」は新聞媒体の特性なのであって、テレビの場合は、キャスターやリポーターが「明示的言論」をパフォームしなくても、オーディエンスの関心・意見の誘導は可能であり、目的は達成されるのである。すなわち、非報道系の番組も、言論活動がその目的ではないにせよ、現実に即した問題と触れ合う部分でテレビのジャーナリズム機能を担いうるのである。[12]

こうした見方は、一九六〇年代から七〇年代に番組のジャンルやフォーマットが一通り確立されていく過程のなかで指摘されてきたものでもある。たとえば、鈴木均（1974）は、「新聞報道」に対して「テレビ報道」があるととらえる方が、受け手のテレビ受容の在り方にふさわしいと考え、次のような見解を示している。

> 「ニュース番組」で見るのは、今のニュースであり、それ以外の番組、たとえば「ワイド・ショー」でも「歌番組」でも「ホームドラマ」でもいい、そこに登場する若者の中に、今頃の若者像のニュースを見る。「ニュース番組」では、同時刻のニュースを見、他の番組では、同時代のニュースを、そこに見るのだ。たとえば、「近頃の若者」というニュースを見るのである。（鈴木 1974: 8）

鈴木にあっては、「テレビ報道は現代をも含む時代を伝える」ものであり、しかも「生き生きと臨場感をもって伝える」ものとして位置づけられている。つまり、テレビ番組に現在や現代を感じさせるものをオーディエンスが読みとるならば、それは「テレビ報道」として把握されるのである。この考えを敷衍すれば、オーディエンスにとって、テレビに映し出されるものすべてがニュースとなりえるのであり、テレビは「現在を含む現代を、現代を含む時代を報道するメディア」となり、オーディエンスの側からすれば、テレビは「すべてナマナマしいニュース媒体としかいいようがない」という認識にいたるのである。

こうしたテレビ報道とテレビメディアに関する類似の見方は、藤竹暁(1980)にもみてとることができる。藤竹によれば、ジャーナリズムには、人間と人間の環境との相互作用によって形成される営みという意味が込められており、周期性を持った日々のニュース番組は、ジャーナルとしての記録の典型であるが、番組編成の観念によって、放送の活動はニュース/報道番組のみならず、すべての番組に対してジャーナル性をもたせてしまう性格があるという。したがって、藤竹にあっても、娯楽番組であれ、教育番組であれ、非報道系の番組もまたジャーナリズムの性格を色濃く示すものであるという認識にとどまらず、それを超えて、「メディアはメッセージである」というM・マクルーハンにならって、テレビメディアがその内容に対して現在という性格を付与するのであり、そこからテレビメディア自体がすぐれてジャーナリズム性を帯びたメディアとして位置づけられるのである[13](藤竹1980:150-153)。

以上のことをふまえると、テレビ番組の内容と編成全体でそのジャーナリズム性が支えられていることは明らかである。つまり、ニュース/報道とそれ以外の番組は、オーディエンスが同じ次元で視ているかどうかはおくとしても、テレビ番組として同じ次元で語ることも可能であり、放送局ごとに編成されたテレビ番組全体を「テレビ報道」としてとらえることも可能なのである。そうであるなら、ニュース/報道を番組単位でとらえて、そのショー化や娯楽化の傾向に対して、安易にジャーナリズムの弱体化のレッテルを貼ることはできないだろうし、ニュース/報道番組の視聴者としてテレビ・オーディエンスをくくることは、その視聴経験の多様性とオーディエンスの多層性を見失うことにもなるだろう。

2　テレビ報道の視聴形態をめぐって

(1) 見物形式による社会との回路

前節でみたように、テレビ報道が個々の番組の枠を超えた包括性の高いものであるとするならば、その視聴をどうとらえればよいのだろうか、あるいは、どうとらえることができるのだろうか。これは、テレビ・コミュニケーション全般の問題としてとらえ直さなければならないだろうし、とりわけ、テレビ・ジャーナリズムの社会的役割に関わる問題として再考すべき点でもあるだろう。

加藤秀俊（1958）は、テレビジョン放送が全国的に普及していく過程のなかで、いちはやくテレビの可能性を積極的に評価していた。彼は、テレビを「見物」することによって意味をもつコミュニケーション・メディアとして位置づけ、R・デニイによる類型を援用して、人のやることを見物することにのみ関心をもつ人間類型を「見物純粋主義者」（spectator purist）とみなした。これは、一つのテレビ・オーディエンスの類型を指摘した最初のものといえるのかもしれない。オーディエンスである見物人は、テレビ画面を自分たちに同化させ、具体的な事実を素材にして、そこから観念を組み合わせてゆこうとする思想の方法（加藤の造語で「事実的関心」と呼ばれるもの）を得ていくのである。そうして、人びとはテレビと新たな関係を成立させていくのであり、そこには批判的なコミュニケーションを活発にする、ジャーナリズムの受け手としてのオーディエンスも生まれてくるのである。テレビ受像機が家庭に入ってくることによって、家庭という場所が現実の社会と空間的に接合される契機を作りだしたのである。

これを、第一節で触れた「環境提示者」としてのテレビの機能からとらえ直すならば、テレビは、受け手が直接に接触できない環境世界（ある現実）を「身近に引き寄せる」だけでなく、その現実を「一定の仕組みで取捨選択する」ことで、特定の意味付与がなされた「仮象」を一つの「現実」として画面に映し出すのである（藤竹 1969: 187-189）。他方、受け手は送り手によって切りとられた「現実像」によって社会的事象を認識し、そこから、その事象や環境世界についての一定のイメージを作りあげていくのであり、場合によっては、自らの態度や行動を方向づけるのに、そのテレビ経験を役立てていくのである。すなわち、W・リップマン（1922=1987）以来の疑似環境論を援用して、テレビ・ジャーナリズムの役割を語ることが可能であり、また清水幾太郎（1949）のニュース論[14]のテレビ版を想定して、ニュース報道の機能を論じることもできよう。

こうした点からテレビ・ジャーナリズムを振り返ると、さまざまな社会的事象がテレビ報道を媒介にして認識されてきたことの意味をあらためて問い直さなければならないだろう。たとえば、藤竹は、皇太子御成婚パレードの実況中継の視聴態度との関連で、そのテレビ的「仮象」のもつ意味を検討し、次のような発見をしている。

一定の距離をもってテレビ映像に対面しながら、ときとして批判する人たち、つまり映像の世界に〈とらわれてしまう〉という状態から脱却した人びとは、四月十日の結婚パレードの実況中継を全体的な社会的関連をもったパースペクティブのもとで、視聴する傾向が強かった。これに反して、皇太子と美智子さんに対するアタッチメントをもってテレビ画面をみつめていた人びとは、マスメディアが作り上げた昭和のシンデレラ物語に身も心も魅入られてしまったのである。（藤竹 1969: 206）

藤竹は前者を「ディスタント・フレーム・オブ・レファレンス」をもった視聴タイプ、後者を「アタッチメント・フレーム・オブ・レファレンス」をもった視聴タイプとして分類し、テレビ映像が描く表象とのあいだの距離を問題にしている。この見方によれば、テレビ映像とオーディエンスとの間に一定の距離が生じる場合は、人びとはその世界像を批判的にとらえるスタンスをもちうるが、その世界像との一体化が生じる場合には、テレビの環境提示の機能は現状を追認する保守的論理の再生産に与するだけになる危険性をはらんでいる。

類似の分類は滝沢正樹（1960）にもみられる。彼は、「テレビジョンの機能が、現実再現性にあるとすれば、テレビ受けとりの機能も、受け手の現実性に媒介されていることを見落としてはならない」としたうえで、視聴者調査にもとづくケース・スタディから、オーディエンスの視聴態度を①没自的、②即自的、③対自的の三つに分類している。「没自的」視聴態度は、送り内容にふくまれている価値や意味を無批判的にとりいれている場合をさしており、藤竹の「アタッチメント・フレーム・オブ・レファレンス」をもった視聴タイプに近いものであろう。「即自的」視聴態度は、送り内容にたいして、自己および自己の生活体験を楯とした態度で接する場合をさしており、送り内容を額面どおり受けとらないという点で第一の態度とは区別される。「対自的」視聴態度は、送り内容を対象化して受けとる場合をさしており、一定の送り内容を社会の客観的な過程のなかに位置づけようとする積極的な態度がみられ、一定の刺激や意味を、自己の体験世界と対応させるだけでなく、それらを社会の合則性にてらして評価しようとする点で第二の態度と次元を異にすると思われる。この態度は藤竹の「ディスタント・フレーム・オブ・レファレンス」をもった視聴タイプに近いものといえよう。

滝沢はこの三つの視聴態度はオーディエンス一般の社会意識の歴史的な動きに対応するものとして、①前近代的な社会意識、②現代的な社会意識、③超現代的な社会意識が、当時のテレビの受けとり反応のなかに反映しているとみなしている。その歴史的な区分が意味するものはおくとして、これらの態度なり意識は、オーディエンス個人にどれかひとつの意識や態度が当てはめられるのではなく、時に応じて、また内容に応じて、オーディエンスの意識や態度はいずれかの傾向を帯びたものになるとみなすべきなのだろう。この点は、テレビが映し出す現実をオーディエンスがどう受けとめ、どう解釈するかにかかわる問題であるから、テレビ・ジャーナリズムの働きを考えるうえで重要な意味をもっている。言い換えれば、ジャーナリズムの働きは、テレビが映し出す現実にオーディエンスがどう接合されるか／どう自らを接合するかにかかっているといいえる。

(2) テレビの日常的視聴――「ながら視聴」再考

では、受け手の視聴状況についてはどうだろうか。一九六〇年代なかばにテレビ視聴が日常化したことの意味は、これまでになかった生活行動としてテレビ視聴が一日ほぼ三時間を占めるようになり、テレビ視聴が習慣化したことである。この状況は、今日においても異なることがないのは本章の冒頭でも紹介した。

もちろん、テレビ視聴が日常化することの結果として、テレビ視聴そのものも変化する。たとえば、一九六〇年代における日常化したテレビ視聴の一面が次のように語られている。

私たちにとって、テレビをみることは日常生活のひとつの環となっていて、生活の体験としては表層的で浅く、深い痕跡を残さないように思われる。私たちは深い目的や欲求をもってテレビに向かうというよりも、軽い娯楽として向かうようだし、家族的なくつろぎとなれ合いの気分でみることが多い。(民放五社調査研究会編 1969: 10)

つまり、見たい番組を決めてみている人や、社会の出来事や有用な知識を得ようとテレビに向かっている人がいる一方で、まったく習慣的に家庭にいればテレビをつけている人、家族に付き合ってみている人、とくに目的もなくただ漫然とみている人なども多く、その視聴実態は多様を極めることになる。当然のことながら、わたしたちはテレビが映し出す現実とつねに向き合って生活しているわけではない。むしろ、「われわれ自身をふり返ってみても、たくさんの番組に毎日接して、そのほとんど全部の番組を『みすて』ているのがノーマルなテレビ視聴」(藤竹 1969: 185) ともいえる。「ながら」視聴はまさに「みすてる」ことを前提にしたような視聴行動であるといえよう。

このように、テレビが日常化した時代にあっては、むしろ、「人びとはテレビだけを『見ている』のではなくて、テレビは他の日常行動の一部として人びとに『見られている』という発想の転換」（藤竹 1977: 46）が必要なのである。だからといって、ながら視聴が無意味であることにはならない。藤竹（1977）によれば、日常のコミュニケーションの観点からとらえると、ながら視聴は、「他の生活行動との同時性にあるのではなくて、テレビが発信するイメージと音が、人々の生活環境を構成する他のさまざまなイメージと音と、交互にミックスして成立する新しいコミュニケーション行動」なのであり、それは「多感覚的なコミュニケーション」なのである。人びとはそれぞれ異なる生活環境のなかで生きているので、全体として視聴のあり方を一つに強要することはできないが、多くの人びとが絶えずテレビに接触していることを前提にすれば、全社会的規模において「共有的なテレビ経験」が成立する場が作り出される。親の言うことはきかなくてもテレビ・タレントの言うことはきく子どものように、あるいは、いつもテレビに顔を出す総理大臣の発言が耳に残るように、オーディエンスに共有されたテレビ経験がパーソナルな経験をしのぐ場合、そこにテレビ視聴の一つの作用を確認することも可能となる。このテレビ視聴の作用をテレビ報道のそれに置き換えて考えれば、テレビメディア自体がもっているジャーナリズム性を反映した「ナウ感覚」、「同時代性」をオーディエンスが共有する場が、その視聴によって人びとの生活の場のなかに作り出されるということになろう。旬のタレントや時の政治家の顔や言葉が人気を博し、ブームや流行語を生み出していくのである。

（3）テレビメッセージの受容――「読みこみ」と「系的視聴」

これまでに指摘したテレビ報道の包括性とテレビ視聴の日常性の文脈のなかで、人びとの視聴の営み（オーディエンスとしての行為）をどうとらえればよいのだろうか。山本明は、テレビの日常性がもつ二つの特色を指摘している。一つは、文字どおり、テレビを視聴する行為自体が日常的なものであるという点である。他の一つは、「テレビ視聴において、私たちはつねに日常意識をテコとしてブラウン管と対決しており、そこにブラウン管上の映像への感情移入・違和感などを日常的に作り出しているということである」（山本 1969: 146）。後者の特色は、先に言及した藤竹や滝沢が示したオーディエンスの視聴の意識や態度につながっていく側面であろう。そこでの視聴の特徴を山本は「読みこみ」という行為に求めようとする。

まず、「映像はどうにでも解釈できる。私はこの映画をこのように見た。それは〈誤解〉かもしれないが、われわれ観客には、正確な読みとりをしなければならぬ義務はない。〈誤解する権利〉を行使してもいいはずではないか」という鶴見俊輔の主張を、「読みとり」ではなく「読みこみ」を提唱したものとして位置づける。そのうえで、「テレビが茶の間の中で視聴されているということ、あるいは日常性との対比でブラウン管の映像がみられているということ、それは、テレビが主として読みこみ視聴であること」を意味していると考える。こうして、テレビジョンは本来的に「読みこみ」のメディアであるとみなされ、それは、「映像がつねに視聴者の現実世界・日常性の中で解釈され、あるいは日常性と対決している」ということであり、「ブラウン管の世界と視聴者の日常生活との間に、明確な境界線がない」ことを意味しているのである。つまり、テレビのオーディエンスはつねにそれぞれの歴史的社会的連関のなかで把握されなければならないこと、テレビの映像・音声の流れはつねにオーディエンスの日常生活の流れに並行していることを意味している。

そこから、テレビの「系的視聴」という見方が現れてくる。山本によれば、「テレビというものは、一つ一つの個別番組の寄せあつめだけれど、それを私たちは個別的に味わっているだけではなく、複数の番組を相互に関連させ、一つの『系』として視聴し、自己流に解釈しているのである」（山本 1969: 151）。この「系的視聴」は本書第一章で言及されているR・ウィリアムズの「フロー」概念を想起させるものがあるが、山本の場合、番組を編成し、視聴を形作るのは送り手ではなく、受け手であるという視点が重要なのである。ある人は、なにげなく視ていたテレビドラマでの残業や解雇の一場面から、時として、ニュース番組で知った企業の人員削減の問題や政府による景気対策の取り組みなどを連想したり、身近な人の実際の過労や生活苦などに思いをめぐらせることもあるだろう。それらから、これまでの産業発展と経済政策を振返る特集番組への視聴に向かったり、年金制度やホームレスといった社会問題を語るニュースを深刻に受け止めるようになり、自らの生活と仕事の問題をとらえ直す契機が生まれるかもしれない。この意味で、「系的視聴」はオーディエンスの内容選択の主体性と意味解釈の自由度を評価したものととらえることも可能であり、のちの「能動的な受け手（読み手）」論につながっていくものとみなすこともできよう。また、テレビのジャーナリズム性やテレビ報道の視聴に当てはめて考えると、ニュース／報道番組は、一つの完結した番組の形式にそぐわないものである。すなわち、ニュースとして伝えられる社会的出来事をめぐって、さまざまな番組内容、そこで取り上げられる事項、場面ごとに語られる言葉や映し出されるイメージといったものが相互に絡み合ってテレビ視聴が成り立っているとするなら、テレビ報道はもとから系的視聴にフィットした性格をより強くもっているといえる。したがって、テレビ報道の側からすれば、「ブラウン管の世界と現実世界との間に不断の葛藤をつくりだし、そのことによって、視聴者に自己と現実世界との葛藤を意識させること」(山本 1969: 158) が重要なのである。いわば、テレビ報道を「みすてさせ」ないで、「読みこませる」戦略がテレビ・ジャーナリズムの活動に求められるのである。

こうしてみると、ひとつのテレビ報道番組が人びとの態度や行動に影響を与えるというよりも、各テレビ局の番組編成に織り込まれた報道全体をオーディエンスがどう読みこんでいくのかが、テレビ・ジャーナリズムの働きを考えるうえで重要になる。しかしながら、この読みこみの過程を検証していくことはきわめて困難な作業である。なぜなら、オーディエンスに委ねられた系的視聴は、個々人で大きく異なるのであり、「テレビと現実世界との間に万人共通の境界線をひくなんて、不可能なこと」(山本 1969: 156) だからである。

3 テレビ・ジャーナリズムとオーディエンスの関係性

(1) 受け手を「引き込む」報道

「同時的現実再現」機能を軸として展開されてきたテレビ・ジャーナリズムと、それぞれの視聴形態にしたがって独自の読みこみを行いうるテレビ・オーディエンスをどう関係づけることができるだろうか。

そもそもジャーナリズムの成立を考える場合、伝統的古典的な理解にしたがえば、ジャーナリズムの「送り手」と「受け手」との間には相補的な関係が求められてきた。たとえば、新聞の大衆化との関連でいえば、社会/権力 (環境) の監視の働きを前提として、送り手側の「伝達意図」と受け手側の「情報欲求」とがほぼ一致する/均衡するかたちでジャーナリズムは成立してきた経緯がある (佐藤 1983)。つまり、認識者 (受け手) は出来事 (客体) を表現伝達者 (送り手) の活動の成果を通じて知るのであり (荒瀬 1984)、そこでは送り手も受け手もどちらもジャーナリズムの「担い手」として位置づけられる。そこには少なからず、両者の間に社会を見る眼 (視座) の共有があり、あえて「反骨」といわないまでも、ジャーナリズム/ジャーナリストに「批判精神」が求められもするのである。権力に抵抗しないジャーナリズム/ジャーナリストは本質的にジャーナリズム/ジャーナリストではないという見方である。すなわち、よりよい市民社会の構築をめざし、民主主義的権利を擁護/拡大していくための、ジャーナリズム/ジャーナリストによる報道であり、解説であり、批評なのである。

しかし、テレビ・ジャーナリズムは、そうした「相補性」や「志」を前提にしてはとらえにくい側面をもっているのも事実である。マスメディアとしてのテレビジョン放送を考えた場合、その活動は誰がどう受け止めてくれるかわからない「送りっ放し」の「志なきがごとき」ジャーナリズムととらえられ、その報道姿勢や内容は「皮相化」する傾向をもつことになり、テレビ・ジャーナリズムは伝統的古典的なジャーナリズムの発想に馴染まないところがある（稲葉 1987）。こうした点をふまえると、テレビ・ジャーナリズムにあっては、テレビ画面において「ニュース性」を強調し、視聴しているかわからない受け手を「引き込む」ことによって、その関係性を構築していくことになる。そのためには、ニュース報道においてショーアップを施し、視聴覚に訴え、話題性の高いテーマや娯楽性に富んだ内容を積極的に盛り込んでいくことにもなろう。

今日のテレビ・ジャーナリズムのニュース性の強調は、原寿雄（1997）の表現をかりれば、「現在主義」「映像主義」「感性主義」の三つの主義のうえに成り立っていると思われる。「現在主義」は現在進行形のリアルタイムの報道であり、テレビはつねに「現在の一断面」を伝える特徴がある。「映像主義」は事件や事故の再現映像や現場の模型・地図、時の政治家の似顔絵や人形など、報道内容をできるかぎりカメラに映るものにして伝えようとする姿勢である。「感性主義」は受け手の注目や関心を引くために、報道のテーマや内容をことさら面白くしたり、出来事をひときわセンセーショナルに伝えたりする傾向である。たしかに、現在のテレビのニュース番組やワイドショー番組を想起すると、こうした主義は一種の「テレビ的手法」として定着しているのかもしれない。しかしながら、これらによって、それぞれの生活の場に散在するオーディエンスをテレビ画面に惹きつけることはできるのだろうが、そうした人々に「社会を思考する」メッセージを送り届けていることになるのだろうか。

（2）受け手に「語りかける」報道

テレビ・ジャーナリズムがその相補性を成立させようとするならば、とらえどころのない受け手をニュース報道に「引き込む」だけではなく、オーディエンスとなった人びとへの「語りかけ」がなされなければならない。それは一言でいえば、政治であれ、経済であれ、文化であれ、ある事象を伝える場合、人びとの「実感」に訴え、その「実感」が人びとの「見方」を構築していくニュース報道のあり方であろう。

ニュース番組を例にとれば、テレビを通じてジャーナリストが出来事をいかに伝えうるのか、オーディエンスが出来事をいかに受けとるのか、という点では、報道内容の編集方法とともに、キャスターの「語り」が重要であろう。おそらく、『ニュースステーション』が人気を博し、比較的安定した視聴率を維持しているのは、少なからず久米宏の「語り」によるものであろう。藤久ミネ（1988）はテレビ画面からの「語りかけ」について論じるなかで、親しみが増し、わかりやすくなった久米宏の語りかけについて次のような印象を記している。

クロンカイトおじさんの〈一顰一笑〉とまではゆかずとも、つねに〈ひとこと多い〉久米の寸評や感想が、彼本人の息づかいを感じさせるようになった。私たちもまた、そうした彼の寸評に対して私たち自身の感想をぶつけ合わすことができるのである。（藤久 1988: 93-94）

ここには久米の「語りかけ」に呼応するかたちで、人びとは『ニュースステーション』のオーディエンスとなり、ときに、久米の語る「実感」や出来事の「見方」と交渉をもちながら、自らの「実感」を露わにし、報道された出来事に対する「見方」を作り上げていく様を描くことができる。まさに、テレビ画面のニュース報道をオーディエンスが「読みこむ」過程であるといえよう。そこでの「テレビ空間」とは、単に「画面の空間」を指すのではなく、「事件現場（あるいはスタジオ）と視聴者の場とを結んで成立する一種の〈通路〉なのである（藤久 1988: 96）。つまり、ニュース・キャスターの認識にもとづく語り内容と語りくち（テレビ演技）がニュース報道の通路を作り出し、オーディエンスの反応を促すのである。ワイドショー番組『とくダネ!』（フジテレビ系列）で、毎回オープニングにメインキャスターの小倉智昭がその日のニュースを話題に取り上げ、自らの印象や見方を語り、他のアナウンサーやコメンテーターを巻き込んでスタジオ内で議論してみせるのも、オーディエンスに向けて通路を開こうとする試みの一つであろう。オーディエンスはテレビ画面を通じてそのやりとりを経験し、自らの「読みこみ」を行っていくはずである。こうした「通路性の契機」が日々のテレビ番組のなかで作り出されていくならば、テレビのジャーナリズム性が希薄になったり、その働きが失われたりすることはないだろう。

（3）受け手を「方向づける」報道

ニュース報道におけるテレビ画面からの「語りかけ」は、その視聴の過程のなかで、オーディエンスにつねに交渉の空間を用意するものであるとはかぎらない。場合によっては、送り手側からの一方的な通路を媒介にして、テレビ報道がある事象に対して一定の方向づけを行う可能性も否定できないし、そうした傾向を強く帯びることもあろう。

たとえば、日曜日朝の討論番組『サンデープロジェクト』（テレビ朝日系列）の田原総一朗の「司会ぶり」や「語りかけ」は、時に討論のなかで現実を作り出すような性格をもったテレビ演技に映る。一九九三年五月の番組では、田原は時の首相宮沢喜一と対談し、「政治改革をやるのか、やらないのか」を問い質し、「必ずやる」との言質をとり、それがニュースで繰り返し報道され、宮沢内閣の解散にまで発展する事態を招来したこともあった。

田原の「語り」の姿勢は、あいまいな発言を嫌い、相手を含め、白黒はっきりさせるような言動に向かう。あいまいさを嫌うのは、具体的な事象を映し出すテレビの特性であり、好悪・善悪・正邪・真偽などの二分法的な見方がテレビ政治の特徴だからなのかもしれない。そうした前提からか、田原は「抽象的で難しいことを言われても、テレビを視ている人にはわからないし、何も通じない」との認識にたって、あくまで具体的でわかりやすい発言や結論を引き出そうとするのである。人びとがいま一番関心があり知りたいことを、討論番組を通じてオーディエンスに視せよう／魅せようとする、送り手側の意図を見て取ることは可能であるし、オーディエンスもナマの発言の場に居合わせる感覚をもちうるだろうが、そこにはオーディエンスへの「通路性の契機」はあまり見出せず、結果として一元的な現実が提示され、交渉的な空間が編成されにくいように感じられることもある。

この傾向は、テレビ報道自体が政治的色彩を一層強くもつようになる場合に、より鮮明に現われることにもなる。宮沢内閣解散後の一九九三年八月の総選挙において、自民党の長期単独政権としての「五五年体制」が崩れ、非自民連立政権が誕生したが、この政権は「田原・久米連立政権」と評されることがある。このレッテル貼り自体が、一つの政権交代の意味を象徴しており、それがテレビ・ジャーナリズムの影響力を示すものであることは改めていうまでもない。具体的には、田原総一朗が司会を務める『サンデープロジェクト』と久米宏がキャスター役の『ニュースステーション』において、彼らが政治改革を訴える内容や自民党に批判的な内容の報道を行うことを通じて非自民連立政権を実質的に作り出したというのが、そのレッテルに込められた意味である（内山 1999: 301）。当時、多くのメディアが「改革派」対「守旧派」という構図で政治改革の報道を行うことで、オーディエンスに、改革派が善で、守旧派が悪というイメージが植えつけられ、そうした善悪二元論に基づくイメージが選挙の見方や有権者の政党支持に影響を与えたとみなされる（内山 1999: 329）。

たとえば、読売新聞社が総選挙後に実施した世論調査[15]では、「おもにどのような情報をもとにして、その候補者に決めましたか（三つまで選択）」という質問をしている。その結果をみると（『読売新聞』一九九三年八月八日付朝刊、第四～五面）、「以前から支持している候補者（政党）だった」が四四・七％でもっとも高かったが、次いで「テレビのニュース報道」が三三・二％を占めていた。とくに、この選挙で躍進した新生党、日本新党に投票したと答えた人に限ってみると、「テレビのニュース報道」を挙げた人がそれぞれ五五％、六五％ときわめて高率になっている。また、三つの新政党が躍進した理由を尋ねた回答（いくつでも選択可）では、「ブームに乗ったから」が四三・七％でもっとも高く、「既成政党が飽きられたから」三九・五％、「清潔なイメージが強かったから」三五・一％等がそれに続いた。こうした結果をニュース報道の有権者への影響力に直結することはできないし、選挙報道の意味は必ずしも候補者の決定に限定されるものでもないが、テレビ報道が作り出すブームやイメージと有権者の投票意向とのかかわりを意識させるものであろう。この点でも、テレビ画面からどんな「通路」がオーディエンスにもたらされるかは重要な意味をもっている。その通路のあり方は、社会におけるジャーナリズム／ジャーナリストの役割認識や報道姿勢にだけでなく、同時にその時々にオーディエンスがテレビ・ジャーナリズムに寄せる期待にも左右されるものだからである。

おわりに

冒頭に示したように、テレビはわたしたちの生活と分かちがたく結びついているメディアであるから、わたしたちの日常生活から切り離して考えるわけにはいかない。もちろん、テレビを視聴すること自体、ごく当たり前の日常的な行為になっているのだから、「テレビ・ジャーナリズム」を考える場合にも、わたしたちの普段の生活文化のなかに位置づけてとらえる必要があるだろう。そうした認識から、テレビの日常性に着目してテレビ報道の視聴を検討してきた。

初期のマス・コミュニケーション研究における「受け手」像は、「コピーの支配」（清水 1951）の前に受動的な存在として描かれた。今日、その「受け手」像は、「コピーの支配」に絡めとられない能動的な「読み手」としても描かれている。他方、ジャーナリズムの視点からテレビジョン放送の「受け手」像をとらえ直すならば、第三節で述べたように、そこでのオーディエンスは環境の認知者と位置づけることが可能であり、いわば「知り手」として、つねに受動と能動が相半ばする存在として描くことができるのかもしれない。すなわち、その受け手が受動的にならざるをえないのは、自らの環境認知がテレビ報道の環境提示に依存せざるをえない面を持ち合わせているからである。そうであっても、その受け手が能動的たりえるのは、それぞれの立場からテレビ報道の読みこみを行うことで、それぞれに異なる生活を背景にもつ人びとの間で相互理解の関係（同化や異化）を作り出していく契機を生み出すことができるからである。

しかし、オーディエンスはジャーナリストでない以上、環境の「知り手」になりえても、その「伝え手」にはなりえない。結果として、テレビ・ジャーナリズムの受け手を探ろうとすると、ジャーナリズムそのものの問題へと回帰していくようにも思われる。世界に名を馳せたアンカーマンであったW・クロンカイトは、ゴシップ中心のニュースショーやサウンドバイト・ジャーナリズムを批判するなかで、テレビ・ジャーナリズムの問題を次のように指摘している。

> 国民がニュースの情報源をもっぱらテレビに依存するようになれば、民主主義の屋台骨が危うくなると言っても過言ではない。ニュースの対象としての人物や場所を動く映像で見せることができるという点で、テレビは他のメディアを寄せ付けない。しかし同時にテレビは、今の時代が直面している複雑な問題の輪郭を示しその全体像を説明するという点は不得手である。（クロンカイト 1996＝1999: 482）

テレビジョン放送は、放送法の目的をまつまでもなく、「健全な民主主義」の発達に寄与するメディアとして位置づけられている。もちろん、テレビ・ジャーナリズムも同様の役割を担っている。しかし、クロンカイトの指摘する映像メディアとしてのテレビ・ジャーナリズムのネガ・ポジは、人びとから物事を深く考える機会を奪い去り、人びとの間での相互理解の関係づけを妨げてしまう可能性をわたしたちに意識させる。もしそうなら、そこに「知り手」としてのオーディエンスを構築することは困難になり、単に情報を消費するだけの受け手がつねに現在の瞬間を映し出すテレビ画面に寄り添っているだけになってしまいかねない。この消費者は受動的な「受け手」像に似たものにも感じられる。そのとき、ともにテレビ・ジャーナリズムの「担い手」となるべき送り手と受け手との間に断絶が生じ、環境提示にかかわるジャーナリズム本来の働きも失われてしまうだろう。しかしながら、最後に再び確認しておこう。テレビ・ジャーナリズムに何を期待するのか、これはオーディエンスとなるわたしたち受け手にかかわる問題である。

注

1 本節のテレビ視聴の記述は、おもにＮＨＫ放送世論調査所編（1983）を参考にしている。

2 高視聴率（三六％）の理由に、調査前日に起きた新潟地震（一九六四年六月一六日）の影響が指摘されているが、地震発生前日でも二六％をあげており、比較的高い視聴率であった（ＮＨＫ放送世論調査所編 1983: 54）。

3 文明史をふまえたユニークなメディア論を展開したＭ・マクルーハン（1964＝1967）も、テレビを含め、新しい電気的テクノロジーを一つの社会変革の武器としてとらえていた。

4 たとえば、佐々木基一（1960＝1967）は、「時間的に継起する事実を現在の姿において即時に放送できる」ことを現場の同時的再現機能として言及している。また、「テレビはおそらく、映画とラジオの機能を合わせもつことによって、コミュニケーションの形態に根本的な革命をもたらすだろう」という佐々木の認識は、島田と同じ立場に立っている。「テレビが現実を同時的に再現して見せることは、何といっても、テレビのもつ最大の魅力である。この中継の魅力は、今まで自己の小宇宙のなかに閉じ込められていた民衆にたいして、外界の現実を提示する点において、他のメディアがかつてなし得なかった偉力をもっている」との藤竹暁（1960）の指摘も同様である。

5　前川佐重郎（2003）を参照。前川によれば、「横浜港での十万人を超える歓送風景や吉田茂首相以下各閣僚の見送り、皇太子のメッセージ朗読、それに出航風景など一時間にわたって中継した」とのことである。また、この歓送風景は別途フィルム取材がなされ、当日の夜九時から三〇分間放送された。ちなみに、皇太子が参列したエリザベス女王の戴冠式は、国境を超えヨーロッパで実験的に中継放送された（ディザード 1966=1967）。

6　NHKの本放送開始日にはニュース映画と一般ニュースが放送されたが、最初放送された『NHKテレビニュース』は当時映画館で上映していたニュース映画をそのままブラウン管に映し出したものであった。また、『ニュース』のタイトルで午後七時から放送された一般ニュースは、どのような内容が放送されたかについては、記録が残されていないという。前川（2003）を参照。

7　開局当初、NHKは、①スタジオカメラによるパターンニュースと②日映新社による「映画ニュース」とで、またNTVは、①独自取材フィルムとパターン・スライドを組み合わせたニュース（「NTVニュース」）と、②三新聞社（朝・毎・読）が提供するフィルムを利用したニュース（「三社ニュース」）とで、ニュース番組を編成していた（テレビ報道研究会編 1980: 17）。以下の論述も、おもにテレビ報道研究会編（1980）に依拠している。

8　友澤秀爾（1972）を参照。

9　浅田孝彦（1968）および「特集ニュースショーの送り手と受け手」『放送文化』一九六九年三月号を参照。

10　詳細については、NC9製作者グループ「『ニュースセンター9時』の現場から――第一回NC9は何を変えようとしたのか」（『放送文化』一九七七年七月号）を参照。

11　この点に関しては、上滝（1989）が分析している。また、ソフト化と多様化の問題点として、「その娯楽化や評論性の後退が結果として招く、ニュースの一点集中化と等質化」を指摘している。

12　たとえば、一九七九年にスタートしたテレビドラマ『三年B組金八先生』（TBS系列）は後にシリーズ化され、今日に至っているが、このドラマは中学校を舞台とする教師と生徒との学園ドラマであると同時に、その時々の社会現象を織り交ぜながら、青少年やその家族がかかえる悩み、学校や教育が直面する問題などがさまざまな形でテーマとして取り上げられている。最終話は実際の卒業シーズンにあわせて、先生が生徒へ贈る言葉で締めくくられ、オーディエンスの間で多くの共感を得ていると思われる。こうした点に、このドラマのジャーナリズム性・現在性を確認することもできよう。

13　早くからこうした認識の必要を説いたのは山本（1966）であろう。

14　清水は「費用、時間、能力などの点からみて近づくことができず、しかも人間の運命にとって深い関係のある事実、これを人為的に近づけるところにジャーナリズムの意義がある」（1949: 52）と述べている。

15　調査の概要は以下のとおり。調査日：一九九三年七月三一日、八月一日の二日間、対象者：全国の有権者三〇〇〇人、実施方法：個別訪問面接聴取法、有効回収数：二一五四人（回収率七二％）。

引用文献

T・アレグレッティ(1953)「テレビジョンの話（下）テレビの性格と本質」（『放送文化』第8巻7号）
荒瀬豊(1984)「ジャーナリズム論のために」（『新聞学評論』34号）
浅田孝彦(1968)『ニュース・ショーに賭ける』現代ジャーナリズム出版会
W・クロンカイト(1996=1999)『クロンカイトの世界』TBSブリタニカ
P・W・ディザード(1966=1967)『世界のテレビジョン』現代ジャーナリズム出版会
藤久ミネ(1988)「画面からの語りかけについて」（『放送学研究』38号）
藤竹暁(1960)「視聴者と『テレビ文化』」（『新聞学評論』10号）
藤竹暁(1969)『テレビの理論』岩崎放送出版社
藤竹暁(1977)「共有的視聴論——テレビにおける日常的視聴の意味について」（『文研月報』一九七七年一月号）
藤竹暁(1980)「テレビのリズムと現代人のリズム」（NHK総合放送文化研究所編『テレビ・ジャーナリズムの世界』NHKブックス）
原寿雄(1997)『ジャーナリズムの思想』岩波新書
稲葉三千男(1987)『マスコミの総合理論』創風社
加藤秀俊(1958)『テレビ時代』中央公論社
上滝徹也(1989)「テレビニュースの多様化とその内実」（『放送学研究』39号）
W・リップマン(1922=1987)『世論(上)・(下)』岩波文庫
M・マクルーハン(1964=1967)『人間拡張の原理』竹内書店新社
前川佐重郎(2003)「『テレビニュース』の始発——テレビ50年の里程」（『放送研究と調査』二〇〇三年四月号）
民放五社調査研究会編(1966)『日本の視聴者』誠文堂新光社
民放五社調査研究会編(1969)『続・日本の視聴者』誠文堂新光社
NHK放送文化研究所編(2000)『日本人の生活時間・2000』日本放送出版協会
NHK放送世論調査所編（1983）『テレビ視聴の30年』日本放送出版協会
野崎茂(1984)「テレビ・ジャーナリズムの形成」（内川芳美・新井直之編『日本のジャーナリズム』有斐閣選書）
佐々木基一(1960=1967)「大衆芸術の新しい形式——テレビについて」（『芸術論ノート』合同出版一九六七年、初出＝『文学』一九六〇年一一月号）
佐藤智雄(1983)『マス・コミュニケーション論Iジャーナリズムとマス・メディア』旺文社
島田厚(1955)「テレビジョン——その環境提示について」（『思想』No.368）
清水幾太郎(1949)『ジャーナリズム』岩波新書
清水幾太郎(1951)『社会心理学』岩波書店
鈴木均(1974)「テレビ報道論」（『TBS調査情報』一九七四年六月号）
滝沢正樹(1960)「テレビの受け手」（南博編『講座現代マス・コミュニケーション2テレビ時代』河出書房新社）
テレビ報道研究会編(1980)『テレビニュース研究』日本放送出版協会
友澤秀爾(1972)「TVニュースについて」（『新聞研究』一九七二年二月号）
内山融(1999)「マスメディア、あるいは第四の権力?」（佐々木毅編著『政治改革一八〇〇日の真実』講談社）
山本明(1966)「ジャーナリズムとしてのテレビ」（『日本テレビ』No.86）
山本明(1969)『反まじめの精神』毎日新聞社

6 オタクというオーディエンス

村瀬ひろみ

1 はじめに——問題構成

「オレは、もうオタクじゃない」

そういう声をもう何度か聞いた。この小論をまとめるにあたって、旧知の同世代のオタクと目される人びとにインタビューをお願いした時の反応の多くがこれであった。テレビアニメを語らせたら一晩でも二晩でも語り続けるような、そんな彼らが一様に自分を「オタクでない」という。

ちなみに、私自身、自分をオタクであると思ったことはない。他人からオタクであると言われることがあっても、「オタク」からの疎外感を抱いたままいまに至る。一方、私と同世代の彼らは八〇年代、九〇年代のテレビアニメ全盛期を最前線で享受し、その作品について解釈し、語り、二次創作をしてきた人びとである。その彼らが「オタク」から降りるというのは、単なる偶然なのか。それとも年齢的な要因（仕事や家庭が忙しいという外在的な要因や、テレビアニメの対象年齢層が合わなくなって「卒業した」）なのだろうか。

では、今日オタクとはだれのことを指しているのだろうか。それは、メディアによる単なるレッテルなのか。自らオタクであると認識している人はいるのか。そもそもオタクとは、何か共通の特徴をもった均質な集団なのか。それともその内部にはさまざまな差異や矛盾、衝突が存在するのか。

本章では、こうした問いに可能な限り答えてみたい。まず第一に、ここではオタクというカテゴリーがこの二十年間の間にどのように変遷してきたかを検証する。特にジェンダーをめぐってどのようにそのカテゴリーが揺れ動いてきたのかを中心にみていく。第二に、しばしば社会性の欠落、受動的なメディアの消費者としてのみ描かれがちなオタクの能動的な文化活動——ここではとりわけ「同人誌」の制作、「二次創作」——を考察することで、メディアの側からではなくオタクの側からの積極的なアイデンティティ構築のプロセスを見ていく。第三に、こうした活動のはらむジェンダー的な問題を考えることで、オタク文化内のジェンダー的なヒエラルキーについてフェミニズム的な立場から議論を試みる。

こうした議論を通じて最終的に私が明らかにしたいことは、そもそも今日、「オタクである」ことはどのような意味があるのか、それはこれまでのオタク文化の中で生きつづけるのか、それとも消滅するのか、全く別の形で変容するのかということである。こうしたことを私自身の主張を含みつつ議論してみたい。

2 「オタク」というカテゴリーの変遷

日本国内で作られたテレビアニメが放映されるようになって、二〇〇三年で四十年となる。テレビアニメのコアなオーディエンスの一部分を指して、オタクと呼ぶようになったのは、一九八三年に中森明夫が雑誌で取り上げてからだという[1]（中森 1983）。もちろん、中森の指摘以前にも、「オタク」と呼ばれるべき人びとは存在したのだが、彼の指摘によって顕在化したと考えるなら、八三年をオタク元年として、二〇〇三年をオタク二十周年としてひとつの区切りをつけることもできる。

そのオタクであるが、オタクのあり方、是非、定義などをめぐってさまざまな議論がなされてきた。オタクという言葉には、世界に冠たる日本文化（＝アニメ）を担うスペシャリストというプラスイメージから、他人とうまくコミュニケーションできない不器用な奴というマイナスイメージまで大きなふれ幅がある。この大きなふれ幅はどのように生まれたのだろうか。ここでは時系列的にオタクのカテゴリーがどのように形成されてきたのか、オタクをめぐる代表的な言説を中心に考察する。

2・1 オタクの登場――男オタク、女オタク

前述の中森は、「「おたく」の研究」の中で、オタクの外見について、次のように残酷な描写をしている。

> それで栄養のいき届いていないようなガリガリか、銀ブチメガネのつるを額に喰い込ませて笑う白ブタかてな感じで、女なんかはオカッパでたいがいは太ってて、丸太ん棒みたいな太い足を白いハイソックスで包んでたりするんだよね（中森 1983）。

この半ばオタクを馬鹿にしたような記述によって示唆されるのは、男性のオタクと同様、身なりに構わず人づきあいの苦手な女性像である。私自身、この「女オタク」の典型であ

った。この記述を見たのは、発表から少々後のことになるが、「私のことだ」と妙に感心した憶えがある。そして、事実そのような「女オタク」はまわりにもいたのだ。ここで強調したいのは、今日ではしばしば男だけを指し示す「オタク」という語がその起源の記述においては女をも含んでいたという事実であり、ある種の差別的な身振りを含んでいるとはいえ、的確に当時のテレビアニメの好きな「女オタク」を記述しているというその事実であろう。

しかし、この記述から八年後、オタクについて書かれた中島梓の『コミュニケーション不全症候群』には、オタクと女の齟齬が書かれている（中島 1991: 88）。つまり、「おタク、という言い方のなかには既に、男の子である、という条件づけが内包されている」のである。さらに中島は続ける。

女の子のマンガ・アニメマニアは、もちろん例外もあるであろうが、男の子のおタク族よりもはるかに、社会性、行動性が高いように思われる。女の子のマニアたちはめったに単独で行動しない（中島 1991: 90）。

そして、中島は次の『タナトスの子どもたち』（中島 1998）という著書で、前著でも触れた「女性であって、なおかつオタク的な感性を持つ人びと」でかつ、「テレビアニメの男性キャラクター同士の恋愛や性愛をテーマとして二次創作する人びと＝「やおい」」についての分析を繰り広げることになる。[2]

ここで注目したいのは、「女オタク」とでも呼ぶべき（中森が揶揄したような）存在の消失である。「やおい」は、社交性を持ち、狭いサークル内の人間関係をとても大切にする。相手を「お宅」と呼びかけることはなく、麗しい仮の名（ペンネーム）で呼び合い、「オタク」のようなコミュニケーション不全状態とは一線を画す。「女オタク」は皆、「やおい」へと華麗な転身を遂げたのだろうか。「女オタク」は消えたのだろうか。消えていないなら、なぜ、あたかもいないように扱われてきたのだろう。そして、彼女たちはいま、どうなっているのだろうか。

それらの問いに応えるためにも、「男オタク」たちの世界の変遷——対象と活動の変遷を大まかにみておくべきだろう。そして、そのことは「男オタク」たちの文化の収奪であってはならない。私は、かつて「オタク」の文化の片隅にそっと存在し続けた者として、かたやフェミニストとして、当事者として語ることをヨシとするほかない。それでも、彼らにとって、コミュニティの周辺からそのような分析をされることは不愉快きわまりないことだろう。しかし、敢えてそうするのは、「オタクカルチャー」が閉鎖した集団の内部だけで消費されるものではなくなっているからであり、その影響力が無視できない規模となっているからであるとともに、私自身が大きな影響を受け続けているからでもある。

2・2　オタクに対するバッシングとオタクの「男」化

もともと「オタク」は蔑称であった。そもそものはじめに、中森が描いたように、彼らは、好みがどうとか、アニメに対する知識や蘊蓄がどうという以前に、外見を問題にされていたのである。この「外見差別的」なオタクへのバッシングは、手を変え品を変え、執拗に続けられた。むろん、「女オタク」も外見を気にしないことで同じバッシングの俎上に乗せられる。外見を気にしないということは、異性の目や同性の目を気にしないということであり、つまりは、外見よりも別の価値（ここではテレビアニメやマンガに関すること）に力を傾注するという生き方を選択するということである。しかし、見た目を重要視されてきた女性がそのような生き方をすることは、男の「オタク」にとってよりも厳しい現実があった。[3] 女性もいたはずの「オタク」であったが、徐々に「オタク」女性の存在は不可視化されていくのである。

この外見に対するバッシングが様相を変えるのは、一九八八年から一九八九年の連続幼女殺人事件（通称、「M君事件」）である。これは、加害者Mの部屋が「オタクの典型的な部屋」としてマスコミに流され、大量のビデオとともに自閉していくオタクのありようや、その幼女趣味（ロリコン）[4] が指弾の対象となった。「友人は少なく、マンガやアニメ、幼児を性の対象にした雑誌類にのめり込む、孤独な26歳」と新聞は加害者のMを描写した。[5]

このとき、メディアによって「オタク」として想定されているのは、既に男性だけとなっている。オタクというオーディエンスの中にある「性」への親和性がメディアによって強調されればされるほど、女性の「オタク」は排除されていくように見える。当時のメディアを見る限り、「性」の欲望をアニメなどのキャラクターに向ける「若者（男性）」のことが取り沙汰され、女性のそれについては片鱗も見ることができない。たとえば、「M君事件」についての、コメントは次のようなものである。

（ロリコン雑誌の＊引用者注）読者は若者が多い。幼児性愛、幼児への犯罪は昔からあった。だが最近、「ひとりぼっち人間」型がめだって多い、と亜細亜大の柳本正春教授はいう。

教授によると、都市化が進み、個人への社会の干渉が弱まるにつれ、自分だけの閉鎖的な世界に閉じこもる若者が増えてくる。成熟した女と付き合えない成熟しない男たちは、自分が支配できる幼児たちに向かうのだという。[6]

同じ都市化環境のなかで男性だけが成熟しないのではないはずなのに、男性の「性」だけが成熟から取り残されたようにこの種の言説は何度も繰り返されている。この記事においても明らかであるが、女性の成熟は年齢や身体、外見で測られているのに対して、男性の成熟は年齢や身体ではなく内面が強調される――というジェンダーによる偏差が生じている。女性だって、ある年齢に達せば自然に「性」に関して成熟するというわけではない。そこには、同じように欲望や葛藤がある。しかし、それらはメディアに出てくることはほとんどない。これは、「性への興味関心の高い」「性について悩む」女性存在というものが、「ありえないもの」として排除されていく過程でもある。

　この後、一九九五年のオウム真理教による地下鉄サリン事件が起こる。オウム真理教は、教義や儀式、説法などをＳＦテレビアニメに負っていると指摘され[7]、事件を起こした幹部たちの「オタク的」発想が取りざたされた。これにより一時期オタクバッシングが再び盛んになった。しかし、ここでも男性が対象となっている。テレビのメディア上で、もっぱら発言をするのは男性幹部であり、女性幹部たちは「外見を気にしないオタク」とはまったく反対の姿でブラウン管に現れる。化粧をまったくしない、外見を気にしないように見える彼女たちは、むしろ清々しく楚々としておりＳＦアニメのヒロインをすら想起させる。（もっとも男性幹部たちもこざっぱりとした外見であり、過度に「オタク的」ではなかったのだが）。ここには、オタク的な活動は「語り、解釈する」主体である男性が担い、一方で欲望される客体として見目麗しい女性たちが存在するという、世間のジェンダーバイアスそのものの構図があった。

　これら三態のオタクバッシングを経て、「女オタク」はマスメディアでは語られることもなく、存在さえも忘れられていくのである。その一方で、発言し、解釈する主体であるテレビオーディエンスとして、オタクはよりポジティブな地位を獲得していく。

2・3　「誇りを持って自称する」オタクの登場

　先に述べたとおり、一九八八年から一九八九年にかけておこった「Ｍ君事件」を通じて、オタクのイメージはメディアに広がっていった。そのマイナスイメージを払拭するかのように、事件の後さまざまな論者がプラスイメージのオタクを語り、オタク文化が世界で通用するものであることが強調された。例えば、みずからを「オタキング」と称する岡田斗司夫は著書の『オタク学入門』の中で、オタクを次のように定義する（岡田 1996: 10,28）。

「進化した視覚を持つ人間である」
「オタクとは高性能のレファレンス能力を持つ人間」

これらの岡田の定義においては、主にオタクのテレビを見る能力が強調され、その映像記憶が縦横無尽に他の映像記憶やＳＦ知識とシンクロできるような能力こそがオタクの必須条件とされる。この定義においては、オタクが男性であろうと女性であろうとそれはまったく関係ない。それゆえ、彼の定義からオタクやオタク的なるものが、女性差別的であるとか、逆に女性差別的でないというような単純な結論を導くことは不可能である。

岡田によればテレビアニメの愛好家という条件だけではオタクと名乗る資格はない。愛好し、それについて解釈し語ることが重要なポイントとなる。オタクは、視覚的な能力を研ぎ澄ましたエリートであるというのである。岡田がオタクをプラスイメージで語ろうとした背景には、諸外国（北米や欧州）での日本アニメの愛好者の増加がある。諸外国でのオタクに対する態度は、「Ｍ君事件」「サリン事件」を経由した日本とは大きな違いがあるという。

「オタク」という語は日本では相当ネガティヴな含みを持ち、そう呼ばれることを喜ぶ日本の若者などはほとんどいないが、フランスやドイツ、アメリカではその限りではないのである。私もヨーロッパで、自分がオタク王国の住人であると胸を張って言う若者に数多く出会ってきた。かつてのヒッピー、パンク、テクノのように、オタクの勢力圏もいまや周知のものになったのだ。（Barral 1999）

また、アメリカ合衆国で出版された日本のアニメについての案内書には、ＯＴＡＫＵの項目があり、そこには「こんにち、世界中の愛好者たちは誇りを持って「オタク」と自称する」とある（Poitras 1999: 103）。その記述からはＯＴＡＫＵのジェンダーを探ることはできない。諸外国のオタクについてサイトをのぞいてみても、そこには、男性オタクと同じくらいの数の女性オタクの姿がある。テレビジョン・オーディエンスとしてのオタクから女性が消された日本とは違った姿が、そこにはある。

一方の極にバッシングがあり、一方の極に国際文化の担い手としてのオタクがある。バッシングを経由した日本のオタクは「男を僭称するオタク」となり、新奇な日本文化の享受者である世界のオタクたちは男も女も「オタク」と自らを称する。それも誇りを持って！

日本においてオタクという呼称が男性に占有されるのは

「外見を気にしない」女性、「性に興味関心の高い」女性という存在が、認知され得なかったからではないかと前節で論じた。「女オタク」は、「ありえない」「おぞましい」ものとして、メディアの埒外に排除されてきたのである。

では、本流であるはずの「男オタク」たちが「すでに自分はオタクではない」と苦く語るならば（そしてその現象が筆者の周りにのみ特殊に限定されたものでなければ）、テレビアニメのオーディエンスとしての「オタク」はどこへ行ってしまったのだろうか。

3 能動的なオタク——二次創作、ジェンダー、そしてオタクのラディカリズム

3・1 オタクカルチャーとその中心磁場としての「性」

オタクの二次創作（ここでは主に同人誌を中心に述べる）において、その主流を占めるのは「性表現」であると言っても過言ではない。もちろん、テキストベースの評論、複数作品のコラボレーション、ギャグや異なるエンディングを持つサイドストーリーものも少なくはないが、「性」にまつわる作品が最も多いことに異論はないだろう。その中でも、「男オタク」の同人誌に描かれる「性」はSM、ロリコン、スカトロなど多様性に富んでいて、さながらポルノグラフィの見本市の様相を呈している。それらの「ポルノ」的創作物は、マッキノンの定義に従えば、やはり「ポルノ」以外の何者でもないし、女性が客体化され物質化される表現の多くは、フェミニズムの立場から見ると、男性権力によって女性が抑圧されるという構図そのものであるといえる（Mackinnon 1987）。

マッキノンらの「反ポルノ」運動にはさまざまな議論もあり[8]、ここで、私はテレビアニメの二次創作における「ポルノ」的な表現の是非を問うことはしないし、したくない。むしろ、表面的な〈「ポルノ」的であるから悪である〉という見方を越えて、彼らの創作行為の意味を問いたいのである[9]。上に立った権威主義的なもの言いでなく、テレビアニメを愛好する者として検討できないかと思っている。

テレビアニメは十代の若年層を対象としているのだから、若者らの興味関心の中心にある「性」が、二次創作においても重要なテーマとなりうるという説明はわかりやすい。しかし、重要なのは彼らがどのようにテレビアニメを「性」の物語として解釈しているかであり、読み替えられた「性」の物語の構造である。

3・2 オタク的脱コード化

ホールのコード化／脱コード化の理論によれば、メッセー

ジは「構成の瞬間（コード化）から、それが読まれ理解される瞬間（脱コード化）まで、独自の決定因子とその存在の諸条件がある」（Turner 1996=1999: 116）とされる。メッセージ――ここではテレビアニメ――は、作り手によって構築されているのと同じように、オーディエンスに届くときもそこで構築されているのである。優先される支配的な読みがあっても、オーディエンスたちはそこに、より多様な意味を見出すことができる。

初期のテレビアニメにおいて作り手によってなされるコード化は、「子ども向け」という一言に集約される。すべてが「子ども」という存在に向けて作られており、なおかつ「子ども向け」と言いつつ、その実、「男の子向け」であった。もちろん、かなり早い段階で「女の子向け」というジャンルもできるのであるが、この時代（一九七〇年代初頭まで）においてアニメは子どものものであって、オーディエンスが独自の読みを提示する事態になかなかならなかった。微視的にみれば、子どもであっても支配的読みに対抗して、「交渉的」「対抗的」読みをしていたのかもしれないが、それらの「読み」が文化の表層に出てくることはなかった。

この後、初期のテレビアニメ世代が成長して、その世代をターゲットとしてもうひとつのジャンルが形成される。それが、中高生をターゲットとしたテレビアニメの数々である。「子ども向け」とは違い、テーマや表現がより複雑になっていく。たとえば、スポンサーから要請される形式として「勧善懲悪」「一話完結」「玩具提示（合体シーン、変身シーンの提示）」などがあるが、それらの表現形式はこのジャンルにおいては徐々に減少していく。

むろん、テレビアニメの世界において、「性」は基本的にタブーである。メインのオーディエンスが子どもにターゲットされているテレビアニメでは、「性」は存在しないもの、はじめから無いものとして扱われる。また、中高生向けのジャンルであっても、前面に「性」が出てくることは少なく、男女の恋愛の延長線上に「性」が存在することが示唆されているものもあるが、一部の例外とオタク自身が作った作品を除けば、そう多くはない。[10]

つまり、作り手によって（作り手自身が意識するにせよ無意識にせよ）、子どもは性行為から隔離されるべきであるという支配的な優先する読みの前提のもと、テレビアニメでは「性愛のない世界」「性愛の隠ぺいされた世界」が作られているのである。「性愛」が子どもに禁じられていることと、世界に「性愛」が存在しないことは、本当は別の次元の話であるが、それらは常に混同されているように見える。たとえば、評論家の大塚英志は「M君事件」に際して、次のように発言している。

たとえば、高橋留美子とか宮崎駿みたいなまんがが、なんでロリコン・マニアの性的陵辱の対象になるのかといったら、彼らの作品がイニシエーション的なものとか成熟みたいなものを主題として含みながら、あるいは性という問題を潜在的に持ちながらそれを巧妙に回避している。回避して、でもそのわりには宮崎駿が少女のパンツを見せたがるみたいな形で半端にちらつかせる。しかも見せながら性的な視点をタテマエとして拒否している（大塚他 1989: 206）。

そのようなタテマエに対して、オタクというオーディエンスは作り手のタテマエとは違う作品世界の解釈を持ち出す。彼らは、いたるところに「性関係」を見出し、「性愛」を描写していく。そのパワーは、まさに多型倒錯的であり、多様性に富む。

これは、テレビアニメの作り手の持つ規範意識とオーディエンスの解釈（脱コード化）とが異なっていること、オーディエンスが能動的にテレビアニメを解釈していることを、ひとまずは意味するとして良いのではないか。「性」が無い世界に「性」を読み込む作業は、人間存在に「性」が欠かせないものであるという前提を考えれば、実に根源的な（ラディカルな）行為であり、文化によって都合よく隠ぺいされた「性」を白日にさらすことになる。

例えば、ここに一冊の同人誌がある。[11] それは、長年テレビアニメで放映され、誰もが見知っている子ども向けのテレビアニメの人気者についての二次創作である。その人気者は、ロボットではあるが「オス」であり（ロボットにもジェンダーが存在する）、庇護者、知恵者としての男性ジェンダーを体現しているような存在である。その同人誌の中で、その主人公は、ペニスを持つ者として描かれている。そして、ポルノグラフィさながらに次々と性行為を行なうというのが、その同人誌のあら筋である。

無害な「オス」として子どもたちに提供されるキャラクターを、いったん「性」の視点から脱コードする。それによって去勢されていた主人公は、ペニスを取り戻す。実際のテレビアニメでは彼のペニスは絶対に描かれないし、その結果、彼は性的であることから一番遠いところに存在しているように感じられる。「自分の描いた同人誌の中で、一番好きな作品なんですよ」と作者の二〇代半ば過ぎの男性ははにかむ。そこで描かれるのは、男性性の去勢からの回復であり、「性」が隠ぺいされない世界である。

また、竹熊健太郎は、ロリコン同人誌のはじまりを次のように回想する。

だからこそ、上の世代（大人）に対する異議申し立てとして、たとえば手塚系統の可愛らしいキャラがセックスをしたり、カルピス名作劇場のハイジとかクララを強姦するようなパロディ・マンガが同人誌界で一世を風靡したと思うわけです。この際、あくまでそれは「大人社会に対する異議申し立て・反抗」が目的なので、実際そうしたロリコン・マンガに性的な欲望を覚えたり、ましてやオナニーするような行為は少数派だったはずです。（竹熊 2003: 107）

つまり、純粋に自分の性欲に奉仕するための「ポルノ」ではなく、大人世代への反抗としての政治的な意味を担わされたものとして、それらの二次創作は当初存在したというのである。

3・3 ラディカルなオタクの行き止まり

このように、オタクのテレビアニメの「読み方」は、テレビアニメの現状、ひいては現代文化に対してのアンチであったり「抵抗」であったりする。「性別」は存在するが「セックス」そのものは存在しないテレビアニメ世界へのアンチテーゼとして、ポルノグラフィックな同人誌を解釈することも可能ではないだろうか。そこでは、たしかに抵抗する主体としての能動的なオーディエンスが存在しているように見える。

しかし、ここで、ポルノグラフィックな同人誌はすべてが「反体制」であり「反権力」であるという能天気な図式をとるつもりはない。[12] 上記の例においては、去勢された男性性の回復が描かれているが、女性性についての構造はまた別のものである。もちろん、世の中にある同人誌は膨大なものであって、その全てを網羅したわけではないが、そのいくつかの傾向は非常に大雑把にまとめれば、以下のように整理することが可能であろう。

①キャラクターが性的に教育される
調教モノ、と言ってもいいかも知れない。ロリコンものにもよく見られる。無垢なキャラクターがターゲットになりやすい。②と混ざって、SM的ジャンルを作ることが多い。
②キャラクターが陵辱、攻撃される
これは、極端なものではキャラクターが性的虐待の末に最終的に陰惨に殺されたり、性行為の果てに妊娠したキャラクターをさらに虐待するなど。
③キャラクターが自分で行動する
キャラクターが、自らの性欲に忠実に行動する。異性キャラクターを誘惑したり、他の同性キャラクターとの性行為に耽ったりとさまざまであるが、明るくコミカルなタッチで描かれるものも多い。

もちろん、バリエーションはこれだけではない。さらに、これらの傾向が二つ以上重なるものも少なくない。（その点から見ても、これらの分類はまったく不備ではあるが）。

しかし、おおまかな点で言えるのは、これらのパターンが男女で力点が異なる点である。「男オタク」の描く二次創作において、登場する男性キャラクターには近年徐々に増えてきた「ショタ」などの男の子が対象となる①もあるのだが、やはり③の行動する男性のパターンが多い。が、女性キャラクターから見ると①②が多い。①や②（特に②）は、女性蔑視や女性への性暴力そのものであり、女性嫌悪（ミソジニー）が表出したグロテスクな作品もある。それらの女性への暴力というテーマは現実のポルノグラフィでもおなじみのものであり、多くのフェミニストたちが問題としてきた。「男オタク」たちは、テレビアニメの作り手の無害な「性」の世界を脱コードし、「性」のある世界を表現したはずだった。しかし、この過程において多くの二次創作が再び現実世界のポルノグラフィのコード――暴力や恐怖によって女性を物質化し、男性が優位に立つ構造――に囚われている。いったん「抵抗」したはずの「読み」が、性差別的な支配的コードに絡め取られていく。

ラディカルにテレビアニメ作品を脱コードするオーディエンスと、女性嫌悪を明らかにしハードポルノを描き続けるオーディエンスは同じ「オタク」（男）として共存している。そもそも同じ人物が、この二種の身振りで作品を描くことも多い。「性」に関してラディカルな解釈と表現をし、テレビアニメの「対抗的読み」を可能にする能動的なオーディエンスとして存在する「オタク」は、一方で、女性性へと攻撃を向け、テレビアニメの外部に存在するパワーポリティクスに従い、女性性を蹂躙するオーディエンスでもあり得る。[13]

3・4 オタクの越境――見る側から作る側へ

テレビアニメにおいて、「性」はタブーであった。しかし、テレビアニメに「性」を読み込む「オタク」たちが大挙として作り手へと越境していくときに、そのタブーも破られていったのではないだろうか。「性」が禁じられた世界に「性」を読み込むオタク的感性のままに、プロとして作品を作る側に回った人々は少なくない。たとえば、もともとはアマチュアとして活躍していた前出の岡田斗司夫は株式会社ガイナックスを設立し、アニメ、ゲームなどの名作を生み出すことになるし、実際にコミケットなどの同人誌即売会を見渡せば、商業誌で活躍する作家の多さに驚くだろう。この状況は、「受け手が作り手であり、作り手が受け手でもある。アマチュア活動のようでいて、ビジネスにもなっている」（大塚他 2001:

232）状況であるといえる。そして、驚くべきことに彼らは、オタクに受ける作品を創ることによって、テレビアニメ全体のコードを変容させていった。

そのひとつに、女性キャラクターが「性的存在」であることを示す指標「萌え要素」（東 2001: 66, 67）をはめ込むというやり方がある。（もちろん、逆になんでもない場面から「オタク」が「萌え要素」を析出するということもある）。その「萌え」は、「オタク」やオタク的な感性が理解できる人間でないとわからないようになっているのである。その結果、子ども向けの作品であっても、その指標があればオタクたちは直ちにその作品から「性」を脱コード化することができるようになる。「萌え要素」は、基本的にアニメ製作者たちと「オタク」オーディエンスに共有されている。たとえば、セーラー服にメガネと三つ編みという外見には特定の「萌える」人びとがいて、その人たちに対して、作り手は効率的にそれらの「性的メッセージ」を届けることができるのである。

オタクがオタクのためにテレビアニメを作ることによって、作り手のコード化は二重にオーディエンスに差し向けられることになった。ひとつは、本来のオーディエンスである子どもや普通の見方をする人たちに向けて、もうひとつは作品を「性愛の物語」として解釈するオタクたちに向けて。

典型的な例として、九〇年代のオタクシーンを飾った『美少女戦士セーラームーン』（一九九二年）がある。この作品は、小中学生の女児を対象としたものであり彼女たちの絶大な支持も得ながら、随所に埋め込まれた「萌え要素」によって「オタク」たちの心をがっちりと掴むことになった。それらの「萌え要素」が原作者による意図的なものかどうかは、ひとまず置いておこう。少なくともテレビアニメ版では、「オタク」受けするような演出が随所にされており、多くの「性」をテーマとした二次創作を生んだ。

『美少女戦士セーラームーン』は、多くの女児のオーディエンスをも獲得し、彼女たちの熱狂的な支持を受けた作品でもある。女性キャラクターの多様さ、女性同士の友情が描かれ、シリーズが進むに連れて「戦士」のジェンダーが霍乱される。その点をフェミニズムの視点から評価することもある（山口 1997）。また、女児のオーディエンスたちが得たメッセージも、性愛を含むエロティックなものであった可能性もある（藤本 1997）。この『セーラームーン』を大きなきっかけとして、異性愛の性表現のメッカであった男「オタク」の牙城が崩れることになるのだが、それは、なるほど了解できるのである。

3・5 「女オタク」の越境

表舞台からいったん消されてしまった「女オタク」だが、

前出のように一部の彼女たちは、少女マンガを愛好する層と重なり、その多くが「やおい」となってオタクたちとは別に独自の活動を続けてきた。また異性愛にこだわる一部の「女オタク」は男オタクの周囲で、ポルノ的二次創作のひそかな読者として存在していた。[14]その彼女たちが、『セーラームーン』をきっかけに「男オタク」とある種の相互乗り入れを果たすこととなった。もともと男性同性愛を描き、オタクたちとは異なるテレビアニメ作品を対象としていた「やおい」たちであるが、『セーラームーン』を対象として描かれるのは、男性同性愛ではなく「女性同士の同性愛であったり、異性愛であったりする」[15]（小林 1999: 208）。

さらに、このときと前後して、男性向けジャンルへの女性たちの越境がはじまった。当時、コミケで[16]男性向け人気サークルの長い列にポツポツと女性の姿が見受けられるようになったという。また、男性向けブースで異性愛ポルノ的な同人誌を自ら描きそれを売る女性の姿も見られるようになった。

そもそも、テレビアニメブームを牽引してきた作品のほとんどが「男性向けSFアニメ」であることを考えると、そのオーディエンスである女性ははじめからジャンルを越境していたことになる。[17]ほぼ男性のスタッフによって男性（男児）のために作られたテレビアニメを、女性オーディエンスが楽しむために取った戦略は「女性としての主体性を否定」し、男性キャラクターと同一化することであったのかもしれない。当時、一九八〇年代に入っても男児向け作品に登場する女性キャラクターは数少なく、ステレオタイプであまり魅力的でなかった。女性が自己と同一視できる女性キャラクターは圧倒的に不足していた。多くの論者が語るように、女性が女性自身の「性」を語ることには、まだ多くの人が抵抗を感じていた時代でもあり、また女性が「性の対象として客体化される痛み」に直面せずにすむ男性同性愛は、迂遠ながらも「性」への一つのステップだったとも言える。そう考えれば、テレビアニメのオーディエンスであった「女オタク」が二次創作における性表現を求めて男同士の「やおい」へと雪崩をうったことは不思議なことではない。こうして、女性のテレビアニメ愛好家たちの二次創作は、少女マンガから派生した「やおい」と合流することによって「女オタク」から「やおい」へ、そして男性向けジャンルへと軽々と越境しながら拡大していった。[18]

この男性向けジャンルへの「やおい」の拡大過程を小林義寛は、次のように指摘する。

しかし、『セーラームーン』以降、「やおい」を経た女性ファンは、そこにも「やおい」の手法を導入する。それにより、メディア・テクストに暗示される男性中心主義、異性愛主義への疑いの眼とともに、女性ファンは女性の快楽の肯定へと至る。そして、それらは、女性による表現の革新とともにおこなわれる。（小林 1999: 212）

そこには、「性」に対して能動的な表現を獲得した女性オーディエンスの姿がある。「やおい」が誕生してからやはり二十年近くになる。男性（男児）向け作品に傾倒し、男性同性愛を自身の手で創作するという迂遠な道のりを経て、「やおい」は、女性による女性のための「性」表現を手に入れたのかもしれない。もちろん、たくさんある二次創作の作品の中には、男性のミソジニーをそのまま引き写しただけのものや、男性の視線を内面化した性差別的なものもある。しかし、女性が自らのために「性」を中心に据えて、「性」を楽しむための作品を作るという分野は、現実にはそう多くはないことを考えれば、私はここに一つの女性の性表現の可能性をも見てしまうのである。

4 オタクの今

4・1 テレビアニメブームとその終わり

テレビアニメブームは九〇年代の『セーラームーン』、『新世紀エヴァンゲリオン』という二作品を最後に沈静化している。というのも、「オタク」といわれる人びとの関心が、テレビアニメやマンガからゲームに移っていったからだ。「美少女ゲーム」や「ギャルゲー」と呼ばれるジャンルの、パソコン上で遊ぶソフトが二次創作の対象となり、二次創作自体も「同人マンガ」だけでなく「同人ソフト」が増えてくる。

テレビアニメではメガヒットと呼べるものは、これらの二作品以降出ておらず「テレビアニメは毎週、一応チェックしている」「気になるのは全て録画している」という人であっても、オタク的活動は、美少女ゲームを軸に行っている人が多くなった。美少女ゲームはその商品単価が高く、女性オーディエンスの参入が少ない分野である。『セーラームーン』以降、男性向けジャンルに参入した女性たちもさすがに美少女ゲームを対象とした二次創作に進出する数はまだそれほど多くはない。

そもそも、なぜ、女性たちがテレビアニメに熱狂したのか。テレビ（アニメ）は、簡単に男女のジャンルを超えてアクセスすることのできる平等なメディアだったからではないだろうか。マンガ雑誌を購入すればコストが発生するし、異性向けの雑誌を購入するのが難しい場合もある。女性が男性向けの（男性が女性向けの）マンガ雑誌を手軽に読める環境があれば良いが、身近に異性の購入者がいなければ、アニメブームの七〇年代後半当時、それはなかなかに難しいことであった。テレビはアニメに限らず、スイッチひとつで楽しむことができる。男女というジャンルに不自由を感じていた女性たちが自由に越境できたのは、それがテレビ（アニメ）であったからかもしれない。

本題からはそれるが、かつて、都市部と地方の情報格差もテレビではそう大きくなかった。都市部より数週遅れとか、都市部での番組が地方で見られないという情報格差は多少あるとしても、基本的な情報は、都市部でも地方でも同じだった。その番組を集中して観察し、「進化した視覚」を持つという「オタク」の岡田斗司夫の定義（二節）を額面どおり受け取るならば、地方にいる人間にハンディはあまりない。女性であろうと、男性であろうと、いかにテレビアニメの情報を細分化して記憶にストックしておくか、がカギになる。

それに対して、いま、オタク文化でメインとなりつつあるゲームは、オーディエンスによる性別の越境がより難しいものなのである。コスト単価の高いゲームは、簡単に女性が楽しめるものではない。一部を除いて、ほとんどの女性はそれらのゲームとはあまり縁がないのである。

アニメからゲームへという九〇年代後半からの流れはいまや疑いようのないものとなっている。同人誌の多くが、テレビアニメでなく美少女ゲームを素材にしており、テレビアニメはオタクカルチャーの中心から撤退しようとしている。それでは、美少女ゲーム（やゲーム一般）において、テレビアニメを題材としたジャンル（『セーラームーン』など）のように女性が参入する可能性はあるのだろうか。

前出の「萌え要素」をとことんまで詰め込んで作られたゲームは、作り手の持つコードとオーディエンスのコードはことごとく一致する。オーディエンスとしての「オタク」はメディアを越境することもなく、過剰な読み込みをすることもなく、楽々と「性」の物語を享受しているように見える。（もちろん、「性」の物語が成り立つためには、擬似恋愛のための装置である「泣かせる」要素――トラウマティックなキャラクター設定など――が必要であるのだが）。

今まで概観したように、越境と過剰性が「オタク」の（そして、「やおい」の）エネルギーの根源であったとするならば、越境の必然性が欠けている美少女ゲームにはテレビアニメほどのパワーがあるだろうか。能動的なオタク的読み替えを身上としてきた二次創作の世界は、今後どうなっていくのだろうか。もし、「やおい」の人びとが越境してくるならば、事態は相当に面白くなりそうだ。しかし、誰にでもアクセス可能なテレビアニメとは違い、それにはさまざまな困難があるだろう。テレビは、性によって分断された日本文化において、性別を越えて自由にアクセスできる数少ないメディアなのであるから。（もっとも、マンガにおいては性による分断を越えて、少年マンガを愛好する女性、少女マンガを愛好する男性など少なくない）。「男オタク」のユートピア、美少女ゲームが、新たな解釈によって脱コード化されるとき、オタクカルチャーはよりスリリングなものとなっていくかもしれない。

4・2　今日オタクとは誰か

「自分はオタクではない」「かつてはそうであったが、今は違う」という言い方の背景には、前節で見てきたように、主流となるジャンルの変化が一つの要因であるようだ。もともとテレビアニメを偏愛し、テレビアニメの二次創作に燃えていた彼らは、美少女ゲームにも熱中しながらも、どこか覚めている。また、オタクが持つべき基準を自分はクリアできないという意識や、「オタク」という言葉自体が特別な一部の知識人によって語られているという疎外感があるのだという。

前者は、オタクのはじまり以来ずっと意識されてきたことで、オタクという語は「他者との永遠のライバル関係に由来している」（Barral 1999=2000: 149）。どちらがよりたくさんの情報や知識、モノを所有しているか。それによってどちらがより「オタク」なのかが決まる。だからオタクとは、関係性の中でしか決まらない呼称なのかもしれない。ある人よりはオタクだが、ある人よりはオタクでない――オタクを正しく自称するには、そのような他者とのヒエラルキー的な関係のなかで自分を定位するしかないのだ。仮構の「オタキング」[19]を頂点に、個人が知識や「所有物」によって階層化される仕組みを、オタクたちは内包していった。その階層構造は、より複雑になり緻密化していく。そのヒエラルキーは結果、「所有」せざるものをオタクから排除していく構造を生み出す。また、評論家の永山薫は「オタク」存在の定義不可能性について次のように述べる。

名づけるべきトライブなどはどこにも存在しない。存在するのは個々のオタクを自認するオタクと、他者からそう呼ばれるオタクと、オタクであることを否認するオタクと、無意識のオタクが形作る曖昧模糊としたクラスターであり、そこに境界線を引くことはできない。（永山 2003: 248）

そして、女性たちが大挙して男性向けジャンルの二次創作に関わることになったいま、オタク的活動は男性の専売特許ではなくなった。テレビアニメの二次創作は、「性」の表現に女性が主体的に取り組む場でもあるのだから。「オタク」の真骨頂が「性」にまつわる二次創作であるとすれば、それは男性のみに占有されるものでなくなったのである。女性を「オタク」とは呼ばないという、その含意の中に、「性」から女性を遠ざけようとする意図が見え隠れすることは前述した。いまや、同性愛、異性愛にこだわらず「性」を描こうとする女性の存在がある。

テレビアニメというジャンルの衰退とともに、美少女ゲームへと移行した「男オタク」たちは、テレビアニメの「ラディカルな読み替え」「抵抗や異議申し立てのための読み替え」から、商業的に用意された美少女ゲームの物語をなぞるという形に収束しつつあるように見える。能動的なオーディエンスとしての「オタク」は、確かに衰退しているのかもしれない。

5　まとめにかえて――そして「オタク」はいなくなったのか

いままで見てきたように、「オタク」というカテゴリーは、マイナスイメージからの回復をめざす過程で「誇りを持って自称する」ためのプラスイメージを発見してきたはずであった。一方で、彼らは、子ども向けテレビアニメに隠ぺいされた「性」を暴き、テレビアニメのキャラクターを欲しいままに陵辱してきた。それらには、「性」に対するラディカルさと女性嫌悪という二面性があった。

そして、今日、だれもがアクセスできるテレビアニメから、オタクカルチャーの中心が美少女ゲームへと移行しつつある中で、「オタク」というオーディエンスは徐々に変容している。だれにでもアクセスできるテレビアニメを対象に、だれでも「オタク」として存在できた幸せな八〇年代、九〇年代を抜けて、美少女ゲームの閉じられたコミュニティから「オタク」はどこへいくのか。「オタク」同士の厳しいヒエラルキーによって疲弊し、知識人によって振りまかれる「オタク」イメージから疎外されながら、一部の「真正オタク」だけが残るのだろうか。

さらに、「女オタク」が集団から排除され不可視のものとされてきた理由は、「女である」ことと「性表現」との関係を社会が受け入れられなかったからだとするならば、いま、それは徐々に受け入れられ始めている。ただ、もう「女オタク」というカテゴリーは必要ない。男性同性愛に固執しない彼女たちは「やおい」ですらないといわれることがある。しかし、「オタク」でなくても「やおい」でなくても、「性」を表現することは可能だし、何と呼ばれようとも彼女たちはその表現を手中に納めつつある。

諸外国のOTAKUたちの無邪気な仲間意識とは裏腹に、対立的で競争的な日本の「オタク」たち。彼らは、八〇年代、九〇年代能動的なテレビ・オーディエンスとして、活発に活動を繰り広げた。その結果、テレビアニメオタクは、いつのまにか自分たちのコードがテレビアニメの作品中に「萌え要素」として表現されていることを知るのである。かつて

「性」を読み込むことは対抗的な読みであった。しかし、美少女ゲームが主流となる現在、「性」を読み込むこと自体が要請される支配的な読みであり、そこには能動的オーディエンスとしての「オタク」は存在しない。

今でもアニメが好きだし、同人誌を買っているという友人たちが「オレはオタクじゃない」と口を揃えて言うとき、私はそこにかつてのテレビアニメ全盛の時代を知る者の郷愁だけでなく、多様で対抗的な読みで性的表現に挑んできた人びとの時代への違和感を感じ取る。時代は、もはや多様な対抗的読みなど必要としない。レデイメイドの性愛の物語として、美少女ゲームの多くが提供されているからである。

能動的な解釈をするテレビアニメオーディエンスのことを「オタク」と呼んだ。その意味では、「オタク」というカテゴリーは二十周年で、その使命を終えたのかとも思う。

いや待てよ。

ことさら「オタク」「やおい」と呼ばなくても、呼ばれなくても、私たちの生活の基層にテレビがあることは自明のことである。そして、その中で幼いころから共同の体験としてテレビアニメの体験を持つ私たちには、テレビアニメこそが「想像の共同体」である。敢えて「オタク」と自称しなくても、私たちは子ども向けテレビアニメの「性」のない世界にも違和感を覚えていたのではなかったか。かつてのリアルな共同体で「性」が口伝され教育されたのと同じように、「想像の共同体」であるテレビアニメのなかに「性」を嗅ぎ取り、それについて議論し表現することで「性」を身近に引き寄せたのではなかったか。

今日でも、人は美少女ゲームよりもテレビアニメに簡単にアクセスできるし、より多くの人々がテレビアニメを見ている。たぶん、テレビアニメよりも先に美少女ゲームに接するという人は皆無だろう。オタクカルチャーの中心が美少女ゲームに取って代わられて、「オタク」＝美少女ゲームの愛好者、二次創作をする者と定義されるようになったとしても、テレビアニメの能動的なオーディエンスとしての「オタク」、そして「やおい」の役割はまだ終わってはいないのではないだろうか。

注

1 なお、さまざま論者によって「オタク」「おたく」「おタク」などとさまざまに表記されるが、本章では英語の**otaku**を意識した言い方として「オタク」に統一して論じる。近年の論者は「オタク」を使う傾向が強い。

2 やおいとは、「やまなし、おちなし、意味なし」のことといわれ、一九七九年ころから使われているが、オタクという言葉に比してマスメディアで使われる頻度は低い。ここでは、やおいについて詳しく言及しない。ただ、彼女たちが八〇年代のテレビアニメを題材に活動を繰り広げ、いまや一つのオリジナルな小説ジャンル(「ジュネもの」「耽美」「ボーイズラブ」など)を作り上げるほどの一大勢力になっていることは指摘しておきたい。

3 男性は身なりに構わなくても「男を捨てる」とは言われないが、女性は「女を捨てる」という表現がなされることからも、その厳しさは推察できる。

4 ロリータ・コンプレックスの略だが、日本的文脈で使う場合、もともとのナボコフの小説のロリータとは意味合いが異なる場合もある。

5 朝日新聞一九八九年八月十一日。もっとも、新聞報道の中で、直接にMをオタクとして断罪するような記述は見当たらないが、アニメ、ホラービデオ、ロリコンビデオの三つを彼の人格とともに記述する記事は多い。

6 朝日新聞一九八九年八月一四日。

7 朝日新聞一九九五年四月二四日「共通語はSFアニメだ　オウム真理教式発想のカギ」。

8 マッキノンに対する議論については、(塚本晴二朗 1996)に詳しい。

9 もちろん、「ポルノ的であるから、悪である」という立場の言説も無意味ではない。

10 一部の例外のひとつとして、初めて「子ども向け」の支配的コードを破った富野喜幸(現・由悠季)の『海のトリトン』(一九七二年)をあげておく。この作品は手塚治虫の持つコードを富野が「対抗的読み」によって解釈しなおした作品であるとも読むことができる。特に、最終回は興味深い。この辺の詳しい事情は、(大塚英志+ササキバラゴウ、2001)。

11 子ども向けのテレビアニメ作品をポルノ的にアレンジして発表した同人誌が、製作会社に告発された経緯があり、ここで作品名、作家名など詳細を述べることはしない。

12 ポルノグラフィと「反権力」の関係に関しては、(浅野 2003)を参考にした。

13 精神科医の斎藤環は、オタクたちの好む「戦闘美少女」は、オタクたち自己のペニスが投影されたフェティッシュであり、現実の女性存在とはまったく関係のないものだという(斎藤 2000)。これらは一定の説得力を持つが、同じ「戦闘美少女」にはまる女性心理には応えてくれないし、オタクたちが「戦闘美少女」(=自己のペニス)によって女性を陵辱するポルノを表現していくことを全面的に免罪するわけではない。

14 「ヤオイ」の変遷については、(西村 2002)を参照。

15 この(小林 1999)には、やおいの人びとが『セーラームーン』という作品をどのように取り上げたかについての詳細な議論がある。

16 同人誌即売会、コミケットの略。

17 テレビアニメブームを引き起こした作品として『宇宙戦艦ヤマト』(一九七三年)、『機動戦士ガンダム』(一九七九年)『新世紀エヴァンゲリオン』(一九九六年)など。

18 もちろん、これは一部の人々の傾向を示したのみであって、「やおい」全体について説明するものではないし、男性同性愛の表現に真摯なこだわりを持つ人々もいる。また、この『セーラームーン』以降の作品では『少女革命ウテナ』(一九九七年)など質、量ともにグレードアップした男女の二次創作の対象となる作品が出現している。

19 「自称オタキング」の岡田斗司夫個人を指して言うのではない。ここでは、オタクの中のオタクを指す。

文献

浅野千恵(2003)「女性に対する性暴力の一形態」、『現代思想』第三一巻一号、一七四頁―一八四頁

東浩紀(2001)『動物化するポストモダン　オタクから見た日本社会』講談社現代新書
Barral, Etienne(1999) *OTAKU Les Enfants du Virtuel*, Editions Denoel=新島進訳(2000)『オタク・ジャポニカ』河出書房新社、七頁
藤本由香里(1997)「女の子の欲しいものがなんでも詰まったセーラームーンの神話と構造」、『別冊宝島330　アニメの見方が変わる本』宝島社、六八頁―七〇頁
小林義寛(1999)「テレビ・アニメのメディア・ファンダム――魔女っ子アニメの世界」、伊藤守編『テレビジョン・ポリフォニー――番組・視聴者分析の試み』世界思想社、一八二頁―二一五頁
Mackinnon, C, A.(1987) *Feminism Unmodefied: Discourses on Life and Low*, Harvard University=奥田暁子・加藤春恵子・鈴木みどり・山崎美佳子訳(1993)『フェミニズムと表現の自由』明石書店、四四〇頁
永山薫(2003)「越境する蜜蜂」、東浩紀編著『網状言論F改』青土社、二四三頁―二五六頁
中森明夫(1983)「「おたく」の研究」『漫画ぶりっこ』一九八三年六月号(quoted from http://www.geocities.co.jp/Playtown-Bingo/1049/people/otaku01.html)
中島梓(1991)『コミュニケーション不全症候群』筑摩書房
中島梓(1998)『タナトスの子供たち』筑摩書房
西村マリ(2002)『アニパロとヤオイ』太田出版
岡田斗司夫(1996)『オタク学入門』太田出版
大塚英志、中森明夫他(1989)『Mの世代　ぼくらとミヤザキ君』太田出版
大塚英志＋ササキバラゴウ(2001)『教養としての〈まんが・アニメ〉』講談社現代新書
Poitras,G.(1999) *The Anime Companion*, Stone Bridge Press ,pp.103
斎藤環(2000)『戦闘美少女の精神分析』太田出版
竹熊健太郎(2003)「オタク第一世代の自己分析　あくまで個人的立場から」、東浩紀編『網状言論F改』青土社、一〇一頁―一一四頁
塚本晴二朗(1996)「ドゥウォーキン―マッキノン理論と反センサーシップ派フェミニスト」『マス・コミュニケーション研究』NO.49 七一頁―八一頁
Turner, Graeme(1996) *British Cultural Studies: An Introduction Second Edition*, Routledge=溝上由紀・毛利嘉孝・鶴本花織・大熊高明・成実弘至・野村明宏・金智子訳(1999)『カルチュラル・スタディーズ入門　理論と英国での発展』作品社
山口佳代子(1997)「男装する「美少女戦士」――異性装のキャラクターから見るアニメ『セーラームーン』」、『女性学年報』18号、七一頁―七七頁

7

「天皇の逝く国」のテレビとオーディエンス

小林直毅

はじめに

多くの読者がすぐに気がつくように、この章のタイトルは、一冊のすぐれた著作の書名を借用している。N・フィールドの『天皇の逝く国で』(*In the Realm of a Dying Emperor*)である。総頁数三五〇頁ほどのこの書物は、一九八〇年代にこの国に暮らした人びとが経験したさまざまな事柄の、一九八八年の後半に現れた集約形態を、きわめて高密度で、しかも細密に描き出して余りある。それはまた、一九八〇年代におけるテレビというメディアとオーディエンスを取り巻く風景であり、この国のテレビ・オーディエンスの被構築性の特徴と、歴史的特性をとらえた「風景画」としては、これに優るものは少ない。自らを「太平洋の上に宙吊り」になっているという彼女が見た「天皇の逝く国」の風景は、経済の低成長を経験した後に、かつての高度経済成長も凌ぐ経済的繁栄と、それを可能にするために惹起された日常生活のさまざまな引き攣りや、棚上げにされた歴史の記憶をカレイドスコープのように表象している。

まず、フィールドが注目するのは、一九六〇年代の経済的繁栄を描いた景色とは異なる、この風景の一方の側での多彩さである。都心の景観は見るたびに変化し、店先に並ぶ野菜や果物の色彩も、四季に応じた変化にはとどまらない多彩さを競い、新東京国際空港はさまざまな地域への旅行客であふれ、すぐそこのテーブルの上には、凝った包装のコーヒー、紅茶用の一カップ分の砂糖が並び、行き交う人たちはヨーロッパのブランドの品々を身に着け、街路には家の買えない金持ちのための高級車が走り、家のなかには、毎朝のシャンプーのために特別にデザインされた洗面台が据え付けられる。

フィールドの眼差しは、こうした風景をとらえながら、しかし、そこには他方で、規律の強制と、それへの服従が貫徹していることも見逃さない。全国一律にやってくる仕事と通勤からの解放としての年末・年始とお盆の旅行が、窮屈なアパートや「ローン地獄」のつつましい持ち家からの、場面転換を求めての脱出であり、強制されたレクリエーションであること。通勤という電車の旅や、酒とゴルフという義務的社交に奪われる「自由」時間。望ましい学校へ進学するために、長期にわたって母と子に強いられる期待と受験勉強と塾通い。

この風景画のモチーフは、「多彩さ、自由、規律」であるといえよう。そして、それは次のような基本的な構図で描かれているのである。

規律への服従と自由の満喫という奇妙な組み合わせは、消費の領域で効力を発揮しつづけるだろう。というのも、一つには、ますます強まる日常的犠牲を正当化しているのは、明らかにその犠牲で可能となった豊かさであって、そのことはまた、豊かさの水準を絶えず上げてゆかなければならないことを意味するからだ。もう一つには、成人男女にも子どもにも負わされたきびしい日常体制は、規律を維持し、なおも不必要な品々を生産しつづけるためにこそ、まさに必要不可欠だからである（Field 1991=1994: 30）。

じつは、一九八〇年代におけるテレビというメディアとそのオーディエンスも、こうした構図の上で、「多彩さ、自由、規律」というモチーフで描くことができる。一九八三年に「テレビ三〇年」を迎えながら、マスメディアとしてのテレビの終焉を迎えたかのような雰囲気にあったのが、一九八〇年代であった。「テレビ三〇年」は同時に、メディア環境の中心的な位置からのテレビの離脱が宣告され、テレビに代わる多彩な「ニューメディア」の台頭が、さまざまな期待を込めて語られ始める転換点となったのである。

しかし、そうしたさまざまなかたちでの、テレビというメディアへの「終焉宣告」にもかかわらず、今振り返ってみると、このメディアはこの時期に、相当程度に際立った変容を遂げながら、したたかに命脈を保っていた。そこでは、テレビそれ自体も、テレビを見ることも、そしてテレビ・オーディエンスも、「多彩さ、自由、規律」というモチーフで構築していくディスクールが、確実に編制されていたのである。今日、振り返ってみると、「天皇の逝く」ときに顕現した、こうした多彩さの狂乱と陰鬱な規律への服従をもたらすディスクールは、一九八〇年代という時代をとおして編制されつづけ、それによって「新たなテレビ・オーディエンス」を構築しながら、「天皇の逝く」ときの準備を進めていたかのようにさえ思われるのだ。

1　「テレビ三〇年」期のテレビの風景

『おしん』に見るバブル経済と新しいオーディエンスの予兆

「新たなテレビ・オーディエンスの登場」というディスクールによって、テレビ・オーディエンスが構築されていったのが、一九八〇年代にほかならない。この「新しい」オーディエンス像は、たしかに一方では、視聴者調査の知見などから構成されていたが、他方では、当時顕在化したテレビ番組の変容と、それをめぐるさまざまなディスクールによっても構築されていた。とくに、「テレビ三〇年」を迎えた一九八三年から一九八五年までの短い期間には、視聴率の高さというかたちで現れたポピュラリティであったとはいえ、それによって、テレビ史にエポックを画する番組や、あたかもテレビ新時代の到来を告げるかのような新手の番組が登場した。こうしたテレビ番組のポピュラリティや目新しさは多元的な現れ方をしていて、しかも、それらが、ドラマ、報道、あるいはバラエティといった、ほとんどのジャンルの番組に現れていた。さらに、たとえば番組編成のような局面においても、この時期には新たな変化が生じていたのである。ここでは、しばらくの間、このわずか三年ほどの間のこうしたテレビ番組の変容のそれぞれについて、その典型とされたいくつかの番組をとりあげながら、どのような変化であったのかを検討してみることにしよう。

テレビドラマでは、何といっても、一九八三年のNHKの「連続テレビ小説」として、一年間にわたって放送された『おしん』が、全期間の平均視聴率が五〇％を越える驚異的な数値であったということで、特筆されるべきであろう。一九七五年以来、「連続テレビ小説」は半年ものになっていたが、この『おしん』は一年間の連続もので、ヒロインの「おしん」の生涯に応じて、最初は当時子役であった小林綾子が、次いで田中裕子が、そして最後に乙羽信子という三人の主演女優がその役を演じ分けた。この連続ドラマは、山形の極貧の農家に産まれた「おしん」が、奉公に出され、苦労を重ねながら戦争も体験し、戦後はスーパー・マーケットの経営者になっていくという、橋田寿賀子の脚本による明治、大正、昭和を生きた女性の一代記であった。七〇年代後半以降の「連続テレビ小説」が、ヒロインの爽やかさを中心的に描くものが多かったのとは異なり、この『おしん』のストーリーは、むしろ、かなり古典的であったといえる。

まず、こうしたストーリーの特徴について考えてみよう。脚本を書いた橋田寿賀子は、この『おしん』が、貧乏に耐えるだけではなく、そこから抜け出そうとする物語であって、オイルショック以来の反省から、一九八三年という時代にあって、何が欠如していたのかをメッセージとして送っていたと語っている。また、この番組のプロデューサーであった小林由紀子も、明治から昭和までの日本経済の成り立ちを、女性の身体を借りて描くことが『おしん』の抽象的なテーマであって、「おしん」の生涯の境遇のなかに日本経済の発展を埋め込んでいったともいう。[1] つまり、こうしたドラマ制作＝生産をめぐる談話からすれば、このドラマでは、日本社会の発展史、あるいは日本経済史を、「おしん」という女性の生涯をつうじて「絵解き」することが目論まれていたのである。

もう少し別の見方をして、このテレビドラマの制作を、テレビテクストを生産するディスクール的実践とみなすなら、それは次のような試みとして展開されていたといえよう。すなわち、『おしん』を制作することとは、このドラマの登場人物、その台詞や演技、あるいはセットやロケーションの風景などによって表現される意味としての出来事を、日本の近代化としての経済発展と、それを支えた貧困からの脱却を目指す生き方といった意味へと方向づけ、収斂させようとするディスクール的実践であったのだ。一九八〇年代前半というこの時期に、長年つづいてきたNHKの「連続テレビ小説」というテレビテクストの生産をつうじて、経済発展とそれを可能にする生き方をポジティヴに志向し、さらに、それらを生活の豊かさとも結びつけようとさえするディスクールが編制されていたことに、ひとまず注目しておく必要がある。

数多く寄せられた『おしん』にたいする反響は、こうしたドラマ制作をつうじて編制された、いわば「送り手」的なディスクールと少なからず共有可能な、自らの生涯で体験してきた苦労を重ね合わせながら視聴していたオーディエンスが多かったことを示している。[2] そうした点では、『おしん』を視聴するというテレビテクストの消費としてのディスクール的実践においても、このドラマのさまざまな光景によって表現される意味としての出来事は、貧困の克服であるとか、それによる経済的豊かさといった意味へと方向づけられていたと考えられる。すなわち、こうしたテレビテクストの消費においても、苦労をしながら貧困からの脱却を目指す生き方や、それが可能にする生活の豊かさと日本の経済発展といったディスクールが編制されていたのである。一九八〇年代前半にあって、一年間にわたって放送された「連続テレビ小説」の『おしん』というテレビテクストの消費においても、貧困を乗り越える生き方と、それがもたらす生活の豊かさと経済発展を志向するディスクールが編制されていたことに注目する必要があろう。

こうして、『おしん』の制作、視聴のいずれにおいても、その後の、「バブル経済」とよばれた経済発展期へと連なっていくような、一九八〇年代前半というこの時代を特徴づけるともいえるイデオロギー的ディスクールが編制されていたのである。そしてそれと同時に、「新たなテレビ・オーディエンスの登場」を告知するかのようなテレビの見方もまた、このテレビドラマのポピュラリティの特徴から示唆されるようになったのである。つまり、一方で、テレビテクストの可能的に多層的な意味を方向づけ、収斂させていく、社会経済的なイデオロギー的ディスクールが、『おしん』の制作をつうじても、視聴をつうじても編制されていくなかで、他方で、同じドラマのさまざまな魅力や面白さが、それを視聴するオーディエンスの特徴とも結びつけられようとしていたのである。この点にこそ、テレビ番組をめぐって形成されたポピュラリティの多元性と、「新たなテレビ・オーディエンス」像との、一九八〇年代という時代に現れたディスクール的な被構築性の特徴が見出される。

高視聴率番組といえども三〇％を越えることがなくなるなかで、『おしん』が稀にみる高視聴率となり、その視聴はもとより、さまざまなシーンや台詞が日常生活のなかで参照、引用されたり、ドラマの舞台となった地域が注目されたりしたことから、そうした一連の現象を指して「おしんドローム」といった言い方がされた。しかし、こうした現象のなかでは、このドラマの制作過程と視聴過程との間で共有されディスクールの編制には、到底つながりそうもないテレビの見方も繰り広げられていた。たとえば、ドラマのなかで、貧しかった「おしん」の子どものころには、それを食べるのもやっとであった「大根めし」が流行語になったり、その試食会が開かれたりするといった事態まで生じた。[3] そのとき、人びとは、自らが生きている「今、ここ」の状況をめぐって、戦前の極貧の農村とは大きな隔たりがあるという点で、少なくとも、幾ばくかの物質的な豊かさだけは感じ取っていたにちがいない。そして、そうした一九八〇年代の「豊かさ」とのコントラストによって、この「大根めし」のように、コノタシオン（共示）として「貧しさ」を意味する記号性を帯びた言葉や映像が、『おしん』を見ることで生み出されたのである。

また、脇役として出演していた泉ピン子、伊東四朗の演技が注目されたり、当時のテレビでは新人同様であった渡辺えり子が、ヒロインの「おしん」をいじめる役柄を演じきったことで人気が出て、注目されるようになったりもした。[4] このような『おしん』の面白さをとらえたテレビの見方は、けっしてストーリーだけに吸収され尽くしてしまうことなく、俳優の演技や個性を「目利きする」見方であるとみなされ、そうした見方から、いわばテレビに「熟練」したオーディエンスの登場が示唆されたのである。すなわち、このような見方は、このドラマの制作をつうじて編制されるディスクールに方向づけられることのない独自のディスクール的実践ととらえられ、このようにしてテレビテクストを消費するオーディエンス像が想定され、構築されるようになった。とりわけ、『おしん』が、「時計がわり」と揶揄されるほどに習慣化された見方や、「ながら」視聴をされる代表的な番組である「連続テレビ小説」であったがゆえに、このようなさまざまな見方が、「新たなオーディエンス」像を示唆するものと考えられたのである。

かくして、たしかに一方では、『おしん』を見ることによって、あたかも「バブル経済」という経済発展を準備するかのようなイデオロギー的ディスクールを編制し、テレビテクストの多層的意味を方向づけるオーディエンスが想定され、構築されていったといえよう。しかし、それと同時に、同じ『おしん』を見ることから、あたかも、「バブル経済」という経済発展の前奏であるかのように、当時の「豊かさ」とのコントラストを前提として、「貧しさ」を意味するコノタシオンを形成したり、また、共演する俳優たちの「目利き」までもやってのけたりする、「新たなテレビ・オーディエンス」が予兆的に想定され、構築されるようになったともいえるであろう。

テレビドラマを見ることの脱ストーリー化

民放のドラマへと眼を転じてみよう。結婚後一〇年ほどを経過した三組の夫婦とその家庭での生活観や人間関係の変化を、「不倫」という切り口でとらえて描き出した『金曜日の妻たちへ』(TBS系列)が注目されたのも、この一九八三年であった。当時、このドラマについて語られたさまざまな「目新しさ」や、さらにそれによって語られようとしていたテレビ・オーディエンスの被構築的な特徴は、この先で詳細に論ずるが、ここでは、ともかくも次のような点を確認しておく必要があろう。以前は「浮気」、「よろめき」などとよばれた同様のテーマのテレビドラマは、もっぱら昼の時間帯の連続ドラマとして多く制作、編成され、平日の昼間に在宅してテレビを視聴する機会の多い主婦層を、そのファンとなるべきテレビ・オーディエンスとして想定しつつ、構築していた。ところが、同じテーマが「不倫」とよび方を変え、金曜日の夜一〇時に編成されるドラマとなって制作されるようになったとき、テレビテクストとしてこのドラマを生産するディスクール的実践をつうじて、従来の「昼メロ」といわれたドラマとは異なった意味としての出来事が表象され、異なったテレビ・オーディエンスが想定され、構築されるようになったのである。

もう少し具体的にいうなら、この『金曜日の妻たちへ』は、一週間の仕事を終えて、これから週末を迎えようとする家庭というドメスティックな空間と、そこで経過する時間というコンテクストのもとで見られるドラマとして制作、編成されたといえる。こうしたディスクール的実践によって、「不倫」を、道徳的規範から逸脱した恋愛や人間関係としてではなく、いわば、一つのライフスタイルや生き方としていくようなディスクールが編制されていったのである。それゆえに、『金曜日の妻たちへ』というテレビテクストを織り成している、たとえば俳優たちの演技やそのシチュエーション、あるいはファッションなどが表現する意味としての出来事も、こうしたライフスタイルや生き方を意味するものへと方向づけられていった。そして、休日前の夜の一〇時に、ようやく自宅でくつろぐ時間がもてるような「大人」によって、そうした空間と時間の過ごし方の一つとして、選択的に見られようとしていたことこそが、このドラマの特徴であり、それをめぐるディスクールであったのだ。『金曜日の妻たちへ』というドラマを見ること、すなわち、こうしたテレビテクストの消費としてのディスクール的実践と、それを展開するテレビ・オーディエンスとは、まさに、このドラマを見ることも含めて、「選択的」で「主体的」な生き方を繰り広げようとする存在として想定され、構築されようとしていたのである。

また、同じ一九八三年には、思春期を迎え、家庭内暴力と非行で「荒れる」子どもと直面した父親の実録を原作とした『積み木崩し』(TBS系列)も、高視聴率となった。一九八〇年代の訪れとともに、おもに中学生の校内暴力や家庭内暴力、あるいは非行件数の増加が報告されるようになり、「荒れる中学生」が社会問題化していた。そうした状況下で、俳優としての知名度もあった穂積隆信が、自らの娘が「荒れる」ことで、父親として実際に体験した家庭と家族の危機の記録を原作としたこのテレビドラマは、「有名人」の私生活にたいする関心とともに、そこに表現された出来事への社会的関心からも、たしかによく見られたようであった。そして、先にあげた『金曜日の妻たちへ』に加えて、この『積み木崩し』のようなドラマが多くの人びとから見られたことから、家族という関係の変容や危機や、あるいは家庭という空間と時間の変容や解体をテーマとするドラマがポピュラリティを形成しているとも考えられたのであった。まさに、このような事態をもって、テレビテクストには、家族や家庭の変容、あるいは危機をテーマとするディスクールが編制され、さらに、そうしたテレビテクストが多く消費されることをもって、家族や家庭の危機に社会的関心を向けるテレビ・オーディエンスの姿までもが、ディスクール的に構築されるようになった。

『金曜日の妻たちへ』を見ながら、自らの「選択的」で「主体的」な生き方を重ね合わせ、そうしたディスクールをテレビテクストに編制していくテレビ・オーディエンスが、まさにディスクール的に構築されていく。あるいは、『金曜日の妻たちへ』と『積み木崩し』を見て、家族と家庭の危機を憂慮するディスクールを編制していくオーディエンスが、これもまた同様にして構築されていく。たしかに、これら二つのオーディエンス像は異なっているが、いずれの場合も、ドラマのストーリーに自らを投影し、同一化していくという意味で、「ドラマに嵌まる」オーディエンスの姿が想定され、構築されているのである。しかも、どちらのオーディエンス像も、一九八〇年代という時代に応じた生き方への志向性や、社会的関心を抱えているという点では、時代にたいする何かしらの「新しさ」もあったといえよう。しかし、ここでもう少し、この一九八三年に注目を集めた他のテレビドラマについても検討してみると、そのストーリーやテーマに、必ずしも内在的、あるいは直接的に結びつくような見方をしないオーディエンスの姿もまた、構築されようとしていたことが浮き彫りになってくる。

そのようなテレビ・オーディエンスの被構築性の特徴は、たとえば、山田太一の脚本による『ふぞろいの林檎たち』（TBS系列）のポピュラリティを検証してみると鮮明に現れる。もちろん、このドラマも、これまでに取り上げてきた三つのドラマと並んで、一九八三年のテレビの風景を代表するものである。とくに、この『ふぞろいの林檎たち』では、学歴や容姿、性格などのさまざまなコンプレックスをかかえた若者たちの生き方をストーリーとしたところに、多くの若者たちの共感が集まり、その人気の源泉となった。ただ、同時に、そうした登場人物の若者たちの姿と、彼ら、彼女たちをめぐって展開されるストーリーが、独特の台詞やシチュエーションと、随所にちりばめられたサザンオールスターズの曲とが相俟って組立てられていったところにも、若いオーディエンスたち間でポピュラリティが成立したのである。[5]

つまり、この『ふぞろいの林檎たち』のポピュラリティには、ストーリーの面白さだけにはけっして限定されずに、登場人物の台詞まわしや挿入曲の魅力などの、多元的な広がりが見出されるのである。そして、こうした多元的な魅力を見出すオーディエンスは、ストーリーにけっして同一化しきってはいない。言い換えるなら、こうした『ふぞろいの林檎たち』のポピュラリティの特徴からは、ドラマのなかの台詞やシチュエーション、あるいは音楽などが表象する意味としての出来事を、けっしてストーリーへと方向づけたり、そのようなディスクールを編制したりすることのないオーディエンスが想定され、構築されるようになるのである。こうして、一九八〇年代には、テレビテクストの生産というディスクール的実践をつうじて編制された、ディスクールとしてのストーリーにとらわれることなく、「自由」で、「多様」で、「個性的」なテレビテクストの消費を展開するオーディエンス像が描き出されるようになっていったのである。

『ふぞろいの林檎たち』から『おしん』までも含めて、これらのテレビドラマのポピュラリティの特徴を考えるなら、たしかに、このような独自のディスクール的実践として、テレビテクストを消費していくようなオーディエンスが想定され、構築されることには、相応のもっともらしさがある。たとえば、『おしん』は橋田壽賀子、『金曜日の妻たちへ』は鎌田敏夫、『ふぞろいの林檎たち』は山田太一と、それぞれに評価の高い脚本家によって書かれ、また、『積み木崩し』が穂積隆信のノンフィクションを原作にして制作されていたことに注目して、「新たなテレビ・オーディエンス」の登場が語られたりもした。つまり、そこでは、幾多のテレビドラマが制作されていたなかで、ここにあげた四つがポピュラリティを獲得したことの理由を、こうした脚本や原作の魅力に求め、また、その魅力を見極める、テレビに「熟練」したオーディエンスが登場するようになったという論評がなされたのである。三〇年を経過した後の「テレビ新時代」には、脚本や原作、さらには脚本家によってテレビドラマが選ばれ、見られるようになり、[6]そうした見方をするテレビ・オーディエンスが登場するようになったというのである。まさしく、こうした「脚本家や原作者でドラマが見られる」というディスクールによって、テレビドラマにそうした「目利き」をするようになった「新たなテレビ・オーディエンス」像もまた、構築されていったのだ。

あるいは、『ふぞろいの林檎たち』の挿入曲がテレビドラマのポピュラリティの、一つの「新しい」要素になったように、『金曜日の妻たちへ』の舞台になった郊外の「おしゃれ」な住宅地の風景や、シチュエーションに応じて背景となった「おしゃれ」なカフェやレストラン、そして俳優たちの「おしゃれ」なファッションも、このドラマの魅力の大きな要素であるともいわれた。[7]こうしたテレビドラマのポピュラリティの「新しい」要素を指摘するディスクールこそが、以前は、たんなるロケ地の一つ、背景の一部、たまたま選ばれた衣装にすぎなかった事象に、テレビドラマの魅力を見出し、それを選んで視聴する、これもまた、テレビに「熟練」した、「目利き」のできる、「新たなテレビ・オーディエンス」を構築していったのである。

「テレビ三〇年」という一つの節目にあって、一方では、テレビのマスメディアとしての終焉を宣告させるほどのメディア環境の激変を予告するディスクールが編制されながらも、他方では、このようなテレビドラマの「新しい」魅力と、「新たなテレビ・オーディエンス」を語るディスクールも編制されていたのである。そうしたディスクール的状況下で、脚本家や原作者が、コノタシオンとして「テレビドラマのよい出来映え」を意味する記号性を帯びる。あるいは、ファッションや背景となった街並みなどもまた、コノタシオンとして「おしゃれなドラマ」を意味する記号性を帯びる。こうして、テレビドラマの魅力に脚本家の署名性や、風景やファッションの映像的特性までも包括されていくとき、テレビドラマは、けっして受像機による映像や音声だけにとどまることなく、テレビ視聴にかかわるさまざまなコンテクストを織り込んだテレビテクストとして広がっていくのである。この拡大を遂げるテレビテクストとしてのテレビドラマに、その構成要素としてつぎつぎに織り込まれていく多種多様な記号が、コノタシオンにおいて多元的な意味作用を成立させる差異表示記号へと変態していくのだ。そして、こうした記号の差異を見極めることのできる、いわば「差異化のリテラシー」を備えたオーディエンスこそが、「新たなテレビ・オーディエンス」としてディスクール的に想定され、構築されていくようになったのである。

2 「ニューメディア・バブル」期のテレビとオーディエンス

イデオロギー的ディスクールとしての新たなオーディエンス

テレビは放送開始以来三〇年を経過してもなお、多くの人びとに視聴され、これまで見てきたように、ポピュラリティの高いドラマも数多く登場した。こうした、テレビ番組が多くの人びとに見られ、しかも、そこからさまざまな魅力が見出されるという傾向は、ドラマだけに限ったものではなく、バラエティ、報道といったジャンルでも、目新しい番組が制作され、それらのうちのいくつかが、ポピュラリティの高さで注目を集めたのである。そしてまた、そのことによって、「テレビ三〇年」以後の一九八〇年代におけるメディア文化の変容が取り沙汰されたのであった。

ドラマ以外のジャンルで、この時期に特徴的な番組が数多く登場したのは一九八五年であった。なかでも『天才たけしの元気が出るテレビ』（日本テレビ系列）は、およそ従来には見られなかった企画のバラエティとして注目を集めた。この番組では、ビートたけしを中心に、兵藤ゆき、高田純次、木内みどりといった、バラエティ番組に比較的馴染みやすいタレントに混じって、当時はこの種の番組とはほとんど縁のなかった松方弘樹がレギュラーで出演するといった「新しさ」が、まず見出される。何よりも注目を集めたのは、番組のなかで、たとえば、「荒川区熊野前商店街復興計画」であるとか、「浦安フラワー商店街復興計画」といった、さびれた商店街を「元気にする」企画が作られ、実施されることで、一時的にせよ、商店街に客が押し寄せ、しかも、それがまた番組のなかで取り上げられ、視聴者の笑いを誘うという独特の仕掛けであった。このほかにも、まったくのフィクションで「ワニ相撲」という古来のイベントをでっち上げ、それを現代に復活させるためにと称して、「ワニ相撲振興会」なる団体を捏造し、さらに、この団体名で「ワニ相撲」の行司を、新聞広告で実際に募集し、集まった応募者に築地本願寺で説明会を実施し、さらに北海道で強化合宿まで行なって、やはり、その模様を番組で取り上げたりもしたのである。タレントだけではなく、「素人」である一般の人びとを巻き込んだ企画を連発して笑いをとっていくこうした仕掛けは、「ドキュメントバラエティ」などとよばれ、倫理的問題を微妙に孕んでいたこともあって、さまざまな議論を呼び起こした点でも話題の番組であった。

この『天才たけしの元気が出るテレビ』の特徴、「新しさ」、あるいは魅力を語るディスクールは、その数も多く、論点も多岐にわたっているが、代表的と思われるものを検討していくと、ディスクールとして、それなりにいくつかの論点へと収斂している。その一つが、このバラエティの面白さを、何らかのかたちでの「受け手」の台頭に求めようとする番組批評である。たとえば、汀邦彦は、それまでお笑いタレントの先頭にいた萩本欽一の後退と、それに代わる、タモリ、さんま、たけしの登場を、「笑わせようという意図」を「受け手」に見抜かれてしまったプロの芸人と、プロへの照れがあるタレントとの交代ととらえた。その延長上で、この番組が「受け手感覚」で制作されたことに、番組としての成功と面白さの理由を見出そうとしている。つまり、「受け手＝視聴者と、〈受け手感覚〉の送り手と＝制作者とが、…（中略）…お互いに手の内を知りつくした上で、『虚構』を『虚構』として楽しんじゃおうというのが双方にとって最も『たいへんなんだ』けれども『気がきいている』関係ではないだろうか」（汀 1986）というのである。伊豫田康弘は、番組それ自体よりも、その「仕掛け」が引き起こした、商店街に客が押し寄せるような「お祭騒ぎ」の盛り上がりに注目している点で微妙なニュアンスの違いがあるものの、「その仕掛けに乗せられたフリをして乗りまくろうというアソビ心が視聴者の側になければ、あんなブームにはならなかったはずだ」という。そしてさらに、「視聴者はすでに『受け手』の役割だけではあきたらなく思い始め、自らの手でテレビメディアを使いこなす魅力に惹かれだしている」（伊豫田 1986）と指摘するのである。

視点の違いこそあれ、「受け手」というにしろ、「視聴者」というにしろ、「見る側」の優越に、『天才たけしの元気が出るテレビ』の魅力の理由を求めることが、じつは、「新たなテレビ・オーディエンス」を構築するディスクールにほかならない。これほどまでに、手放しで「受け手」、「視聴者」の台頭や優越を指摘することはないにしても、この番組の特徴から、「新たなテレビ・オーディエンス」の登場を示唆する当時の番組批評は少なくなかった。藤竹暁は、テレビの影響力の一つとして「話題喚起力」があることを指摘しながら、それが発揮されるのは、テレビを見る人びとの間に、テレビにたいする独自の応答的性格があるからであって、そこに「視聴者参加」の契機があるという。その上で、こうした『天才たけしの元気が出るテレビ』のような番組の「話題喚起力」につながるテレビにたいする応答的性格が、新しいスタイルの視聴者参加を開拓し、そこに、テレビとオーディエンスとの共犯関係が成立しているというのである（藤竹 1986）。このような藤竹の議論も、慎重ではあるが、たんなる「受け手」や「お飾り」的な視聴者参加から脱却し、より積極的にテレビ（番組）の「話題喚起力」にかかわろうとする点で、テレビとの共犯関係に立つ「新たなテレビ・オーディエンス」の構築へとつながるディスクールであるといえよう。

テレビドラマのさまざまな要素を「目利き」することとは異なるものの、「テレビとはこんなメディアだ」、「バラエティ番組はこうして作られるものだ」と、テレビを「熟知」した、それでいてテレビを楽しむことのできる「新たなオーディエンス」が、こうしたディスクールによって構築されることになったのである。そして、このテレビ・オーディエンスの被構築性の特徴は、テレビドラマというテクストの生産をつうじて編制される、ディスクールとしてのストーリーに従属するのではなく、独自のディスクール的実践として、テレビテクストの消費を展開するオーディエンスの、その被構築性と相同的な特徴をもっている。つまり、バラエティの制作というテレビテクストの生産における仕掛けに従属することなく、むしろその仕掛けを相対化しながら、独自のディスクール的実践としてのテレビテクストの消費や、その快楽の経験ができるといわれるようなオーディエンスが構築されていったのである。

同じ一九八五年に登場して、さまざまな論評がなされることが、「新たなテレビ・オーディエンス」を構築するディスクールの編制へとつながった、もう一つの番組に注目してみよう。それは、フジテレビが制作し、夕方五時に編成した、一時間の生放送のバラエティ番組、『夕やけニャンニャン』である。この番組は、二つの点で注目を集めた。その一つが、司会の片岡鶴太郎、レギュラー出演者のとんねるずとともに、一般から募集した、二〇名ほどのタレント志望の「素人」の女子高校生を、「おニャン子クラブ」という集団にまとめて出演させていた点である。「ふつうの高校生」などとよばれる「素人」が、集団で、番組の中心的なキャラクターとして登場したこと、それがこの番組のポピュラリティの重要な部分になっていることに多くの論評が向けられた[8]。そこでは、スター不在のアンチヒーロー的な出演者の姿から、そうしたスターやヒーローなどの特権化された存在に憧れたり、ぎゃくに反発したりするのではなく、日常生活とほとんど変わりのないトークと、それを繰り広げる普通のキャラクターを楽しむオーディエンスの姿が描き出されていった。

もう一つの注目された点は、この『夕やけニャンニャン』の編成である。それまで、この時間帯は、とくに主婦のような在宅者の生活様態を想定すると高視聴率が期待できないという判断から、ドラマやアニメーションの再放送が並ぶ、編成の「不毛地帯」などといわれてきた。ところが、学校でクラブ活動などをしていない高校生が、ちょうど帰宅したころにあたるこの時間帯は、夕食や夜の勉強などとの隙間にあたる、いわば、家庭というドメスティックな空間での「放課後」となっていた。そうした夕方の時間帯に、学校から帰宅して、テレビを見る以外に、自ら進んでとくにすることもない高校生を視聴者とするような番組を制作、編成したことが、夕方の時間帯の開拓であったとして、この『夕やけニャンニャン』は注目されたのである。そして、このような特徴を指摘する論評のなかでは、好成績を目指して練習に励むクラブ活動や、「一流大学」への進学を目指した猛勉強とは無縁の、「普通」の「高校生」が、番組のキャラクターとしても、それを視聴するオーディエンスとしても、特化されて描き出されていた。

夕方五時に生放送される『夕やけニャンニャン』の特徴からは、それを見る「素人」や「普通の高校生」が、番組を作ることにたいして優越し、いわば介入しつつあるということが語られたのである。言い換えるなら、番組の制作、編成というテレビテクストの生産としてのディスクール的実践にたいして、テレビ番組の視聴というテレビテクストの消費としてのディスクール的実践を優越させつつ、同時に、そうした番組を視聴する「素人」の、「普通」のオーディエンスが優越的に関与し始めているというディスクールが編制されたのである。まさに、このようにして、テレビテクストの生産さえも従属させるほどまでに台頭した、テレビテクストを消費する、「素人」や「普通」とよばれるオーディエンスが、この一九八〇年代半ばの「新たなテレビ・オーディエンス」として想定され、ディスクール的に構築されていったのだ。

こうして、『夕やけニャンニャン』をめぐっては、その制作と編成というテレビテクストの生産の局面に「素人」や「普通」という概念を配分し、それによって特化されたオーディエンスの参加なり、関与なり、すなわち優越的な介入を強調するディスクールが編制されていった。これこそが、テレビテクストの生産への新たな「視聴者参加」がみられるといった言表さえもたらすような、テレビテクストを消費するオーディエンスの台頭と優越をテーマにした、「新たなオーディエンス」の構築へと向かうディスクールにほかならない。また、『天才たけしの元気が出るテレビ』をめぐっては、この番組の視聴や、その影響や効果も含めたテレビテクストの消費の局面に「素人」という概念を配分し、それによって特化されたオーディエンスが、じつはテレビに「熟知」していることを強調するディスクールが編制された。これこそが、こうした「素人」は、テレビテクストの生産における「仕掛け」を相対化し、独自のテレビテクストの消費と、その快楽を経験しているなどという言表とともに、そうした消費を展開するオーディエンスの台頭をテーマにした、「新たなオーディエンス」の構築へと向かうディスクールにほかならない。

一九八〇年代が、「ニューメディア」時代や、高度情報社会の到来が喧伝され、そこでオーディエンスのニーズに応じたさまざまなメディアの登場が夢想されたのと同時に、いわゆる「バブル経済」という異様な好況期にあって、消費者のニーズに応じた生産の拡大が夢想された時代でもあったことを、ここで想起するなら、次のように述べることができよう。まさしく、この「ニューメディア・バブル」期の、消費者にしてオーディエンスを優越的に構築するイデオロギー的ディスクールの一端として、これまで見てきたような「新たなテレビ・オーディエンス」を構築するディスクールは編制されていたのだ。

「新たなテレビ・オーディエンス」をめぐる風景

マスメディアとしてのテレビの終焉が語られ、オーディエンスの「テレビ離れ」までもが取り沙汰されるなかで、これまでに見てきたように、ポピュラリティの高さや目新しさで注目されたテレビ番組は、けっして少なくはなかった。しかも、そのポピュラリティにしろ、目新しさにしろ、それらの起源は、「新たなテレビ・オーディエンス」をディスクール的に構築することで、オーディエンスに求められようとしていた。そうした意味でも、テレビは依然としてメディア環境のなかで相当程度に中心的な位置を占めていたはずであるし、そこそこにテレビを見ているオーディエンスも存在していたはずである。それにもかかわらず、先に述べたような、マスメディアとしてのテレビの「終焉宣告」がなされたり、オーディエンスの「テレビ離れ」が語られたりしたのは、いったいなぜなのであろうか。ここでは、少し視点を変えて、視聴者調査の知見が明らかにする、テレビ視聴をめぐるさまざまな実態的特徴から、この辺りの事情について考えてみよう。

ＮＨＫの「生活時間調査」によれば、じつは人びとのテレビ視聴時間量は一九七五年以来少しずつ減少をつづけ、一九八五年が底となっていた。こうした事態は、人びとのテレビを見る時間の量的な減少だけにとどまるものではないと考えられていたし、そう考えさせる調査結果ももたらされていた。とくに注目されていたのは、オーディエンスのテレビにたいする興味が減少していることと、「漠然視聴」などとよばれる、なんとなくいろいろな番組を見るというテレビの見方の減少であった。そして、このようなテレビの見方にかわって、テレビにたいする興味が減少するなかで、テレビを見るときには、さまざまなテレビ番組のなかから自分が見たいものだけを選んで見るという、「選択視聴」とよばれるテレビの見方の増加が指摘されるようになったのである（白石、井田 2003:31-32)。

しかも、こうしたテレビ視聴の実態的な動向や、テレビにたいする興味が減ったというテレビ・オーディエンスの意識の変化をめぐっては、調査研究にかかわる領域だけではなく、ジャーナリスティックな領域でも、「テレビ離れ」というディスクールが編制されていた。たしかに、テレビの視聴時間量全体と比較して、減少した時間量がいかにわずかであったとはいえ、やはりこの減少は、一九六〇年以来、一九七〇年代半ばまでの十数年間、視聴時間が一貫して増加をたどってきたことに照らしてみるなら、相当に問題視されても不思議ではない。それゆえに、このテレビ視聴時間の減少の理由は、多角的にかなり詳細に検討されたのであった。その結果、指摘されるにいたった視聴時間量、「漠然視聴」、テレビにたいする興味の、それぞれの減少の理由は、一九八〇年代のテレビ・オーディエンスの、ディスクール的な被構築性の特徴を解明しようとする今日的な視点からも、十分に注目されてよいであろう。

テレビを見る時間の量的な減少を、単純に「テレビ離れ」とみなすかどうかはともかくとして、一九八三年にNHK放送世論調査所がまとめた『テレビ視聴の三〇年』によれば、これら一連のテレビ視聴をめぐる諸事象の減少の理由として、余暇活動の活発化、番組選択の「主体性」の強まりと番組内容への不満、仕事時間の増加があげられている。まず、余暇活動の活発化については、テレビを見ること以外の、「友だちと会ったり、人の家を訪ねたりする」、「デパートや商店街で商品を見てまわったり、買い物を楽しむ」、「ラジオを聞く」、「自分でスポーツや運動をする」、「外でお茶やお酒を飲んだり、おいしいものを食べたりする」といった積極的余暇活動が活発化していることが指摘されている。そしてこのことが、余暇時間のなかでテレビを見て過ごす時間を減らす要因の一つであるとされているのである。また、テレビに不満のある人が、視聴時間量とテレビにたいする興味を減少させていることが明らかにされたが、その不満の内容は、およそ次のようなものとなっていた。すなわち、それは、番組の内容、形式のマンネリ化、質の高い番組の少なさ、少数派の要望を反映していないことなどである。それに加えて、各種の調査結果を総合すると、一九七五年以降の仕事時間の増加も、とくに平日の視聴時間を減少させる要因として指摘されたのである（ＮＨＫ放送世論調査所 1983: 103-109）。

つまり、テレビを見ること以外の余暇の楽しみが増えた上に、テレビそれ自体も、どの番組を見ても同じようなものばかりで面白くないし、仕事にとられる時間も増えているのだから、そんなにテレビばかり見てもいられない。これが、視聴時間量を減らし、テレビへの興味も減らし、なんとなくいろいろな番組を見ることも少なくなったテレビ・オーディエンスの特徴的な姿であるといえよう。これを、いわばテレビ・オーディエンスの姿を写したネガと考え、それを反転させて、それでもテレビを見ることで、これまでに取り上げてきたテレビ番組のポピュラリティを成立させているようなテレビ・オーディエンスの姿をポジとして現像するなら、それは次のような姿で浮かび上がってくるであろう。

大して興味も惹かれなければ、面白いとも思わないテレビを、それでもあえて、限られた機会に見ることでテレビ・オーディエンスが構築されるとき、そうしたオーディエンスとは、けっして漠然と、いきあたりばったりで、だらだらとテレビを見てなどいない。どこかのカフェバーやレストランで、おいしいものを食べたり飲んだりしながら友達とおしゃべりをしたり、ホームパーティに友達を招いたり、招かれたり、あるいはウィンドウ・ショッピングをしたり、ジムで汗を流したりするといった余暇の過ごし方と、同格、もしくはそれ以上の経験としてでなければテレビなど見ない。よく考えてみると、こうした余暇、もっと「おしゃれ」にいうならオフの過ごし方は、テレビドラマのなかで見かけるシーンにも似ている。どれも同じようなテレビ番組をわざわざ見なくても、そこに描かれているようなことは、日常生活のなかで、いくらでも経験している。だからこそ、テレビ番組を選択する眼も肥えてくるし、テレビの見方にも「熟練」するし、そうした眼鏡にかなった番組だけを選択して、「主体的」に見ているのだ。

まさにこうして、テレビ・オーディエンスを写し取ったネガがポジへと反転されるときにこそ、「新たなテレビ・オーディエンス」を語るディスクールが編制され、同時に、そうしたディスクールによって、「新たなテレビ・オーディエンス」が構築されることになる。いうまでもなく、このオーディエンスのディスクール的な被構築性の特徴が、テレビに「熟練」していて「目利き」ができたり、「素人」であってもテレビ番組の仕掛けに「熟知」していて、目新しい番組を楽しむことができたり、あるいは「素人」で「普通」であることを特化させたりしていることになる。視聴者調査の知見に即して別の言い方をするなら、一九八〇年代には、テレビ・オーディエンスであるために、テレビを見ることに余暇活動の一つとしての意味づけが、番組の選択にさいしての「主体性」の発動が、仕事が忙しいなかの限られたテレビ視聴であることが、そして、そうして見る番組の質の高さや目新しさが求められたのである。

このようなテレビ・オーディエンスが、一日三時間を下回る視聴時間のなかで、たとえば金曜日の夜に一時間を割いて見る『金曜日の妻たちへ』というドラマは、「熟練」した「目利き」によって選択され、他の余暇活動に肩を並べるほどに「主体的」に見る番組であるということにもなるわけだ。そして、選択され、「主体的」に見られているこのドラマの魅力とは、「新たなテレビ・オーディエンス」のテレビの見方からすれば、ストーリーであるかもしれないし、俳優たちの演技であるかもしれないし、脚本家であるかもしれないし、ドラマのなかの風景であるかもしれないし、あるいは俳優たちのファッションであったりするかもしれない。こうしてみると、「新たなテレビ・オーディエンス」を構築するディスクールが、同時に、そうした「熟練」したオーディエンスによって「目利き」されたり、あるいは「熟知」した仕掛けを楽しんだりする番組のポピュラリティの、とりわけ、その多元的な特徴を構築することにもなっている。まさに、「新たなテレビ・オーディエンス」を構築もすれば、そうしたオーディエンスの見る番組のポピュラリティの特徴も構築するディスクールにこそ、一九八〇年代の「ニューメディア・バブル」期のテレビとオーディエンスの風景の基本的な構図を見出すことができる。

3 テレビとオーディエンスをめぐる「差異化」のディスクール

差異としての「新たなテレビ・オーディエンス」

一九八六年の年頭に、『朝日新聞』は「幻想ゲーム」と題したコラムを一五回にわたって連載した。[9] このコラムは、一九八〇年代半ばのこの時期に露になったテレビ番組の変容から、そうした番組を見る視聴者の特徴や変化を考えようとするものであった。そこには、この時期のテレビとオーディエンスをめぐるいくつかの特徴的な風景が描き出されている。じつは、この風景画は、当時にあって特徴的なテレビ番組の変容と、そこから浮き彫りになるテレビの見方の変化を語りながら、まさしく「新たなテレビ・オーディエンス」を構築するディスクールに満ち満ちている。

連載の最初には、「環境映像」などとよばれる、南の島々と青い海や、四季折々に変化する自然のドラマとしての富士山の風景などを、登場人物もナレーションもなく、音楽をつけただけで番組にしたもの、あるいはそれとよく似たビデオが、静かな人気を集めていることが紹介されている。このほかに、前年に起こった「豊田商事永野会長刺殺事件」の報道とそれにたいする視聴者の反応、再燃したプロレス・ブーム、テレビドラマにおける時代劇の激減、ラジオの深夜放送に取って代わるかのような「ＭＴＶ」の登場とその人気、ラグビー、サッカー、アメリカンフットボールなどのスポーツ中継の人気が取り上げられている。もちろん、『金曜日の妻たちへ』、『天才たけしの元気が出るテレビ』、『夕やけニャンニャン』も論評されている。今、この連載を読んでみると、具体的にどのような番組と、どのようなテレビの見方をする人びとが、どのようにして、この一九八〇年代に特徴的なテレビ番組とオーディエンスとして想定され、ディスクール的に構築されようとしていたのか、また、それがどのようなディスクールであったのかが明らかになってくる。

「環境映像」を取り上げたところでは、ＵＨＦ局であるテレビ神奈川の『サラダボウル』という番組で、沖縄の島と海の美しい景色の「環境映像」を偶然に見たことで、安らぎを感じたというあるオーディエンスが紹介されている。そのオーディエンスは、妻と二人で横浜に住む、当時二九歳のサラリーマンであるという。彼は、私立大学の工学部を卒業後、事務機器や家具を扱う会社に就職して、職場のある東京赤坂まで、経済専門紙を手に電車を乗り継いで約一時間の通勤をし、営業の打合せ、電話応対、資料作り、会議といった仕事をこなし、週一回程度、同僚と飲んで深夜に帰宅するといった生活をしている。そうした生活のなかでは、「へとへとに疲れることはないが、週末には、ふと安らぎを求めたくなる」こともあり、そうしたときに、この「環境映像」を見たというのである。その感想は、「お仕着せがなく、こちらの勝手で想像をふくらませることができる」というものであった。

「プロレス・ブームの再燃」では、テレビの普及、浸透と、テレビ放送草創期のオーディエンスの構築に貢献したプロレスが、再び若い世代を中心としたファンを増やし始めていることを紹介している。プロレス中継を見るオーディエンスだけではなく、試合に足を運んで直接観戦するファンも含めて論じているが、そうした新しいファンは、試合の結果にこだわらずに、むしろ、試合の流れを楽しんでいて、同じ試合を何回もビデオで見ているという特徴が指摘されている。そして、試合を見ているファンの半数が高校生や恋人同士の若い世代で占められていると述べた上で、レスラーが繰り出すフライング・キックを見るたびに、「きれいっ」といって喜ぶ二人の女性ファンについて、なぜか、「聖心女子大の文学部二年生だった」という紹介の仕方をする。「スポーツ中継の人気」でも、全国大学ラグビー選手権の国立競技場での試合を観戦していたファンを紹介し、試合を直接観戦できないときにはビデオに録画して見るオーディエンスであると指摘する。このオーディエンスについても、当時四六歳の「電通第一クリエーティブ局副理事デザイナー」で、美術大学出身でありながら、自分で絵筆をとるような仕事ではなく、「広告主とデザイン会社との折衝役」がおもな仕事になっているという紹介の仕方をしているのである。

プロレスやラグビーの試合の中継などは、むしろかなり伝統的なスポーツ番組である。また、「環境映像」などというと目新しさもあるが、たとえばNHKの『自然のアルバム』であるとか、時間は短いが、『名曲アルバム』であるとか、あるいは、台風情報などが深夜に随時放送される際の「つなぎ」のコンテンツなど、それまでにも類似のものはあった。このコラムでは、こうした番組やコンテンツが、何よりも選択的に、場合によっては「主体的」に見られるようになったところに、一九八〇年代に特徴的なテレビ番組とテレビ視聴の変化を見出している。その上で、たとえばプロレスの場合のように、勝敗よりも、試合の流れや、技のようなディテールに細分化した見方や、勝敗の分かっている試合をビデオで何度も見るような、「新たな」見方が注目される。そして、こうした魅力を見出したり、「新たな」見方をしたりする、「新たなテレビ・オーディエンス」像が、都心のオフィスに経済専門紙を読みながら通勤する若手サラリーマンや、当時の皇太子妃（今の皇后）が卒業した女子大学の学生や、あるいは、大手広告代理店の中堅管理職といった人びとの、具体的な姿に求められるのである。

通勤電車のなかで、その日の仕事の準備が始まるような若いサラリーマンは、漠然とテレビを見たりはしない。最初は、たまたま眼にした番組であったにせよ、「これでもか」とばかりに仕掛けを連発したりするような「お仕着せ」のない、安らぎのある「環境映像」のような番組は、「こちらの勝手で想像をふくらませることができる」ような「主体的」な見方ができる。一九八〇年代半ばの新聞には、このようにして、「環境映像」を見る「新たなテレビ・オーディエンス」を、ビジネスの第一線にいる若いサラリーマンという姿で構築していくディスクールが編制されていたのである。また、流行に敏感な女子大生のなかでも、その最先端にいなければならない「聖心女子大」の学生は、ありきたりな番組や、そのなかのシーンを、「きれいっ」などというわけにはいかない。女子大生の間で、それほど注目されていないプロレスには、意外に「きれいっ」と感じられるシーンが多い。このようなディテールをとらえる新しい見方をする「新たなテレビ・オーディエンス」を、流行の最先端にいる女子大生という姿で構築していくディスクールも編制されている。あるいは、厳しく多忙な広告代理店の管理職にとって、趣味や余暇は仕事と同じくらいに大切な時間で、漫然とテレビを見て過ごすことなどできない。自分でも壮年ラグビーチームに入って試合に出たり、好カードのラグビーの試合を観戦に行ったりすることが、この大切な余暇の過ごし方で、それができないときにはテレビ中継を見たり、ビデオで録画したものを見たりする。ラグビーの試合をテレビで見ることは、次善の方法であっても、大事な余暇の過ごし方なのだ。これほどまでに選択的なテレビの見方をする「新たなテレビ・オーディエンス」を、広告業界最大手の電通の中堅管理職の姿で構築していくディスクールもまた、このコラムに編制されていたのである。

新しいタイプの番組にしろ、番組のディテールの新たな魅力にしろ、あるいは、進んで選択され、見られることによる番組の魅力にしろ、テレビ番組の「新しさ」や「変化」とは、ここに紹介したコラムのような、それを語るディスクールの編制をともなっていた。そこでは、それぞれの番組やディテールに、「新しさ」や「変化」を意味する記号性が与えられるのである。そして、そのことによって、さまざまな番組やディテールの間には、「新しさ」や「変化」を意味する記号と、そうではない記号との間での差異が生ずる。同様に、新しいタイプの番組の魅力を見出すにしろ、番組のディテールに新たな魅力を見出すにしろ、選択的に視聴することで番組の魅力を成立させるにしろ、そうしたテレビの見方をする「新たなテレビ・オーディエンス」も、それを語るディスクールによって、オーディエンスの具体的な姿に、「新しさ」や「変化」を意味する記号性が与えられるのである。そしてまた、そのことによって、さまざまなオーディエンスの、さまざまな具体的な姿の間に、「新しさ」や「変化」を意味する記号と、そうではない記号との間での差異が生み出されることになるのだ。「環境映像」を見て安らぎを感じ、東京赤坂のオフィスに経済専門紙を読みながら通勤する若いサラリーマン。プロレスのフライング・キックを見て「きれいっ」といって喜ぶ聖心女子大の学生。ラグビー中継を選んで見る電通の中堅管理職。これらこそが、一九八〇年代にあって、「新たなテレビ・オーディエンス」を意味する差異表示記号にほかならなかった。

『金曜日の妻たちへ』に見る「不倫」の差異

こうした、テレビ番組の「新しさ」や「変化」と、「新たなテレビ・オーディエンス」の登場を語り、それを構築するディスクールによる、とくにオーディエンスの間での差異化は、『金曜日の妻たちへ』をめぐって、さらに鋭く現れる。この連載コラムで『金曜日の妻たちへ』を取り上げたところでは、結婚一〇年目を迎え、それまでくすぶっていた思いから、「離婚」の文字が脳裏をかすめ始め、婦人講座や育児室の手伝い、無農薬野菜の共同購入、子ども会の役員などと「外へ出るようになった」、東京郊外の団地で暮らす三五歳の主婦の談話を紹介している。この主婦は、『キンツマ』は、はらはらさせながら、結局、収まるところに収まったけど、私たちは…」と語っている。その後でこのコラムは、次のように述べているのである。

昨年暮れに終わったキンツマこと「金曜日の妻たちへⅢ」(TBS系)は、団塊世代の主婦層を中心に、平均視聴率一八％を越える人気だった。

かつてのハリウッド映画を思わせるしゃれたファッションとインテリア。主体的に生きようとする四人のヒロイン。男と女の出会いの切なさ。「夫婦をもう一度男と女の関係でとらえてみたかった」と、脚本の鎌田敏夫さん。「テレビは視聴者の中にある無意識な部分を追っているに過ぎません」。

テレビドラマのストーリーにおいて、「不倫」というテーマは、それほど目新しくもない。平日の午後一時に在宅している主婦をオーディエンスとして想定し、フジテレビ系列が一九六〇年に放送した『日々の背信』は、ラブシーンが昼間の家庭のテレビ画面に登場したことでも話題になった「よろめき」ドラマである。また、一九八〇年代にも、昼の時間帯に「よろめき」ドラマは編成されていた。しかし、「よろめき」といおうが、「不倫」といおうが、そう表現される昼の時間帯のドラマのテーマとしての男女関係が、ある特定の世代の主婦層の「主体的に生きようとする」生き方や意識、あるいはファッションやインテリアと関連づけられることは、たしかに少なかったであろう。ところが、このコラムで、『金曜日の妻たちへ』をめぐって編制されたディスクールは、それを易々とやってのけているのである。まさに、そのことによって、この金曜の夜一〇時に編成されたドラマと、そのテーマとしての「不倫」には、団塊の世代の主婦が「主体的に生きようとする」ときに頭をもたげる「無意識の部分」であるとか、あるいは、そうしたライフスタイルであるとか、さらには、このドラマの「新しさ」などを意味する記号性が与えられる。

また、このコラムでは、『金曜日の妻たちへ』のストーリーだけではなく、別のところにも「新しい」ポピュラリティの要素があることも語っている。つまり、生活が比較的に裕福なレベルに達した登場人物たちの、「かつてのハリウッド映画を思わせるしゃれた」ファッションや住まいのインテリアが、このドラマの魅力であるというのだ。こうしたディスクールによって、このドラマに登場するファッションもインテリアも、さらには郊外の住宅地の風景までもが、ドラマの「おしゃれ」な「新しさ」を意味する記号性を与えられることになる。ここで、見逃してはならないのは、このようにして「主体的な生き方」の「新しさ」や、「おしゃれ」であることを意味するようになった記号と、他のさまざまな記号との間に差異が設定されていることである。つまり、同じ「不倫」をテーマにしていても、金曜の夜一〇時に編成される、鎌田敏夫の脚本の『金曜日の妻たちへ』と、昼の「よろめき」ドラマとの間には、「新しい」「主体的なライフスタイル」を意味する記号と、そうではない記号との間の差異が生み出されるのである。また、同じ「不倫」をテーマにしたドラマでも、『金曜日の妻たちへ』に登場する俳優たちのファッションと、昼の「よろめき」ドラマの衣装との間には、「おしゃれ」な「新しさ」を意味する記号と、「おしゃれ」でも「新しく」もない記号との差異もまた設定されるのである。

「不倫」に「主体的な生き方」を意味する記号性を与え、ドラマのなかのファッションやインテリアに、「おしゃれ」な「新しさ」を意味する記号性を与えるディスクール。まさに、このディスクールこそが、同時に、『金曜日の妻たちへ』のストーリーを、主婦の「新しい」、「おしゃれ」で「主体的な生き方」の一つとしてとらえ、登場人物のファッションを「おしゃれ」とみなす、そうした見方をするオーディエンスを、「新たなテレビ・オーディエンス」として構築するのである。しかも、この連載コラムのディスクールは、こうした「新たなテレビ・オーディエンス」を、結婚一〇年目を迎え、「離婚」が意識にちらつき始め、「外へ出るようになった」、東京郊外の団地で暮らす、団塊の世代の主婦という具体的な姿で構築しているのである。その結果、同じディスクールが、このドラマのオーディエンスにして、東京郊外の団地で暮らす、団塊の世代の主婦というその具体的な姿に、「主体的な」ライフスタイルや、「おしゃれ」な「新しさ」なども意味する記号性を与えるようになる。そのとき、休日前の金曜の夜一〇時に、場合によっては夫と一緒に『金曜日の妻たちへ』を見る、団塊の世代の主婦という具体的な姿と、たとえば昼間、一人で「よろめき」ドラマを見る主婦の姿との間には、「主体的な」ライフスタイルや、「おしゃれ」な「新しさ」を意味する記号と、そうではない記号との差異が設けられることにもなる。

『金曜日の妻たちへ』の「不倫」という陳腐なテーマを、「主体的な生き方」へと語り直し、俳優たちの衣装やシーンにも「おしゃれ」な「新しさ」の記号性を付与するディスクールは、このようにして、ディスクール的に構築されたテレビ・オーディエンスの間にも差異をもたらす。しかし、そうした差異のもとで、団塊世代の主婦が求める「主体的な生き方」なり、「主体的な」ライフスタイルなり、「おしゃれ」なり「新しさ」なりが、いったいなぜ、「不倫」なのであろうか。もう少し別の言い方をするなら、一九八〇年代に団塊世代の主婦が求めた「主体的な生き方」が、「不倫」というテーマを活性化させるディスクールによって、なぜ、これほどまでに方向づけられ、収斂させられることになるのであろうか。同じ団塊世代の夫たちが求めた「主体的な生き方」は、はたして、これほどまでに「不倫」というテーマを活性化させるディスクールによって、方向づけられ、収斂させられたであろうか。テレビの変容と、テレビの見方の変化を語りながら、新たなテレビとそのオーディエンスの姿を語る一九八六年年頭の連載コラムには、こうした問いへの答えは見当たらない。

そして、この二年後の一九八八年の秋から三ヶ月以上にわたって、テレビは毎日の定時ニュースで、一人の老人のヴァイタル・データを、天気予報と株と為替の市況とともに伝えることになったのである。

4　「天皇の逝く国」のイデオロギー的「主体」としてのオーディエンス

「天皇の逝く」前のこの国では、「テレビ三〇年」を経過した後の「テレビ離れ」が囁かれ、「バブル経済」の異様な好況と、「ニューメディア」ブームとが連動するなかで、いわば脱テレビ化した新たなメディア環境が、ビジネスチャンスへの期待も込めて素描されていた。ところが、そうした動向に抗うかのように、いくつものテレビ番組がポピュラリティを獲得していたことから、そのようなかたちで現れたテレビの変容やその新たな姿を、あるいは、テレビの新しい見方を語るディスクールが編制され、さらに、それによって、「新たなテレビ・オーディエンス」が構築されようとしていたのである。テレビに「熟練」していて、テレビドラマの俳優たちの演技はもとより、脚本家や原作者、あるいは用いられているファッションやロケーションの場面、挿入されている音楽にまで「目利き」するオーディエンス。テレビに出演する機会がないという点では「素人」であっても、テレビの仕掛けには「熟知」していて、番組の企画についても先刻お見通しなのだが、その上で、自分なりにテレビを楽しむことのできるオーディエンス。「素人」で「普通」であることが、テレビ番組の制作や編成に関与してしまうオーディエンス。「新たなテレビ・オーディエンス」のディスクール的な被構築性の特徴は、概ねこうしたものとして描き出されるであろう。

たしかに、このようなテレビ・オーディエンスは、テレビドラマのストーリーにも、バラエティの仕掛けにも従属させられずに、独自のディスクール的実践としてテレビテクストを消費する、「自由」で「多様」で「個性的」なテレビの見方ができるオーディエンスであるかようにみえる。しかし、ここで留意しなければならないのは、こうしたテレビ・オーディエンスでいるための条件が与えられているという点である。このオーディエンスの被構築的特徴が端的に示すように、テレビ番組にたいして「目利き」ができ、仕掛けを「熟知」していることが求められる。とくにテレビドラマなどには、「おしゃれ」な「新しさ」を意味する記号性が与えられているさまざまなアイテムがある。それを、読み解くことができなければならない。また、視聴者調査の結果が示唆するように、仕事も忙しく、他の余暇活動にも積極的でなければならないし、選択的、「主体的」にテレビを見なければならない。つまり、ただ漠然とテレビを見ているだけでは「新たなテレビ・オーディエンス」にはなれない。選択的、「主体的」にテレビを見るようになるためにも、仕事の忙しいサラリーマンであるとか、仕事も余暇も大切な中堅管理職であるとか、流行に敏感な女子大生であるとか、家で昼間の「よろめき」ドラマなどけっして見ない、外に出ることの多い主婦であるといった、充たすべき条件があるのだ。

当然のことではあるが、「新たなテレビ・オーディエンス」は、たとえ、テレビテクストとしてのテレビ番組の生産過程で編制されるディスクールに従属しなくても、ここに示したような条件を充たすことで、自らを構築するディスクールには従属しなければならない。そして、このディスクールが、同時に、テレビ番組のさまざまな構成要素に、コノタシオンにおいて多元的な意味作用を可能にする記号性を付与しているということは、すでに見てきたとおりである。ここで、こうした、コノタシオンにおける多元的な意味作用の成立にかんするR・バルトの説明をみてみると、じつに興味深いものがある。それによると、ブルゴーニュ生まれのフランス人のrの発音と、パリ生まれのフランス人のそれとは異なっているが、デノタシオン（外示）においては、それらはシニフィアンの無意味な変異であって記号性をもっていない。しかし、たとえば、舞台上の言葉では、このrの音の違いは、コノタシオンにおいて意味作用をもったシニフィアンの差異としての記号性をもつことになる。異なる二つのrの発音が、異なる二つのシニフィアンとして、異なる二つのシニフィエと結びついて、「ブルゴーニュ生まれ」と「パリ生まれ」という二つの異なる意味作用を成立させるというのである（Barthes 1964: 74）。

バルトのいう「舞台上の言葉」に当たるのが、ここでいう「新たなテレビ・オーディエンス」を構築し、同時に、テレビ番組の構成要素に、コノタシオンにおける意味作用を成立させるような記号性を与えるディスクールなのである。つまり、そこでは、若いサラリーマンや、聖心女子大の学生や、電通の管理職や、団塊世代の主婦といったオーディエンスの具体的な姿にたいして、「新しさ」、「変化」、「おしゃれ」、あるいは「主体的」といったシニフィエが結びつけられることで、コノタシオンにおける意味作用を可能にする、シニフィアンの差異としての記号性があたえられるのである。こう考えるなら、このテレビ・オーディエンスを構築するディスクールとは、一方で、テレビ番組のさまざまな構成要素に、コノタシオンにおける意味作用を可能にする記号性のあるシニフィアンの差異を設定し、他方では、このディスクールが構築したテレビ・オーディエンスにたいしても、同様の差異を設定しているといえよう。「新たなテレビ・オーディエンス」とは、テレビに「熟練」せよ、「目利き」であれ、「素人」であれ、仕掛けに「熟知」せよ、「普通」であれ、コノタシオンにおいて「新しさ」、「変化」、「おしゃれ」といった多元的な事柄を意味する記号性を読み解けといった、じつにさまざまな条件を充たすことを強制された、ディスクール的な統制態にほかならない。さらに、このオーディエンスは、自らの具体的な姿においても、「新しさ」や「変化」、あるいは「おしゃれ」や「主体的」であることを意味する記号性が与えられ、差異が設定されることを強制された、ディスクール的な統制態でもあるのだ。

「消費されるモノになるためには、物は記号にならなくてはならない」（Baudrillard 1968: 277）とは、J・ボードリヤールの慧眼であるが、これに倣っていうなら、「新たなテレビ・オーディエンス」になるためには、テレビを見る人はディスクールのもとで差異表示記号にならなくてはならないのだ。そして、こうしたディスクールとは、コノタシオンにおいて記号の多元的な意味作用を成立させることで「多様性」や「個性」を偽装させ、「コードによって体系化される差異、主体そのものではなく、むしろ社会関係の方が根拠としている差異の構造」（Baudrillard 1972: 77）によって記号間の差異を設定する、まさしく消費社会のイデオロギー的ディスクールなのだ。つまり、それは、「ニューメディア・バブル」ともいえるような、消費社会化とメディア環境の変容とが連動するなかで、消費者にしてオーディエンスの優越を偽装し、さらに、その「多様性」や「個性」を、オーディエンスの具体的な姿の記号としての差異によって偽装し、称揚するイデオロギー的ディスクールにほかならない。

別の視点から考えるなら、そもそも、イデオロギー的ディスクールは、「なんらかの主体の効果、すなわち、なんらかの主体を『産出』し、あるいは『誘導』する」ものなのである。そして、こうしたディスクールによる「主体性効果の産出にかんする理論は、シニフィアンの理論に帰属」していて、「イデオロギー的主体とは、それ自体がイデオロギー的ディスクールに従属する特定のシニフィアンであるがゆえに、人格的にそのディスクールの一部をなし、そのなかに人格的に現前している」のである（Althusser 1993: 131）。したがって、一九八〇年代にディスクール的に構築された統制態としての「新たなテレビ・オーディエンス」とは、「バブル経済」とよばれる消費社会化と、「ニューメディア」ブームとよばれるメディア環境の変容が同時に進行するなかで編制されたイデオロギー的ディスクールに従属したシニフィアンによって、「産出」、「誘導」された、この時代の、この国のイデオロギー的「主体」でもあったのだ。

まさにそうであったがゆえに、「天皇の逝く」ときにもこの国では、天皇制のイデオロギー的ディスクールによって、このようにして強制された統制態としての、あるいはこのようにしてイデオロギー的ディスクールに従属したシニフィアンとして「産出」、「誘導」された、イデオロギー的「主体」としてのオーディエンスが姿を現したのであった。一九八八年九月一九日から、翌年に天皇が逝った一月七日までの間、このイデオロギー的ディスクールは、毎日の定時のテレビ・ニュースに、天気予報や株と為替の情報とともに、天皇の下血量、輸血量、体温、脈拍にかんする言表を配分し、人びとの日常生活に「自粛」とよばれる、異議申し立ての難しい「規制」の概念を発動させた。天皇制という、この国のシステムにかかわるイデオロギー的ディスクールは、天皇の末期をテレビで扱うにあたって、こうした言表の配分と概念の発動によって、強制された統制態としてのオーディエンスをディスクール的に構築したのである。そして同時に、このオーディエンスは、そうしたイデオロギー的ディスクールに従属したシニフィアンとなって「産出」、「誘導」されるのと同時に、そのことによって可視化される天皇制にとっての「主体」でもあった。

統制態としてのこのオーディエンスは、毎日の天気予報を見聞きするように習慣的に、ターミナルの状態にある年老いた自分の祖父や父の今日の容態を聞くかのような、若干の諦めも含んだ親密さで、天皇の身体のデータの報告を見聞きしていた。あるいは、「自粛」によって、「コマーシャルから『お元気ですか』という軽妙なせりふが消され」、「町内の秋祭りがつぎつぎと中止され、かきいれどきの一一月の結婚式が取り消されたこと」も、残念に感じながらも、この強制を受け入れていた。そして皇居前の記帳所には、みんながそうするから、テレビに映してもらえるかもしれないから、天皇はやさしくて脆い、かわいそうなおじいさんだと思うから、最近自殺した十代のアイドルを思わせるから（Field 1991=1994:

31）と感じる、こうしたオーディエンスの群れができあがった。まさに、このさまざまな姿こそが、「新たなテレビ・オーディエンス」がいかに記号的差異を際立たせてみたところで、それとまったく同様の、「天皇の逝く国」のイデオロギー的ディスクールによって強制された統制態として、「天皇の逝く国」のイデオロギー的ディスクールが産出、誘導したイデオロギー的「主体」の姿であったのだ。

注

1　これらの制作者の談話は、『ステラMOOK　テレビ50年――あの日あの時、そして未来へ』（ＮＨＫサービスセンター、二〇〇三年二月）を参照した。

2　これらの視聴者からの反響についても、『ステラMOOK　テレビ50年――あの日あの時、そして未来へ』（ＮＨＫサービスセンター、二〇〇三年二月）を参照した。

3　同右。

4　同右。

5　こうしたポピュラリティの特徴については、『KADOKAWA　別冊ザテレビジョン　20th Memorial Book』（角川書店、二〇〇二年九月）を参照した。

6　同右。

7　同右。

8　一九八五年九月一一日『朝日新聞』（東京本社版、夕刊）の文化欄による。

9　このコラムは、東京本社版では朝刊に、一月一日から一六日まで連載された。

引用文献

Althusser, L. (1993) *Écrits sur la psychanalyse: Freud et Lacan*, Éditions STOCK/IMEC.
Barthes, R. (1964) 'Éléments de sémiologie', dans *L'aventure sémiologique*, Éditions du Seuil.
Baudrillard, J. (1968) *Le système des objets*, Gallimard.
Baudrillard, J. (1972) *Pour une critique de l'économie politique du signe*, Gallimard.
Field, N. (1991) *In the Realm of a Dying Emperor*, Pantheon Books. ＝大島かおり訳（1994）『天皇の逝く国で』みすず書房
藤竹暁（1986）「たけし、タモリ、さんまを論じなければ、〈テレビとは何か〉のいま性は見えない」、『季刊　新放送文化　№１』
伊豫田康弘（1986）「僕のきわめて私的な視聴者観察で、小さいがこわいエイリアンが浮かび上がった」、『季刊　新放送文化　№１』
汀邦彦（1986）「受け手感覚を内に持った送り手だけが、新人類にウケる番組を作ることができ〜る」、『季刊　新放送文化　№１』
ＮＨＫ放送世論調査所編（1983）『テレビ視聴の30年』日本放送出版協会
白石信子、井田美恵子（2003）「浸透した『現代的なテレビの見方』―平成一四年一〇月『テレビ五〇年』調査から」、『放送研究と調査』二〇〇三年五月

8 「イラク攻撃」、「テレビ」、そして「オーディエンス」

毛利嘉孝

1 はじめに

問題の構成

「「イラク攻撃」、「テレビ」、そして「オーディエンス」」と題された本稿は、そのタイトルが示すとおり、二〇〇三年アメリカのイラク攻撃前後のテレビをオーディエンスがどのように視聴したのかを検証する試みである。* しかし、議論を始める前にいきなり肩すかしをくらわせるようで恐縮だが、タイトルに含まれる「イラク攻撃」、「テレビ」、「オーディエンス」といった語が、自律した分析対象のカテゴリーではないことを強調しておきたい。このカテゴリーは、議論を始めるための暫定的なカテゴリーにすぎない。語につけられた括弧は、その暫定性を示している。

たとえば、「イラク攻撃」と「テレビ」について語ることは、必然的に「イラク攻撃」や「テレビ」以外のメディアについて議論することをはらんでしまっている。「イラク攻撃」というニュースは、「北朝鮮問題」や「小泉政権」、「謎の白装束集団」や「たまちゃん騒動」などその他のニュースとの関連の中で位置づけられる。テレビというメディアがさまざまな情報をフローとして断片的に流すことを特徴としている以上、「イラク攻撃」にどの程度の時間が割かれるのかはほかのニュースや番組との相対的な関係で決まっている。

現実の視聴行為において、人びとは「イラク戦争攻撃」だけをほかの番組から抽出し、特別なものとして視聴しているわけではない。実際には、ほかのニュースやバラエティ番組やドラマの中に挿入されるひとつのエレメントとして「イラク攻撃」を視聴しているのだ。さらには、テレビ視聴以外の行為——食事や仕事、家族との団欒、友人との語らい——など日常的な生活のごく一部分を占めているにすぎないのである。

「テレビ」というカテゴリーも問題含みである。「テレビ」は、人びとにとって唯一の情報源ではない。実際には人びとは新聞や雑誌、インターネットなどほかのメディアをたえず参照しながら「テレビ」を視聴している。あるいは、日常的に接する知人や友人、家族との会話の中で「テレビ」はたえず文脈化され、その文脈の中においてのみはじめて意味を与えられる。ほかのメディアを無視し、「テレビ」だけを抽出して、「テレビの人びとの意識に対する影響」といったものを議論することは不可能である。

「オーディエンス」というカテゴリーの社会的な構築性については、本書のほかの論者も指摘している通りであり、ここでは繰り返さない。いずれにしても、「イラク攻撃」「テレビ」「オーディエンス」をあたかも自律し、特権的なカテゴリーとして扱うことができるとしたら、それは研究者や調査者、メディア産業が現実の人々の生活を抽象化し、そのカテゴリーに過剰に意味を与えた結果にすぎない。こうしたカテゴリー化は、メディア研究者、テレビ研究者、オーディエンス研究者が自らの研究者としてのアイデンティティを構築するプロセスを通じて行われるのである。

とすれば、私たちはこのように研究者によって特権化されたカテゴリーを現実の人びとの生活の中に取り戻し、再び位置づけなおす必要がある。いわば現実の世界の中に、研究者の手垢にまみれたカテゴリーを還元しなければならないのだ。こうした作業の後に見られる成果は、場合によると、「イラク攻撃」や「テレビ」、「オーディエンス」をあたかも決定的な出来事やカテゴリーのように語るナイーヴな政治学者やメディア研究者の言説からみれば、地味で、あいまいで、因果関係がはっきりしない、歯切れの悪いものになるかもしれない。しかし、明晰で一貫した理論展開とやらが、神のごとき調査者の単一の固定された視点によって構成されているのだとしたら、本稿はそうした単一の視点によってなされる物語を疑うという作業を通じて描かれている。一貫した理論の構築の中で失われていくもの、描かれないものに関心があるのだ。

「テレビ」や「メディア」を語る人のどれほどの人が、自分以外の人間が実際にどのように「メディア」を見ているのか関心を払ってきたのだろうか。このことについて、私は疑わしく思っている。「テレビ」の視聴は多くの場合、家庭という私的な空間で行われる。人は自分以外の家庭がどのようになっているのか究極的には知ることができない。人が知っている私的な空間は自分の空間のみであり、そうでなければ「メディア」を通じて表象される想像上の私的空間である。

多くのメディア論の危険は、メディアを論じる人の多くが自分自身と同じようにほかの人もメディアを視聴しているはずだと思いこむところにある。あるいはもっと控え目に言っても、自分と同じように視聴している人が一定程度いるはずだと無根拠に信じているところにある。もちろんテレビや衛星放送、インターネットの普及率や視聴率などによってある程度平均的な視聴状況を得ることはできるだろう。しかし、それはあくまでも「平均的」なものでしかない。そのような「平均的」視聴者そのものが実はフィクションであり、身体と名前をもった人間としては存在していないのである。「平均的日本人」や「平均的家庭」などというものが存在しないのと同じように。

本稿は、実際に人びとが「イラク攻撃」を「テレビ」を通じてどのように視聴したのかインタビューを通じて明らかにしようという試みである。こういったところで、私は本稿によって人びとの視聴状況が完全に明らかになるとは考えていない。そこで語られていることは、あくまでもインタビューに参加してくれた人びとによる自分のテレビ視聴についてのものがたりにすぎず、時には「現実」の視聴とはズレるかもしれない。それは、調査者である私とインタビューに答えてくれた人びととの関係性の中から生まれたものであり、彼らが私に話したくないことは語られないままである。たとえば、政治的なこと、文化的なこと、道徳的なことなど微妙な問題をはらむ番組について調査協力者は語ってはいないかもしれない。

本稿の調査はあくまでも調査対象者が語った事柄に領域を限っている。それは、現実的な調査上の問題として実際にをどのように見ていたのか検証する方法がないという理由にもよるが、それ以上に調査協力者がどのように自分が「テレビ」を視聴していると感じ、どのように人に語るかということに関心があるからである。「イラク攻撃」、「テレビ」、そして「オーディエンス」といったカテゴリーは、調査に先立ってアプリオリに存在するものではなく、調査協力者がインタビューを通じて行為遂行的《パフォーマティヴ》にそのつど構築するものなのだ。注目すべきは、テレビ視聴がどのように言説的に構築され、編成されているかである。

しかし、この言説的な構築は、個々人のレベルで完全に自由に行われるのではない。それが、物質的な存在である政治、社会、文化、言語、テクノロジーそしてメディアに基づいて構築される以上、どれほど多様に見えたとしても、やはり一定のパターン、ウィリアムズのいう「感情の構造」を示している(Williams 1975)。人びとは個々のレベルで完全に自由に同じようにテレビを視聴しているわけではないが、完全に自由に視聴することもできないのである。その一定のパターンがイデオロギーを構成する。本稿の関心は、「テレビ視聴」をめぐって、どこにイデオロギーとして許容されるものと許容されないものの境界線が引かれているのか考察することにある。

調査の方法

調査はインタビューによって行われた。調査協力者は六人。それぞれ二時間程度のインタビューを行い、インタビューの後に電話やメールなどでわからないところの情報の確認や補足的な説明を求めた。インタビューは、調査協力者ごとにまとめた後、本稿で発表する形式でまとめなおした。その後、原稿は調査協力者に送り、確認を取り、必要があれば訂正した。なお調査協力者のプライバシーを考え、内容に影響しない程度に、名前、経歴、内容等、変更している部分がある。したがって、本稿は調査者の論考ではあるが、同時にある程度まで調査協力者との協働作業の結果でもある。もちろん、本稿の最終的な責任が筆者にあることは言うまでもない。

調査協力者の選定は、調査者の身近な人から適当にピックアップした。特に方針は定めなかったが、ランダムに選んだとは言いがたい。選定自体、調査者の政治的・社会的・文化的な位置づけに大きく影響されている。具体的には調査者が九州大学に勤務しているためにどうしても大学になんらかの形で関わりのある人が多いという点では、階級的・社会的な集団として偏りがあることは否定しない。

それにもかかわらず、調査協力者を身近な人に設定したのはデメリット以上にメリットを考慮したからである。特に日常生活のプライバシーにまつわる些細な事象を根掘り葉掘り聞くにあたって、一定以上の人間関係が成立しないとなかなかインタビューそのものが成立しないことを危惧した。

また、調査者が一方的にインタビューを行い、それを分析する一方で、調査協力者がインタビューを受け、分析されるという不均衡な関係を可能な限り崩したいというのもあった。よく知られるとおり、ミシェル・フーコーは「知識は権力である」と言ったが（Foucault,1980）、調査者と調査協力者がはらむ権力関係を完全に無化できないまでも、可能な限り意識的でありたいと考えたのである。あたかも調査者が透明で中立的で、それゆえに神の視線をもっているかのように振る舞い、調査対象者を「対象」としてのみ扱う（あるいは無味乾燥な「オーディエンス」などという名称を与える）という傲慢な調査方法を問題化したかったのだ。

そもそも、調査者が自分の素性を明かさず、自分の意見を述べず、一方的に質問をし、その素性も信条もわからない人に対して調査対象者が質問に答えるという関係自体が、学問の制度化の中で歴史的に作り出された奇妙な関係性である。そこで得られる中立性や科学性とやらも、実のところその奇妙な関係性を前提としたフィクションであり、調査対象者は調査に協力に対して受け取る謝礼や大学やメディア、調査会社の権威に対して答えているだけなのだが、そうした調査者／調査対象者の関係性は人工的な操作を通じて調査の結果においては消去され、あたかも中立的で無垢な科学的データとして扱われる。

それに対して本稿が記述しようとしたのは、客体化された調査対象者ではなく、調査者と調査協力者との相対的な関係性である。もちろん、こう言ったからといって、その関係性をメタレベルで記述する視点の客観性はどこに保証されるのかという問題は無限に残り続ける。また調査者の権力性を完全に消し去ることは不可能である。しかし、調査者と調査対象者のあいだの相互行為《インタラクション》と反省性《リフレクシビティ》を導入することは「オーディエンス」という社会的構築物をいったん解体し、その形成を考察するためには不十分かもしれないが、最低限必要な条件だと私は考える。

調査協力者を身近な人に設定したために、調査協力者はあらかじめ調査者のイラク攻撃やメディアに対する意見や本稿の論点を想定しながら答えることとなった。あからさまに議論に現れないものの、同調しようとした協力者もいたし、反駁しようとした協力者もいた。インタビューはしばしば脱線し、ディスカッションへと発展することもあった。こうしたプロセスの中で、インタビューは単に事前に立てた仮説を機械的に検証するだけではなく、自分自身が学び、思考し、議論するプロセスとして位置づけなおされたのである。

とはいえ、インタビューは完全にフリーに行われたのではない。調査者が事前に用意したラフな構成は次のとおりである。

Ⅰ　イラク攻撃についての意見を聞く

①アメリカのイラクの攻撃をどう思うか。

②日本のアメリカ支持をどのように思うのか。

Ⅱ　この調査が、イラク攻撃に対する意見だけではなく、どのようなメディアの環境によって調査協力者がある一定の意見を持つようになったのかを調べるものであることを説明し、協力者のメディアの接触状態について質問する。

①自宅における部屋の間取り図及びテレビ、ラジオ、コンピュータなどの配置図を描いてもらう。

②テレビを中心に、どこで、だれと、どのような状態でメディアを視聴しているか一日の行動を例にして時間軸に沿って詳細に語ってもらう。

③イラク攻撃について、特にどのメディア、テレビ番組、メディア以外の環境から情報を得たのか、協力者のイラク戦争に関する意見のもととなっている議論はどこから来たのかを議論する。

Ⅲ　この調査について調査者が考えていること、「イラク攻撃」に関する意見、「メディア」の状況に対する意見を調査協力者に話して、あらためて「イラク攻撃」と「テレビ」との関係についての考えを質問する。とりわけ、日本の最近の反戦運動についてどのように感じているのか議論する。このことを通じて、メディアと政治意識の関係を考察する。

最後に調査協力者に仮説や前提を伝えることについては、議論を一定の方向に誘導する可能性が高く、意見が分かれるところかもしれない。しかし、いずれにしても調査の結果を出版することを前提としているので、説明責任《アカウンタビリティ》の一貫として全体の構成についてもあえて議論をした。議論の過程で、調査者の前提や意見が変わった部分もある。上の構成は、あくまでもラフなものであり、調査協力者によっては話題が脱線していくことについては、できるだけさえぎらずに流れにまかせた。

調査者の政治的意図は、あらかじめ明らかにされている。調査者は、端的にアメリカのイラク攻撃にも日本の攻撃支持にも反対である。圧倒的な世論の反対にもかかわらず、攻撃を強行したアメリカやイギリス、それを支持した日本政府に強い憤りを感じている。しかし、問題はまた別のところにある。世論ではこれほど高い反対があったのにもかかわらず、日本の反戦運動がヨーロッパに比べて盛り上がりにかけたようにみえたのはなぜだろうか。人びとは、実際にイラク攻撃の前後何を見て何を考えたのだろうか。暴走しているようにみえるアメリカや日本の政治を多少なりとも変えるためにどのようなことが可能なのだろうか。もちろん、こうした問いに一気に答えることはできない。しかし、本稿を通じて少しでも手がかりを探してみたい。

2 人は「イラク攻撃」をどのように「テレビ」で見たのか ——インタビューから

イラクへの攻撃が始まってから一週間後の朝日新聞(二〇〇三年三月三十一日)によれば、米軍のイラク攻撃開始以降、攻撃反対の意見は強まり、開始直後59%だった「支持しない」が65%まで上昇した。首相の支持表明については、「反対」が53%で開始直後の50%より上昇したという。賛否の理由は、反対と答えた人の中では「戦争そのものに反対」が7割、「米国の主張に説得力がない」が約2割、賛成では「北朝鮮問題で米国の協力が必要」が6割、「米国は同盟国」というのが3割だったとされている。

この数字は、過半数の人がイラクへの攻撃にも日本のアメリカ支持にも反対だったことを示している。この数字は、一時期ほどではないとはいえ、それでも相対的に人気の高かった小泉政権に対する支持率にも影響を与えた。

しかし、「賛成」「反対」と簡単に分類できるほどはっきりとした意見を人はアンケートに答える前から持っているわけではない。それはアンケートのプロセスを経由してはじめて自分自身にも認識されるのである。

では、この時期人はどのようにテレビを見て、イラク戦争に対する意見を持ったのだろうか。ここでは、六人のケースを取り上げてみていきたい。

Mさん：大学生（女性）

Mさんは、私が勤務する大学の学部三年生である。英語の習得に熱心であり、留学生センターの英語による授業を積極的に受講する一方で、アメリカの留学生などの面倒を自発的にみるなど国際的なセンスを持っている。三年生の後期から、大学の一年間の交換留学プログラムで英国に滞在することになり、その機会にロンドン滞在中の私を訪ねた。インタビューはその際に行われた。

イラク攻撃について、戦争反対か賛成か。このことについて、簡単に言えない、しかし、アメリカが利権のために戦争を行っているということについては賛成できない、というのがMさんのスタンスである。とはいえ、彼女は自分で認めるようにイラクへの攻撃について詳細な知識、戦争の背景を理解し、そう結論づけているわけではない。湾岸戦争についてはまだ小さかったので彼女は記憶がない。湾岸戦争以降、それまで高い教育水準を保っていたイラクが現在教育もままならない状態であるということを、ニュースで見たことがあるといった程度である。総じてイラク攻撃やその背景、そしてイラクの人びとの生活についてはほとんど知らない。そしてこのために安易な判断ができないと感じている。

では、このような彼女の意見はどのようにして醸成されたのだろうか。そして、メディアとりわけテレビはどのような役割を果たしているのだろうか。

まずテレビの視聴状況について見ていきたい（図1）。Mさんは、現在同級生と三人で3LDKのアパートを借りている。六畳の部屋を三人がそれぞれ持っており、十二畳のリビング・ルームが共有スペースであり、ここに24インチのテレビが置かれている。テレビには、ビデオとスカイ・パーフェクTVが接続されており、CNNやBBC、朝日ニュース、日経ニュースなどと契約している。月々約五千円の受信料は三人で分担している。テレビはリモコン付で、テレビの画面自体がリモコンで動くのでだいたいソファに座ってリモコンで操作しながら見ているという。

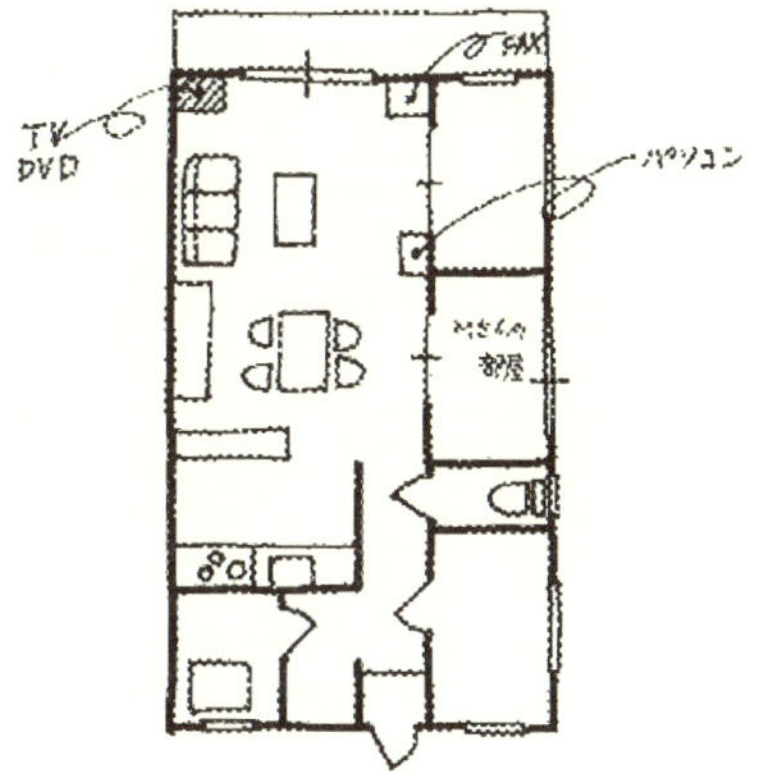

図1

三人で生活しているが、生活時間帯が異なり、一緒にテレビを見ることは少ない。テレビを見ながら議論をするということはほとんどない。朝八時半頃に起きてから学校へ行くまでテレビは見ず音楽をかけている。大学の授業のあとはほとんど毎日バイト（居酒屋と電気店PC売り場）に行く。帰宅はだいたい一〇時半から十一時くらい。テレビを見るのはその後寝るまでの時間である。共同スペースでひとりでくつろいで見ることが多い。共同スペースには、やはり居住者が共同で用いるADSLにつながれたコンピュータが設置されている。

イラクへの攻撃が始まった時は、CNNをつけて視聴していたが、同時に日本の大学に交換留学で来ていて現在アメリカに帰国しているアメリカ人の大学生とインターネットでチャットをしていた。しかし、その時「ああ始まったね」という感想だけで、特に深い印象は受けなかった。むしろ別の機会に別のアメリカ人の友人との会話で、北朝鮮の拉致疑惑についてあまり理解が得られず、むしろ核武装の方が危険なのだと外国人から指摘されたことの方が記憶に残っている。

Mさんはどのニュースを見ているのだろうか。「ニュースステーション」は見ない。帰宅の時間に合わないこともあるが、ニュースキャスターが陳腐で、あたりさわりのないことしか言っていないのであまり好きではない。「NEWS23」は、キャスターが落ち着いて見えるのでたまに視聴するがあくまでも「たまに」という程度である。どちらにしても、戦争報道についてどこをどう攻撃したかは報道されていたが、戦争の背後にある石油利権の実情などはほとんど報道されていないので、本当に知りたいことが扱われていないという印象をもっている。深夜型の生活であり、イラク攻撃の間もニュースはもっぱら民放の深夜ニュースとCNNだった。CNNは、彼女にとって中心的なニュースソースである。Mさんは、英語がすでに得意であることもあり、留学を前にさらにリスニング力を向上させるためにできるだけCNNを見ていた。

実はイラク攻撃に関するテレビ報道についてほとんど覚えていない、というのがMさんのインタビューの中で率直に現れた感想である。彼女の印象に残っていたものの数少ない例は、テレビ朝日がフセインの演説を放映する時に、CNNが放映した英語の翻訳をもとに日本語に翻訳がされていたということである。他局が、原語からイラク人によって翻訳された日本語を流していたために、この二つの差は歴然としていた。内容は同じだったのにもかかわらず、ニュアンスがあまりに違ったのである。Mさんは、翻訳による意図的な操作を感じたと言う。

ところで、Mさんはアメリカの背後の動機については疑問を感じているが、日本がアメリカをいちはやく支持したことについては、これまでの経緯を考えても「しかたがない」という印象をもっている。では、もしMさんが言うとおりテレビによってあまり情報を得ていないとしたら、「これまでの経緯」を彼女はどのようにして知ったのだろうか。

Mさんにとって、国際関係についてバックボーンとなる知識を与えてくれたのは高校時代の予備校のサテライト授業と予備校の世界史の授業である。高校は朝七時半から一〇時まで拘束される進学校で、テレビはもちろん本を読むこともほとんどなかった。今でも予備校の世界史の先生と予備校時代の友人との勉強会が、イラク攻撃についての彼女の情報源である。日本がすでにアジアでも屈指の軍事国であるといった情報はそうした予備校時代の友人との会話から得ている。それに比べて大学の友人とは、大学の授業に関する会話が中心で、あまり政治の話がでない。

イラク攻撃があまり印象にないのは、自分で能動的に情報を集めていないからだと彼女は言う。チョムスキーの『9・11』も読み始めたが途中でやめてしまったし、メーリングリストもあまりに情報が多すぎるので読むのをやめてしまった。興味のある事件、たとえば最近の長崎の少年による殺人事件などは、インターネットの検索ソフトでいろいろなニュースを探して読んでいるからだいたい知っているが、イラク攻撃については積極的にニュースを探さなかった。このためにイラク攻撃についての印象が薄いのではないか、とMさんは考えている。

Fさん：大学院生（女性）

Fさんは、現在私の所属する大学院修士課程の学生である。大学を卒業後、一度語学学校に勤務し、その後北アイルランドに留学しMA（修士号）を取得した。現在は、北アイルランド人のアイデンティティと表象の問題を扱っており、北アイルランド、ベルファストの人びとの意識、記憶についてフィールドワークをしている。インタビューは大学の近くの喫茶店で行われた。

Fさんは、アメリカのイラク戦争に対しては反対である。それは、アメリカがイラクを攻撃する理由がわからないからだと言う。Fさんによれば、イラクとアフガニスタン、あるいは9・11テロの関係がはっきりとしない。新聞やテレビでもそれが説明されることはなかった。

そもそも、悪事を働いている「指導者」と「国家」というレベルがイコールのように語られているが、このことにFさんは違和感を覚えている。どうして、レジームが悪いと、市民レベルで攻撃を受けなければならないのか。かりにアメリカやイギリス、日本の主張を認めるとしても、責任を持つべきは指導者であって一般の市民ではないはずである。「指導者」と「市民」を分けて考える必要がある、とFさんは言うのだ。

日本のアメリカ支持については、政府レベルの判断としてアメリカ追従は、賛成ではないけれど、まあ、そんな風にしかならないのだろう、と最初から予測していたし、あきらめてはいた。とはいえ、彼女は消極的にでも賛成しているわけではない。理想的には、日本政府はアメリカの暴走を止めたり、問題ははらんでいてもせめて国連を巻き込んだりする独自の主張を持ってほしいのだが、現実的にはそれは難しいだろうと思っているのである。とすれば、せめてアメリカの加担をやめるというためだけでも、これまでどおりお金で済ませればよかったのではないか。以上が、Fさんのイラク戦争の意見である。

彼女はイラクに対する攻撃が始まった時、ちょうどアイルランドでフィールドワーク中だったので、特にメディアに触れていたという意識はない。では、Fさんはどのようなメディア視聴を行っていたのだろうか。

Fさんは、現在大学の近くに一人暮らしである。部屋にあるメディアは、14型のテレビ、ビデオ二台、ノートパソコンが一台でインターネットにADSLでつながっている（図2）。また無線LANを使っているのでコンピュータは部屋の中で自由に動かすことができる。新聞は自宅では購読していないが、朝日新聞を中心に大学（大学院部屋か図書館）で読む。研究のためにインターネットで「ベルファスト・テレグラフ」を読んでいる。雑誌はほとんど読まない。

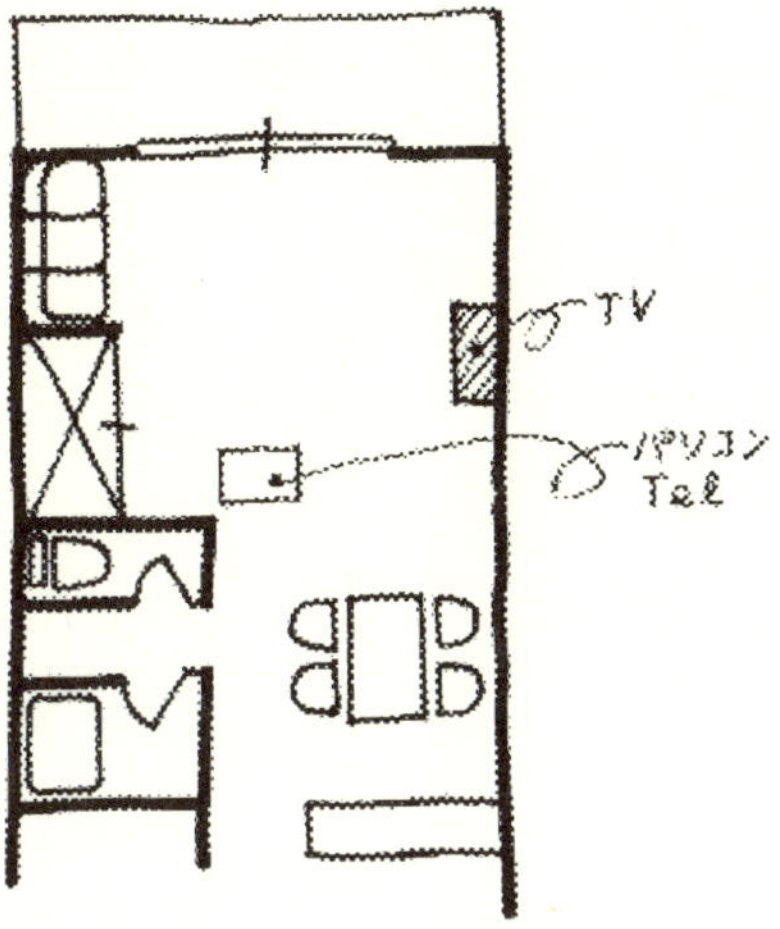

図2

テレビを一番視る時間帯は十時から十一時。朝起きるとNHKのニュースを点けるが、だいたいぼんやりと寝ながらみているだけだという。九時頃に大学に行き、研究室か大学で時間をすごしている。友人と食事をし、帰宅するのが十時から十一時、その後にテレビをみることが多い。視聴している番組は、筑紫哲也の「NEWS23」かNHKのニュース。その後朝三時頃までバラエティを点けていることが多い。また一時から二時はインターネットにつないで、メールをチェックし、返事を書いたり、ウェブを見ていたりすることが多い。ウェブは北アイルランドに関するニュースや、amazonの本の情報、毎日新聞などを見ている。メーリングリストは、「アイルランド友の会」に入っているだけである。

イラク問題をはじめこうした政治問題を話すのは、北アイルランドの留学時代の友人である。彼女は在日韓国人で、じぶんとはちがった視点を持っているので話すと刺激的である。先日も有事法制について議論をした。有事法制については、「NEWS23」の解説をみて、いろいろと問題があると感じた。

Fさんは、戦争は反対だが、デモのような直接政治行動をすることには違和感を覚えている。一度行ったことはあるが、「見た」だけで帰ってきた。ひとつの問題は、デモの直接的な政治的効果がよくわからないことだと言う。メールで来た戦争反対の署名の依頼には応じた。しかし、街頭の署名運動はしっくりとこない。特に印象的な知識人はいないが、朝生《あさなま》の姜尚中はいいと思う。

Rさん：大学非常勤講師（女性）

Rさんは、大学の英文学科を卒業後、現在は複数の大学で非常勤講師として英語を教えている。私はRさんとは福岡の研究会で知り合った。地元企業に勤務する夫と結婚している。子供はいない。夫は朝早くから夜遅くまで忙しく働いており、在宅中は一人で過ごす時間が長い。

Rさんのイラク攻撃に対する評価はいささか複雑である。開戦前は対イラク戦争反対の立場で、反戦運動の世界的盛り上がりに希望をもち、ネットなどの署名運動にも参加していた。しかし、イギリスで一〇〇万人規模の反戦デモの後、ブレアが国民の大半の反対を押し切って参戦を決定し、イラク戦争に突入したことに、「絶望」して、考えが変わったという。

Rさんによれば、アメリカのイラク攻撃について今でも基本的に反対だが、その一方で「反対」を連呼するだけで自分の無垢さを保っておくのは、かえって罪深いのではないか、と言う。人びとは事後的に、「失敗」から学ぶことしかできない。

たとえば今では、アメリカがいう「正義」は偽りだと世界中が認識している。ブッシュ大統領、そして、そのブッシュを選んだ多くのアメリカ人の問題は、国連さえ無視したイラクに対する先制攻撃を通じて浮き彫りとなった。その一方で、今回のイラク攻撃の「失敗」は、アメリカを世界の「警察」として、これまで許してきた我々自身の責任問題をあらためて自覚させた。自らは無垢を装いつつ、すべてをアメリカの愚かさのせいにする他の国々も責任がある。

フセイン独裁政権への対応について、国連の「決断」は先延ばされ続けた。どこかでいずれ下されねばならない「決断」にあたって、「責任」と「利害」という相容れない問題を、国連が正面から引き受けきれないという側面も暴露されたのである。この過程にRさんは、ある意味で「民主主義」が抱える「困難さ」を見たという。

日本のアメリカ支持については、利害関係でしか物事が進んでいないというのがRさんの印象である。小泉政権がイラク問題についてなにか積極的に考えているとは、到底思えず、すべてが倫理というより、日本にとっての利害関係、即ち、対北朝鮮、ひいては対アメリカとの関係の中で、アメリカによる対イラク戦争を支持しているとしか思えない。Rさんの発言で印象的だったのは、戦争には反対だが、戦争の問題は事後的な「失敗」からしか学べないというアンビヴァレントな意識だった。

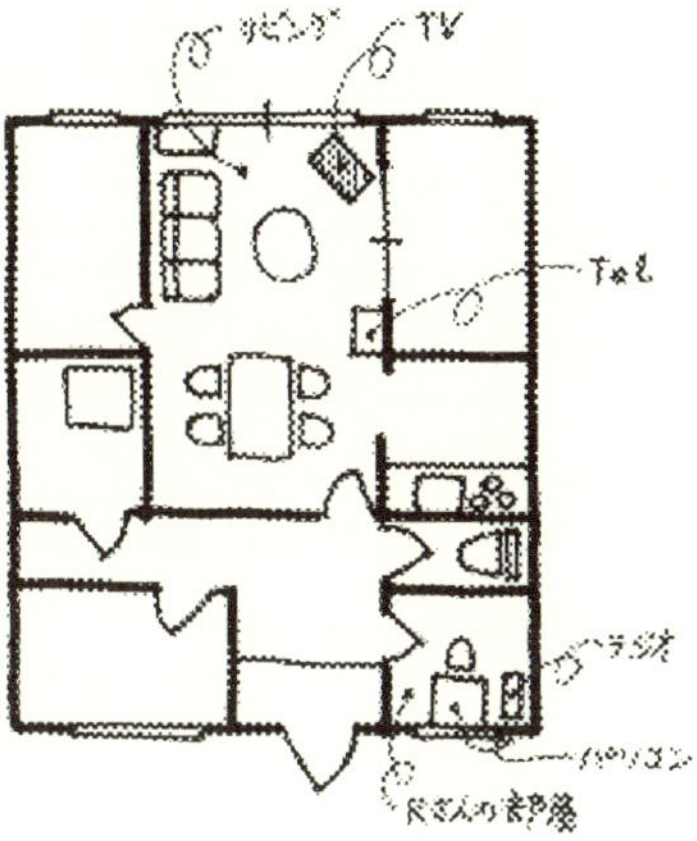

図3

Rさんのメディアの環境はシンプルである（図3）。テレビはリビングに一台。BSに入りビデオが接続されている。リビングにはラジオもある。またノートパソコンも置かれて、電話につないでダイアルアップでインターネットをすることもできる。リビングにはソファーとダイニング・テーブルがあるが、テレビはだいたいソファーで見ている。新聞は朝日新聞と西日本新聞。

朝起きるのは七時。起きるとテレビを点けるが、特に決まった番組を見ているわけではない。NHKと民放のニュースや情報番組を興味に合わせてチャンネルを変えている。

夫が出社するのは七時半。Rさんは週四日働いており、仕事がある日は七時半から八時すぎの間に出かける。朝の連続ドラマは見ているが、仕事のある時は見ることができない。

仕事がない午前中、九時半頃まで洗濯など家事をしながらテレビを点けている。これも興味に合わせて音を消したり出したりしながらワイドショーを変えて見ているだけで特に集中して番組を見ているわけではない。仕事で外出する日は、図書館で時間をとられない限りだいたい夜七時前に帰宅する。帰宅後はメールチェック。テレビを点け、番組表を見て面白そうな番組があれば見るが、特に必ず見る番組はない。食事は七時から九時の間だが、それほど規則的ではない。ニュースはよく見る。「ニュースステーション」や「NEWS23」、「ニュースJAPAN」など、報道しているニュースにあわせてチャンネルを変える。特番も興味があればチェックする。

テレビはリビングにあるが、自宅では自分の部屋で過ごすことが多い。自分の部屋では読書をしたり、仕事の準備をしたり、インターネットを見たり、絵を描いたりして過ごしている。部屋ではラジオかCDをかけている時もある。電話はあまりしない。その代わりにメールを書いたり、BBSに書き込んだりしている。

では、Rさんは日本のテレビをどのように見たのだろうか。Rさんは、湾岸戦争当時にニュース翻訳のバイトをしていたために、前回も日本の湾岸戦争報道に敏感になっていた。彼女によれば、今回のテレビは、前回と違い、「報道」について報道するいわば「メタ報道」を行っていた。日本のメディアでは「反省性」がアメリカのメディアに比べても顕著だった。

たとえば、アメリカではメディアが自己規制して、イラク戦争自体に疑問を抱かせるような残酷なシーンや女性・子供・老人の被害者など、テレビでは報道されなかったと聞いている。それに対して日本では、「NEWS23」で、筑紫哲也がアメリカのネオコンがメディアを牛耳っていることを指摘しながら、今回のアメリカの報道のあり方を批判的に報道していた。あるいは、アメリカ軍に従軍してアメリカ兵を映す側と、爆撃されるイラク側の両方の立場から報道することで、戦争時の両サイドの温度差をリアルに映し出した。

しかし、日本のメディアがアメリカの報道しない戦争の残酷で、リアルな側面を映せば映すほど、Rさんは映らない部分が気になったと言う。それは戦争における日常生活である。たとえば戦争とは一見関係のないような日常の風景、食事をしたり、笑顔で乾杯したりしている場面が日本のメディアからも消されていた。映像で日常性を消すことによって、逆に見る側は感覚を麻痺される。その意味で「日常」を消した日本のメディアは無自覚のうちに戦争に加担したのではないか。

〈人間の盾〉に参加した人の日常生活を写した個人撮影のビ

デオ映像も当初は流されていたが、戦況が悪化するにつれてそうしたシーンがタブーであるかのように少しずつ消えていった。

Rさんは、開戦前から直後にかけてイギリスに行く機会があり、その時にテレビ番組の中で、参戦しないフランスなどに対して戦争がパロディ化されていたことに驚いたという。Rさんによれば日本ではどの番組を見ても「アメリカの正義を問う」といった内容の生真面目な番組が多く、その意味では日本のほうが過熱していた。この生真面目さは、戦争について日常生活で議論がないことと関係しているように感じている。

イラクの報道においてRさんが「メタ報道」とともに印象深く覚えているのは、「NEWS23」の、戦争の事後的な報道をしていたことである。バグダッド陥落前の「普通」の家族の生活を「NEWS23」は撮影し、その家族の戦争に対する意見をインタビューし、さらに陥落後、その家族を再び撮影した。フセイン政権崩壊後、この二つの家族の発言内容があまりに違ったのを見て、それぞれの「普通」というものがつくられたものだと痛感した。しかし、戦後のニュースにも限界がある。たとえばフセイン派だった人の映像は、戦後、ほとんど画面からは消えてしまっている。

結局テレビは報道のスタンスという点では似たりよったりである。日本の新聞報道もまたあまり印象がない。それは、イラク戦争を報道している記者の顔が見えにくいからである。それに対してネットの報道は、発信をしている人の責任を持った姿勢がはっきりと見えるからいい。

9・11以後イラク戦争が始まってから、インターネットをよく見るようになった。特に池澤夏樹のメールマガジン、田中宇の国際ニュース解説、哲学クロニクル系のイラク関連の情報を発信するMLに登録して、情報を収集し、記事を興味深く読んだ。また英・米系の新聞数誌（保守系、革新系）のニュースなども大学の授業に使うということもあり、よくネットでチェックした。またアルジャジーラで放送した映像や写真などが、日本のマスメディアでは流れないニュースを紹介していたので印象的だった。テレビの報道は限界があり、インパクトが小さい。しかし、Rさんがインターネットで情報を収集したのはイラク攻撃の時が特別で、たとえば北朝鮮の情報についてはそれほど関心があったわけではない。

イラク攻撃の話をそれほど頻繁にしたという記憶はないが、時事英語を教えている授業中や、大学関係の研究会やマスコミで働いている大学時代の友人とは電話や東京へ行ったときに話す。福岡ではあまり話す機会がない。大学時代の友人は子供がいる人が多く、たまに会っても子供や教育の話が中心になる。

シンポジウムにはたまに行く。先日高橋哲哉の講演会（十シンポ）に行った。Rさんにとって面白かったのは、シンポジウムのパネリストで、歌を歌ったり詩を書いて平和活動をしている女学生が、高橋哲哉に「高橋さんは友達がいますか？　私が平和活動の話をすると周りがひいてしまう」と疑問を投げかけたことである。会場には笑いが起き、高橋さんは、それに対して自分と価値観をともにする友人が日本だけではなく外国にもいる、という旨の答えをしたが、むしろどうして日常の会話ではこうした議論がないのか、ということに関心をもった。

おそらく戦争について何か語ることの難しさは、それは同時に政治的なコミットメントを要求するからだとRさんは感じている。またヨーロッパの大きな反対運動にもかかわらず戦争が開始されたことは彼女が民主主義の「代表性」やメディアの「代理表象《リプレゼンテーション》」について考え直すきっかけになったという。

政治の動向に関心を持っているとはいえ、しかしRさんは積極的に政治運動にかかわっているわけではない。署名はインターネットや街頭ではしたが、デモや集会には行かなかった。デモは応援するが、日常と乖離してみえるデモは自分のスタイルではないと感じている。

Hさん：元政府系金融機関勤務（男性）

Hさんは、調査者の親戚である。定年まで政府系金融機関に勤務した後、関連会社に出向し、六三歳まで働く。現在は退職して、自宅で妻とふたりで暮らしている。ふたりの息子は、仕事をしており別居している。最近になって、定年後に勤めていた関連会社に月に三、四回アルバイトにでかけているが、基本的に自宅ですごす毎日である。インタビューはHさんがイギリス旅行した際に行われた。イラク攻撃が始まった時は妻とポルトガル旅行中で、旅行ガイドからイラク攻撃が始まったことを知った。

Hさんは、アメリカのイラク攻撃には反対である。理由は、まだ国連の査察が終わっていないからである。他国の核を持つことの制限を現在の保有国がする理由がわからない。これはアメリカ、イギリスの権限ではない。その一方でイラクは民主化する必要があると思う。先日イラクのクルド人問題の本を読んだばかりなのでなおさらそのように感じている。

日本の支持についてはアメリカとの関係からいって仕方がないだろうと感じている。今までは金銭的な援助しかしてこなかったが、名実の国際社会の一員となるためには軍事貢献をするべきである。特に北朝鮮の問題などが起きると、今後のことを考えて国としてしっかりしてほしい。自衛隊の実態が軍隊であることをみとめ、憲法九条改正を考える時期だとHさんは考えている。

Hさんの家にはテレビが三台ある。（図4）一階に二台、二階に一台である。しかし生活の中心は一階のリビングなので、ほかの部屋のテレビを見ることはあまりない。夫婦で違った番組を見たい時に、別の部屋に行く程度だが、それも頻繁にあるわけではない。ほかのメディアとしては、リビングにノートパソコンが置かれＡＤＳＬの常時接続状態である。手元にパソコンがあるので、テレビをつけたままインターネットを見たりマージャンなどのゲームをしていることも少なくない。またリビングにはオーディオが置かれている。

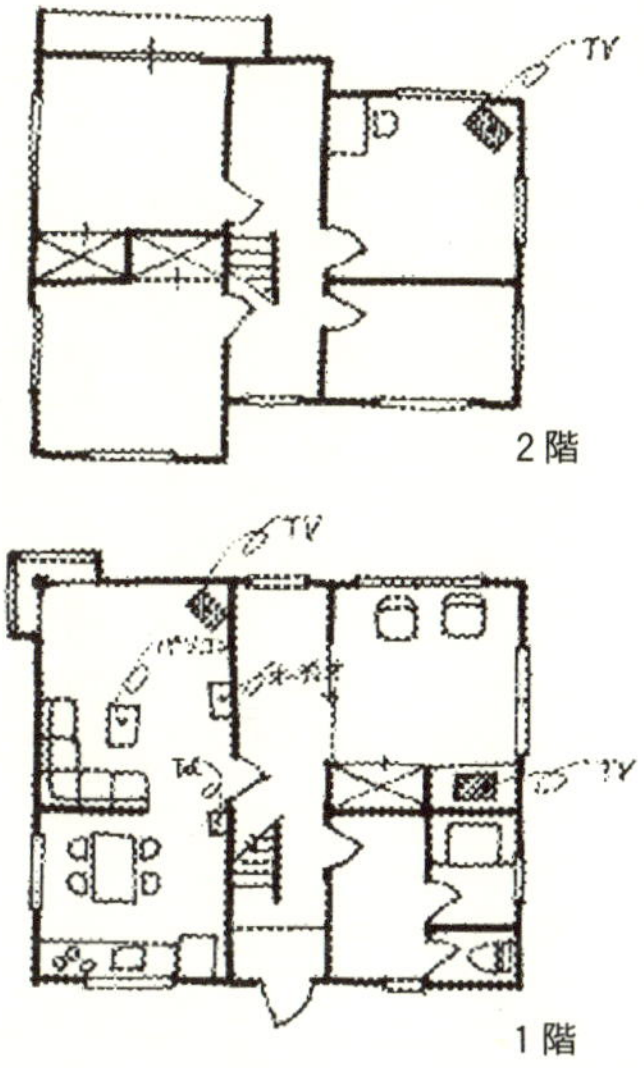

図4

Hさんの生活は、テレビ番組を中心に構成されていると言ってもいい。朝六時に起きてからは、六時半まで民放のニュースを見ている。以下時間ごとに一日のテレビ番組を列挙してみよう。

七時から七時半までＮＨＫ衛星ニュース。七時半から八時までＮＨＫのテレビドラマ。八時から九時までは、民放各局のワイドショーの面白そうな番組をチャンネルを変えながら見ている。九時にはケーブルテレビのクラシック音楽番組を点け、十時半から十二時まで大リーグがあればそれを見ている。十二時はＮＨＫニュース。一時から夕方五時頃までは前日にとったビデオでサスペンスドラマ、映画などを見る。六時以降は野球があればビールを飲みながら野球。七時はＮＨＫニュース。クイズ番組を見ることもある。この時間はサスペンスなどの長時間ドラマや映画をつけていることが多いが、多くはうたた寝をしている。夜十時はニュースステーション。十一時以降はスポーツニュースを見て就寝は十二時前後である。ほとんど毎日このパターンの繰り返しだという。

土曜日の桂文珍司会の朝の番組、日曜日は田原総一朗司会のテレビ番組は欠かさず見ている。ＮＨＫはニュースが中立的で平板な感じがする。それに対して久米宏や田原総一朗は自分で判断するので面白い。

好きな政治家は小沢一郎と石原慎太郎、経済学者では金子勝。それぞれいっていることは違うが一生懸命やっているという点で評価できる。亀井や野中のような土建屋体質はいやだし、古賀や江藤も好きではない。

会社に勤めている時からの流れで、週刊文春、新潮、ポスト、現代、朝日、毎日などの週刊誌はひととおり目を通している。政治についての意見はこうした週刊誌の影響が大きい。話題の本はできるだけ読もうとしているので、日曜日の新聞各紙の書評は目を通している。新書などの情報もやはり政治的な判断に大きく影響している。

メディア環境としては、通常のテレビ以外にケーブルテレビとインターネットに入っている。インターネットは数ヶ月前にADSLにしてから頻繁に使うようになった。スポーツニュースは機会があればみている。Yahoo.Comや夕刊フジをよくみる。最近は、大学時代の親しかった友人とメーリングリストをつくってやりとりをはじめて政治から経済、趣味のことまで活発にやりとりをしている。メンバーは現在十五人程度。もともとは大学まで一緒に汽車通（汽車通学）をしていたグループだったが、最近はやりとりが面白いというのを聞いて会ったことがない人も三人参加している。

イラク戦争などの時事・政治問題をまじめに議論する相手は最近ではもっぱらメーリングリストのメンバーである。会社のかつての同僚との間では政治の話をすることはあまりない。メーリングリストではいろいろな意見がでるが、やはり歳をとったこともあるかもしれないが、日本という国が最近は情けないのできちんとした国になってほしいとメンバーはみんな感じているように思う。

Aさん：大学院生（男性）

Aさんは、現在イギリスの大学のPhD課程に所属している。日本の大学の博士課程を単位取得退学した後イギリスでPhDを始めたが、テーマが日本のスポーツにおける身体性を扱っているということもあり、現在は日本に戻ってPhD論文を書いている。調査者は彼の大学院時代の指導教官である。四年ほど前に結婚した妻とネコと生活している。妻は、幼児教室の先生をしている。Aさん自身は論文執筆に専念しており、基本的に一日中自宅で過ごしている。以前は塾講師のアルバイトをしていたが、現在は何もしていない。いわば主夫という生活である。

彼は、今回のアメリカのイラク攻撃には反対である。その理由としては正当性がないからである。大量破壊兵器を未然に防ぐという名目で先制攻撃が行われたが、今回これをみとめると「なんでもあり」になってしまう。アメリカ以外のほかの国が同じ論理で先制攻撃を行うこともあるだろうと思う。

日本のアメリカ支持に対しても反対である。まず、Aさんは日米同盟そのものに反対である。今回はアメリカに対する懸念を表明し、国連の判断を待つべきだったと思っている。彼は自分自身を左派として認識しているが、右翼と反米の利害が一致したことは興味深く感じている。それに対する左翼の平和主義は具体性を欠いていて、説得力がなかった。

その一方で、メディアが報道するような「北朝鮮」の脅威が本物とは彼は考えない。むしろメディアによって拉致問題が取り上げられ、アメリカが北朝鮮を悪の枢軸として位置づける過程において、左翼の言説が「理想主義」として位置づけられ編成されたのだと考える。

今回の一連の動向で興味深かったのは、かつてない規模で反戦運動や反米デモが起こったにもかかわらず、そうした運動がほとんど力にならず戦争が起こってしまったという事実である。以上がAさんのイラク攻撃についての感想である。

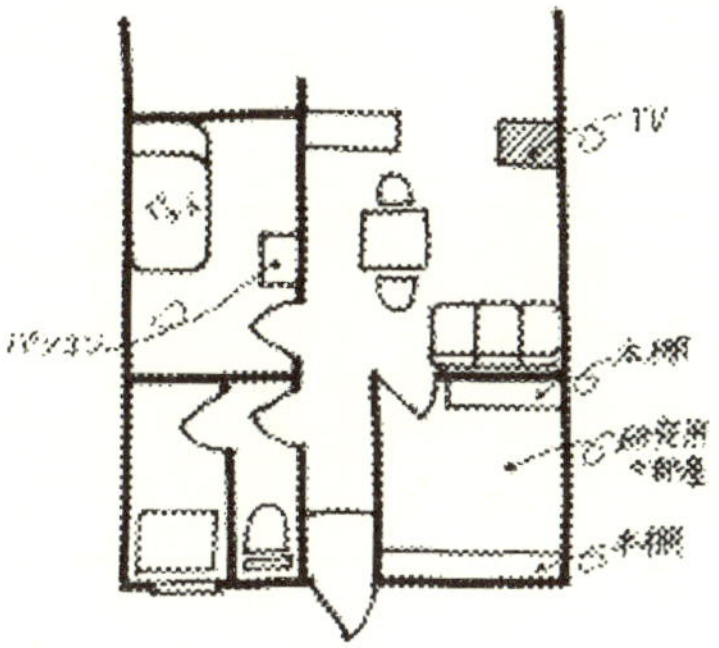

図５

Aさんのメディアの環境を見つつ、ある日の生活を追ってみよう。

Aさんのアパートは2LDK。リビングのほかにAさんの研究用の部屋と寝室がある。テレビはリビングにある（図５）。

Aさんが起床するのは朝八時半である。この時間におきるのは九時半に妻の仕事がはじまるので、妻を車で職場に送るためである。八時半に起きてから朝テレビはつけない。音楽をかけて新聞（朝日）を読んでいることが多いという。九時に家をでて妻を職場まで送りとどけ、十時に帰宅する。それから、新聞を読み、何度かメールをチェックするが、ダイアルアップ方式でお金もかかるので何時間もホームページを見ることはない。せいぜい日刊スポーツのサッカーニュースを読む程度である。それから夜七時頃、妻が帰宅するまでは基本的に、研究活動、本を読んだり、論文を書いたりすごしている。途中昼寝をすることも少なくない。また近所のスーパーに買い物に行くこともある。

テレビを点けるのは、妻が帰宅した後七時以降である。だいたいバラエティ番組を見ている。ニュースは決まっている番組は特にないが、NHKの十一時台の番組を見ることが多いという。「ニュースステーション」は見ない。この時間はバラエティに面白い番組があるからである。「NEWS23」は、妻があまり筑紫哲也を好きではなく、説教くさいので見ない。

また、民放の十一時半から十二時半からのニュースはよく見る。

妻が就寝した深夜一時以降にまた研究活動に戻る。就寝はだいたい三時から四時だが、この間はだいたいテレビ（ケーブルテレビのサッカー番組や海外ニュース）が点いている。

イラク攻撃は、Aさんにとって関心の高い出来事だったと言う。しかし、このことは、通常接しているメディア以上に特別な情報を集めたということを意味しているわけではない。その情報源はあくまでもテレビであり新聞だった。特に朝日新聞の国際面は彼にとって重要で、イラク攻撃の前後国際面を丹念に読んだ。

テレビについては、各局の報道を見て比べることがあった。その比較によればNHKが比較的公平だったという印象をもっている。特にこのことを最初に感じたのは、9・11の報道の時だった。単に惨劇としてセンセーショナルにのみ論じた民放各局に比べて、NHKだけは9・11をアメリカの対外政策の歴史的変化と関連付けて解説していた。今回のイラク問題の象徴的な役割を果たしたバグダッドのフセイン像倒壊の時も、民放は喜ぶイラク国民を一方的に紹介したのに対し、NHKはその像のまわりを取り囲んだのはあくまでもイラク国民の一部であって、それに対立している人がいるというコメントを加えていたのが印象的だった。

朝のワイドショーはたまに見るだけだが、北朝鮮のクレイジーさばかりを強調しているのが気になる。こうしたセンセーショナリズムは、商業的に売れるのでますます流通するのだと思う。藤原帰一のネオコン批判は印象深かった。

イラク問題については、妻の妹夫婦とよく議論する。「アメリカはひどい」というので意見は一致する。妻との会話で言えば、自分が語り役で、妻は聞き役である。特にAさんの方が時間があるので新聞をじっくり読んでおり、国際面をまとめて教えてあげる役を果たしている。

攻撃が始まった日は、以前所属していた大学でほかの院生と話をした。やはりアメリカはひどいというので意見は一致した。これは宗教のレベル、文明の衝突ではない、この戦争の目的は石油の利権であるという見解になった。この石油利権については朝日新聞がブッシュ政権の石油利権について解説した記事があったのが印象的だった。

Aさんは、自分自身はイラク攻撃について比較的知っていると思っている。普通の人は新聞をスミからスミまで読んでいるわけではない。しかし、デモのような政治運動にはあまり関心がない。それはデモに対する失望が大きいからだと思う。文化的な運動は影響がない。むしろ問題は、ひとつひとつの問題だけではなく全体の言説の編成のモードを変えることだとAさんは思っている。

Nさん：大学院生（男性）

Nさんは、現在修士課程一年生でボクシングとグローバリゼーションの関係について研究を行っている。私は現在その指導教官であり、昨年彼が宮崎の大学を卒業後、研究生として大学院の授業を受講していた時からの知り合いである。

Nさんは、今回の調査の中でもやや「例外的」な協力者かもしれない。というのも、彼は自宅にテレビを持っていないのである。しかし、実はNさん以外にも今回インタビューを依頼するにあたって、特に大学生、大学院生の中で自宅にテレビを持っていないという理由でインタビューを断った学生が少なからずいたことも事実である。

おそらくテレビ視聴研究という観点からは、こうした人びとはあらかじめ排斥されている。そこでは「テレビを自宅で見る」ことが「普通」の行為として自明視されているのである。しかし、テレビは必ずしも自宅でのみ見られるわけではない。また、テレビを見ていない人が、テレビを意識していないわけでもない。むしろその前提をも疑うべきなのである。Nさんには、こうしたことも考えるためにあえてインタビューをお願いした。ここでは、Nさんがテレビを自宅に置かない、積極的な理由から考えていこう。

Nさんの自宅からテレビがなくなったのは、彼が高校三年生の時である。受験を控えた彼は両親と三人で愛媛で生活していた。テレビを片付けたのは、受験勉強に専念するためである。それまでNさんはテレビに振り回される生活だった。学校から帰宅するとすぐにテレビのスイッチを入れ、それから就寝までだいたいテレビが点いていた。テレビを片付けた時、もともとあまりテレビを見ていなかった母は賛成したが、水道局に勤める父親は仕事のためにもニュースを見るのが必要だ、と憮然とし、最後まで抵抗したらしい。

その後浪人し一人暮らしを始めるが、テレビがない生活に慣れてしまったので、そのまま続けているという。テレビを持たない主たる理由は、生活の中心をテレビに置きたくないからである。Nさんにとってテレビを見る行為は祖母の記憶と結びついている。祖母は一日中テレビを見ていたが、Nさんはそれに対して嫌悪感を持っていた。テレビは、なにもしない時間を埋めてしまうし、三〇分単位で番組が変わって別の番組が始まるのも不快な感じがする。テレビを見る時間があれば、ほかの人間関係に使いたいというのが彼のテレビを置かない理由である。

テレビのない彼の1DKの部屋にあるメディアはオーディオとパソコンだけである（図6）。パソコンは趣味のひとつで大学時代はDTPで雑誌を作ったり、ホームページなどで情

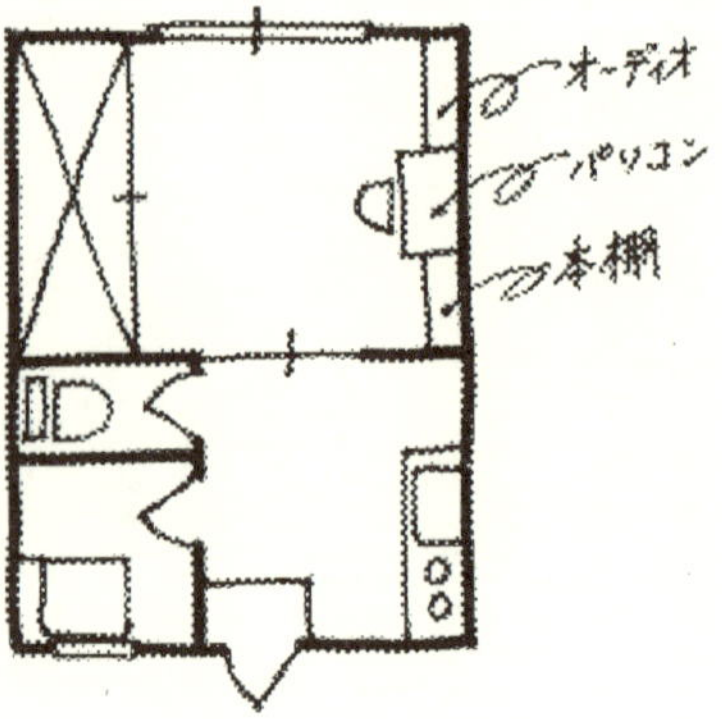

図６

報発信をしていた。ネットはＡＤＳＬで、ニュースなどはインターネットのホームページで見ている。新聞は朝日新聞と週間ＳＴという英語で一週間の記事がまとめられた新聞を取っている。雑誌はパソコン雑誌と『Ｎｕｍｂｅｒ』をよく見る。

テレビのないデメリットとして、やはり映像がないので具体的なイメージがつかみにくいというのがある。また芸能人などの名前を知らないことが多く、友人の水着アイドルの話についていけなくて悔しく思ったことがある。とはいえ、研究のテーマであるボクシングはビデオにとってもらって自宅でまとめてみるし、サッカーや野球などのスポーツは大学にある大学院棟（大学院生の研究室を集めたプレハブでそこにはテレビのある共有スペースがある）で、友人と一緒に見ている。

イラク攻撃が始まった時は「またか」という感じがした。これは「うんざり」「いいかげんにしてほしい」という感覚である。しかし、戦争は特別なものには感じなかった。それは他のバラエティ番組やオリンピックと同じように感じたのである。中学生の時の湾岸戦争はショックだったし、９・11の時はニュースを偶然インターネットで見つけ、友人の家まで見に行った。しかし、今回のイラク攻撃はそれほどの関心をもてなかった。朝日新聞か産経新聞のホームページで、アメリカのイラク侵攻のニュースがマップ付きで刻々と紹介されていたが、まるでテレビゲームの将棋みたいで面白かった。しかし、概してＮさんは、今回の戦争には関心がなかった。

したがって、イラク攻撃について賛成でも反対でもない。イラクの人びとは自分にとって遠く感じられる。イラク攻撃に反対する人は多いけれども、そういう人たちもイラクの人びとを知っている人はどのくらいいるのだろうか。友人がいればちがうかもしれない、とＮさんは言う。

むしろ日本のアメリカ支持の方がＮさんにとっては、リアリティがあるという。ひとつはＮさんの親戚が自衛隊に事務官として勤めていることと関連している。支持がいいかどうかということよりも、このことによって日本が攻撃の対象になるのではないかという不安の方が大きい。

関心が低かったとはいえ、インターネットの記事はよく見ていた。特に新しい情報、マスメディアが伝えないような小さな情報を発見した時は嬉しい。アルジャジーラのサイトもアクセスしようとしたが混んでいたので見ることはできなかった。

大学院の友人とイラク攻撃について議論することはあまりない。大学のゼミの友人で現在グローバリゼーションの研究をしている友人とは電話で時々話をする。自分と関心領域の違う人とは話をしない。以前北朝鮮問題について議論をして、人を知らないうちに傷つけたことがあり、注意をしている。特に自分が知ったようなことをいって議論になると後味が悪く感じる。

3 人は「イラク攻撃」をどのように「テレビ」で見たのか
――その分析と仮説的結論

さて、これまでのインタビューの声をもとに「イラク攻撃」を人はどのようにテレビで見たのかを考えてみたい。とはいえ、最初に予想されるいくつかの批判に対して先回りして答えておこう。

まず、「六人」という調査協力者の数は、社会調査にかかわっている人からみれば、サンプルとしてはあまりにも少ないと感じられるかもしれない。あらかじめ断っておくが、この六人の声をもって日本人一般の議論にするつもりは全くない。これは、あくまでもこの六人の視聴のあり方に基づいた個別のケースに対するいささか仮説的な議論の構築にとどまっている。

またサンプルとしても、例外的な人ばかりをランダムに取り上げているような印象をもつ人がいるかもしれない。ここには「普通」の人が抜けているではないか。しかし、Nさんの事例でも議論したように、ここでまず批判しようとしているのは、「普通の家族」、「普通のサラリーマン」、「普通の主婦」、「普通の学生」といったものが、あたかも実体として存在しているかのように想定する思考のあり方である。こうした「普通」というカテゴリーは、その社会に固有のイデオロギーによって絶えず生産されたものにすぎない。そして、そのカテゴリーが、「家族」や「OL」、「若者」といった均質なオーディエンスのカテゴリーを支えてきたのだった。もしこのサンプルが「普通」にみえないとしたら、そこで参照されている「普通」という概念がどのように構築されたのかをみなければならない。

ところで、この六人の「テレビ」視聴のあり方、「イラク戦争」の経験、それに対する意見は、一見するときわめて多様にみえる。テレビを中心に一日が組み立てられるHさんのような人もいれば、テレビを自宅に持っていないNさんのような例もある。生活もメディアの環境もそれぞれ不規則である。「イラク戦争」についても、ほぼ同様の反対意見をそれぞれもっているが、その動機はさまざまだし、日本の支援については違った意見が見られた。オーディエンスというカテゴリーが、実は多種多様な混交体であることは、この六人の声からも理解することができる。

しかし、私がここで強調したいのは多種多様な「テレビ」の経験だけではない。むしろ主要な関心は、それがその見かけ上の相違にもかかわらず、同時に「イラク戦争」をめぐるヘゲモニー的な政治的言説を作っているということにある。六人という数少ないサンプルとはいえ、そこでは同時代の社会的条件が不可避に書きこまれており、個別の事例のなかでさえも、あくまでも仮説的かつ理論的なレベルで一般的な議論としても考えるべき問題が畳み込まれているように思えるのだ。それは一層の実証的研究によって明らかにされるべきものだろう。たとえば、さらに多くの人にインタビューを続けることはこの議論の根拠を強固にするだろうし、場合によっては定量的社会調査と組み合わせることによって、さらなる知見が得られることも期待したい。

それでは、このインタビューから見ることができる傾向を考えよう。六人の傾向として、「テレビ」というメディアに対して、このような政治的なニュースを理解する際にインターネットが大きな役割を果たすようになっていることがわかる。とりわけ、この一、二年のADSLなどのブロードバンドの普及とメーリングリストなどの情報の充実によってマスメディアの補完的な役割だけでなくそれをしばしば越える影響力を持ち始めている。インタビューの中からもこの事実ははっきりと窺うことができる。

Nさんのように、ほとんどの情報をインターネットから得ている人もいれば、Rさんのようにメーリングリストでマスメディアが伝えないよりリアルな情報を得ている人もいる。Mさんは、ほかの事件に比べて関心が低かったので特にインターネットで調べなかったと言うが、このことは逆説的にインターネットで検索をするかどうかということがもはや政治的な関心を示すバロメータになっていることを示している。インターネットのメールのやりとりは、既存のマスメディアはもちろん、日常的なフェイス・トゥ・フェイスのコミュニケーション以上に政治的な議論の場であることが、RさんやMさんのインタビューからわかる。

その一方で、調査協力者たちが自分自身の意見を考える際に、かつて「利用と満足」研究が議論したようなオピニオン・リーダーの存在が身近なコミュニティの中にはほとんど存在していないことがわかる。伝統的な意味でのローカルな共同体に彼らが所属しておらず、相対的にその意味が低下しているのだ。この傾向は都市部でははっきりと見ることができるだろう。その一方で、彼らが真剣に議論をする相手は多くの場合、自分が現在所属している直接的な「近く」の集団ではなく、若干空間的・時間的に距離のある集団である。

Aさんに対するインタビューで、「イラク攻撃についてどう思うか」と質問をした時に、「毛利さんとの会話で今ここで真剣に話さなきゃいけないんですか？」と聞き返されたが、これなどは興味深い例だろう。日常他愛もない会話しかしていない調査者に対して唐突にきまじめな話をすることに、彼は明らかに戸惑っていたのだった。この例から端的にもわかるように、「政治的なもの」はこの六人の通常の日常生活や会話の中から知らず知らずのうちに排斥されているのである。このことは、Rさんのインタビューの中で紹介された「まじめな話をするとひかれてしまうのではないか」というひとりの女性の潜在的な不安とも同じ根を共有している。

これを、リチャード・セネットの本のタイトルにならって「公共性の喪失」と呼ぶことができるだろう（Sennette 1997）。公共性を空間的に保障する公共圏とは、ハンナ・アレントやユルゲン・ハーバマスが政治的な議論が交わされる言説空間の場として議論した重要な概念で（Arendt 1958/1995, Habermas 1989）、一八世紀のカフェやサロンが代表的な存在であるが、こうした公共圏がこの六人のインタビューの中では大きく切り詰められているのである。日常的な会話の空間は、セネットが分析したように「親密さ」によって占拠されてしまっているのだ。この親密な空間において支配的な役割を占めるのは、「私的なもの」、アレントの独特の言葉を用いれば「社会的なもの」である。

しかし、「公的なもの」は単に消え去っているのではない。それは、時間的にも空間的にも相対的に離れた場で現われているのだ。それは、Mさんの場合は予備校の友人との会話であり、Rさんの場合はシンポジウムの後の飲み会であり、Hさんの場合は大学時代の友人とのメールのやりとりであり、Fさんの場合は留学時代の友人との電話の会話である。

公共性のこの喪失、あるいは転移は政治というカテゴリーの「遠さ」とも結びついている。六人ともアメリカのイラク攻撃に対して反対するものの、積極的に反戦活動やデモに参加しているわけではない。それは、そうした政治活動が彼らにとって非日常であり、うまく自分自身と接点を見出せないからである。この日常的な会話から政治が排斥されていることと、政治が特別な非日常性と結び付けられていることは、ひとつの同じ事象のコインの両面なのだ。それは、最終的には政治に対する自分自身の無力感とも結びついている。

このように考えると、「イラク攻撃」の評価もそのみかけの多様性にもかかわらず、あるひとつのヘゲモニー的編成が行われていることがわかる。アメリカのイラク攻撃に対する嫌悪感ははっきりしているものの、日本がいち早くアメリカを支持したことに対する反対意見は曖昧なものである。反対は曖昧な形でしか表明されず、その一方で「日米同盟」や「北朝鮮」の状況を鑑みれば「しかたがない」という奇妙な、しかし、しぶしぶながらの合意を見ることができるのである。

ヘゲモニーは、単に一方的な意見だけで形成されるのではない。それは複数の対立し、矛盾する意見を、そのまま大きな枠組みで再編成することによってなされる（Gramsci 1971）。日本のアメリカ支持に対する反対意見と日本政府の決断に対する理解との間は、まさにその矛盾をはらんだまま受容されているのである。したがって、日本政府のアメリカ支持に対して反対か賛成かという意見の溝は、一見思われているほど根深いものではない。それは、①アメリカのイラク戦争に理がないということ、②日本が北朝鮮の脅威にさらされており、アメリカとの軍事的同盟を無視しては考えられない、という二つのヘゲモニー的合意を前提として、この溝は形成されているにすぎない。このアンビヴァレントな感情が一見するとアメリカにも小泉政権にも批判的なメディアによって形成されたのだ。そして、このアンビヴァレンスが日常生活における無力感と重なり合うのである。

これに対するひとつの処方箋は、日常生活の空間とメディアの関係性を再び組み立てなおすことである。しかし、それは単に旧来の政治を日常生活に持ち込み、日常生活を政治の中に投げ入れることによって行われるわけではない。それは政治と日常生活というカテゴリーの意味そのものを変容することを要求している。メディアは、そのときに重要な役割を果たすだろう。インターネットによる情報の収集や発信はその可能性のひとつである。

最後に、この時代オーディエンス研究は何ができるのか、という問いにつきあたる。おそらく六人のインタビューを読んだ後に、こうした人びとがメディアに対して一定の批判的な視点を持っていることに驚いた人も多いだろう。メディアを自らの文脈に合わせて批判的に読み替えていく「能動的なオーディエンス」は、ジョン・フィスクやデヴィッド・モーリーなどのオーディエンス論の中でしばしば議論されてきた（Fisk 1987, Morley 1980）。私の事例の中でもこうしたオーディエンス像を見出すことは難しくない。

しかし、一方で理解しなければならないのは、通常人びとは、テレビはあまりにも日常生活の一部となっているために、それほど真剣に意識しているわけではないということである。むしろ、インタビューによって問題提起されることによってはじめて人びとははたとテレビのことを批判的に考えはじめるのだ。「能動的なオーディエンス」とは日常的にはあくまでも潜在的なものであり、インタビューやその後のやりとりを通じて顕在化していくのである。オーディエンス研究とはまさにそのプロセスにほかならない。

　アントニオ・グラムシが人はだれでも知識人であると言い、ヨゼフ・ボイスが人はみな芸術家であると言ったことにならえば、人はみな潜在的にメディア批評家である。オーディエンスなどという受動的で抽象的な分析の「対象」を作り出してきたのがひとつのオーディエンス研究だとすれば、オーディエンスのひとりひとりに顔や声や身体を与え、分析の「対象」ではなく、分析の「主体」として位置づけなおすのが、もうひとつのオーディエンス研究である。そして、それはオーディエンス研究を日常生活の政治のプロジェクトとして編成しなおす試みでもあるのだ。

＊本稿は、本書次章の『テレビ・オーディエンス研究の現代的地平』といわば対で書かれたものである。前提としている理論的枠組みは繰り返さないので、併せて読まれたい。

参考文献

Arendt, H (1957/1998) *The Human Condition*, University of Chicago Press=(1994)『人間の条件』志水速雄訳、ちくま学芸文庫
Fiske, J. (1987) *Television Culture*, Methuen: London
Foucault, M (1980) *Power/Knowledge: Selected Interview and Other Writings 1972-1977* by Michel Foucault, ed. Gordon Colin, Harvester Press: London
Gramsci, A (1971) *Selection from the Prison Notebooks*, Lawrence and Wishart: London
Habermas, J (1989) *The Structural Transformation of the Public Sphere: An Inquiry into Category of Bourgeois Society*, Polity: London = (1994)『公共圏の構造転換――市民社会の一カテゴリーについての考察』細谷貞雄・山田正行訳、未来社
Morley, D. (1980) *The 'Nationwide' Audience*, BFI: London
Sennet, R (1977) *The Fall of Public Man*, Faber and Faber: London=(1991)『公共性の喪失』北川克彦・高階悟訳、晶文社
Williams, R (1975) *The Long Revolution*, Penguin: London =(1983)『長い革命』若松繁信・妹尾剛光・長谷川光昭訳、ミネルヴァ書房

Ⅲ　オーディエンス研究の展望

9

テレビ・オーディエンス研究の現代的地平

毛利嘉孝

はじめに

今日テレビのオーディエンスを研究することは、ますます困難な作業になりつつある。というのも、これから見ていくように今日オーディエンスを研究することは、単にメディアとオーディエンスについて調査し、分析し、検証していくだけではなく、そうした研究が前提としている諸概念――たとえば「オーディエンス」や「テレビ」、「視聴者」や「メディア」など――を根底から問い直す作業を不可避にはらんでしまっているからである。

もし「オーディエンス」という最も根幹的な概念に対して、それを批判的に問い直し、再定義し、場合によっては解体することまでも要請されているとしたら、「オーディエンスとはそもそも何なのか、誰なのか」という問いと同時に「オーディエンス研究者とはそもそも何なのか、誰なのか」、さらには「オーディエンス研究とは何か、それは自律した研究領域として存在しうるのか」、という存在論的な問いも併せて立てる必要が生じる。このことは、「オーディエンス研究」だけの問題ではない。その上位概念であるほかの「メディア研究」や「マス・コミュニケーション研究」についても問い直されるべき問題である。

この動向は、一九八〇年代に顕著に起こった人文学や社会科学のポストモダン的な転回、あるいは学問領域に対する反省性《リフレクシビティ》＝再帰性という問題と深く関わっている。ある学問領域は、それが理論的に発展する限り絶えず自らの基盤そのものを批判的に検証するプロセスに巻き込まれざるをえない。またこの反省性のプロセスの上昇は、テクノロジーの発展、グローバリゼーションの進展、ポストモダン化と総称することができる社会的・政治的・文化的諸条件が変化したことにも対応している。理論は純粋に自律的なものではない。理論は、それが依拠している社会的な諸条件に常に条件づけられている。社会的諸条件が変化すれば、それにともなって適切な枠組みを必要とすることになる。その意味で、「オーディエンス」を議論することがその前提そのものを議論することと結びついていることは、きわめて現代的な問題構成と言えるかもしれない。

しかし、この問題構成は、現代的であると同時にオーディエンス論というものがその当初から持っていたジレンマを反映している。それは、端的にいえば、オーディエンス論が「オーディエンス」という概念をその理論構築の過程において形成してきた一方で、その始まりからして「オーディエンス」という概念を解体し、破棄することを目指していたという矛盾した二つの方向性である。今日的情況は、オーディエンス論が当初から抱えていた問題を、可視化したのだ。確かにジョン・ハートレイの「テレビ・オーディエンスなどというものは存在しない」(Hartley 1987) という挑発的な指摘は一面正しいのかもしれない。ハートレイの言うように「オーディエンス」という概念そのものは、さまざまなオーディエンス論や現実のオーディエンスを取り扱うメディア産業や広告産業によって社会的に構築されてきたものだが、しかし、当のオーディエンス論は、その一方で一般に流布されているオーディエンスのカテゴリーを絶えず疑問視し、問題化し、必要に応じて解体しようともしてきたのだ。反省性《リフレクシビティ》とは、批判的で不断の自己言及のシステムである。これは理論が社会的な条件に制限されるだけではなく、社会的条件を逆に組み換えていくような機能を理論と呼ばれる営為が本質的にもっていることを示している。

本稿では、今日的な観点から見て過去のオーディエンス論のマッピングを最初に行う。そしてその過程を通じてオーディエンス論の可能な現代的な地平を——おそらく、それは平坦で一貫したものにはならないだろうが——素描してみたい。このマッピングは、とりあえず年代順に見ていくことになるが、あらゆる歴史がそうであるように、本稿の作業もやはり現在筆者が条件づけられた視点から「物語化」されたマッピングにすぎない。現在の議論も、実は過去の議論をすべて消去、一掃した上に首尾一貫した新たなものとして形成されるものではなく、さまざまな時代のお互いに相矛盾する議論がモザイク状に絡まったまま投げ出されたものである。それが、あたかも一貫しているかのように見えるとしたら、「物語化」の効果にすぎない。したがって、歴史的に後の時代に属する議論は、前の時代の議論を批判的に乗り越え、一見すると、より「正しい」理論に近づいたように見えるかもしれないが、それ自体理論の進歩という幻想に捉われたひとつの「物語化」の効果である。ホールの言葉を借りればその時代の情況に対してより「適切」な理論が登場したと考えるべきなのだ。オーディエンス理論の現代的地平と私が呼ぶとき、このことは過去の議論をすべて時代遅れとして切り離したものではない。このことは強調してもしすぎることはない。

あらかじめ議論を先取りすれば、オーディエンス研究の中でも英国のバーミンガムで始まった文化研究《カルチュラル・スタディーズ》の流れの中のオーディエンス論の最近の議論に本稿自体が多くを負っている。しかし、このことをもって本稿すべてを文化研究の議論に回収できるとも、文化研究の主流の議論を代表しているとも思わない。可能性のある議論は、常にある学問領域の周縁やそこから排斥されてきたものの中にしか存在しないのだ。したがって、このマッピングの作業では、文化研究のオーディエンス論以外にも、それと緊張関係にあった諸理論——フランクフルト学派のオーディエンス論、アメリカのリベラル多元主義の初期の「利用と満足」理論、「スクリーン」派の精神分析的なメディア論のアプローチ——に触れ、その関係の中で文化研究的なアプローチの特徴を考える。この作業を通じて、既存の枠組みにおけるオーディエンス論、オーディエンスという概念の問題点と限界を考えたい。

これから見るように、このオーディエンス理論が主に発達したのが七〇年代から八〇年代の初めにかけてである。九〇年代に入ると、テレビというメディアの役割が大きく変化し、一見オーディエンス論が後退したように見える。事実、スチュアート・ホール、デヴィッド・モーリー、イアン・アン、ジョン・ハートレイなど文化研究のオーディエンス理論の研究者は、いわゆる狭義のオーディエンス研究から離れ、より広いフィールドで活動を展開するようになる。これは、研究者の関心が単に移行したということなのだろうか。それともそうした移行を促す社会的状況の決定的な変化があったと考えるべきなのだろうか。とすれば、二一世紀に入った現在われわれはどのようなオーディエンス論を組み立てていくべきなのだろうか。

しかし、あまりにも先を急ぐのは危険である。テレビとオーディエンスは今なおわれわれの傍らにある。全てを過去のものとして見捨ててしまうには、あまりも大きな影響を持ちすぎている。八〇年代以降におきたニューメディア・バブルは多くのメディア研究者を巻き込みテレビとオーディエンスの存在を時代遅れのものとして忘れさせた。しかし、その間にもテレビとオーディエンスは影響力を失うことなく、その役割を巧みに変容させて生き延びてきた。本稿の目的は、切れ切れになってしまったオーディエンス論の伝統をパッチワークのようにつなぎ合わせ、今後の可能なオーディエンス論の土台を作ることにある。

オーディエンスの誕生

ごく当然なことであるのに、しばしば忘れ去られている事実はテレビやラジオなどマス・メディアの登場の前に近代的な「オーディエンス」は存在しなかったということである。二〇世紀初頭のマス・メディアの登場と中流階級の発展、そしてそれに伴った大衆文化《マス・カルチャー》の浸透に対する反応として「オーディエンス」というカテゴリーが登場する。

いささか教科書的に言えば、この大衆文化を人文学の中で本格的な研究対象にしたのは、テオドア・アドルノやマックス・ホルクハイマーといったドイツのフランクフルト学派に属する研究者たちである。ファシズムの影響下のために亡命先のアメリカに逃れたこのドイツの思想家たちは、当時アメリカを席巻しつつあったジャズや映画などマス・メディア、本稿のテーマに沿えば「オーディエンス」の文化とでも呼ぶべき大衆文化に出会い、その中にファシズムの対抗物ではなく、ファシズム的な心性との親和性を見いだしていく。彼らにとって、大衆文化とは資本の論理の中に人々を包摂し、均質化し、受動的なオーディエンスへと変えていくようなイデオロギー的な装置だった。現在、ありとあらゆる前衛やラディカルな芸術運動が商品経済の中に取り込まれ、大衆文化の一部となってしまった時代に生きている私たちにとって、こうしたアドルノ＝ホルクハイマー流の大衆文化と高級文化の緊張関係は、古びて見えるかもしれない。しかし、これは、伝統的なマルクス主義の典型的な大衆文化理解の原型を形成している。今でもなお脈々と受け継がれているのを批判的な左派政治の中に見ることができる。

しかし、ここで必要以上にフランクフルト学派をオーディエンスの理解の源流として特権化するべきではないだろう。むしろ理解すべきことは、この時代に圧倒的な影響力を持ち始めたメディアをどのようにプロパガンダの技術として有効に用いるかということが現実の政治にとっても重要な課題だったということである。たとえば、第一次世界大戦期に、英国がドイツ国民に対して大量のパンフレットを配布して、戦意を喪失させたことはよく知られた事実であるが、ナチスはその反省を踏まえ、プロパガンダ戦略をその重要な政治的アジェンダとして捉えていた。レニ・リーフェンシュタールの映画は、そうしたプロパガンダ政策の最大の成果のひとつであり、『民族の祭典』や『意志の勝利』といったドキュメンタリー映画は、そうしたプロパガンダ政策の最大の成果のひとつである。政治は二つの大戦を契機に、情報戦争へと変貌していたのである。新聞やラジオ、映画は、プロパガンダのための主要なメディアだった。

両大戦期の間に登場するオーディエンス研究は、このプロパガンダ研究、そしてそれに関連する世論形成の研究と密接な関係を持っている。この時の主要な関心は、メディアにはどのような、どの程度の「効果」があるのかということであり、肯定的であれ、否定的であれ、メディアをイデオロギー操作の主要な道具としてどのくらい活用できるのか、というところにかかっていた。フランクフルト学派、とりわけアドルノの強迫神経症的にすら見える大衆文化に対する嫌悪感もそうした背後の文脈を理解する必要がある。

アメリカの初期のオーディエンス研究――「利用と満足」研究

したがって、一見フランクフルト学派と全く異なった方向性へと結論を見出すアメリカの初期のオーディエンス研究、すなわち「利用と満足」use and gratification研究として呼ばれるポール・F・ラザースフェルドやロバート・K・マートンのような研究もプロパガンダ研究との関わりという文脈から考えれば、フランクフルト学派の大衆文化の理解と同様の問題構成を共有していたと言えるかもしれない。

よく知られているとおり、ラザースフェルドは、バーナード・ベレルソン、ヘーゼル・ゴーデッドと共に一九四四年に発表した古典的な著作『ピープルズ・チョイス――アメリカ人と大統領選挙』の中で、大統領キャンペーンにおけるメディアと有権者の行動の相関関係を分析している（Lazarsfeld et al 1944）。彼らは、大統領キャンペーンが繰り広げられた一九四〇年五月から十一月の間毎月定期的にオハイオ、エリエ・カウンティの有権者六百人を対象に調査を行い、人々が大きく二つの集団、選挙キャンペーン中に支持者を変えなかった人と、変えた人に別れることに目をつけ、とりわけ支持者を変更した人がどのような要因でそうしたのかを検証した。

もともと研究の出発点は選挙キャンペーンにおけるメディアの役割を明らかにすることだったのだが、しかし、ラザースフェルドたちの研究は当初の目論見を裏切る結論を得てしまう。それは、有権者の行動決定にメディアが与える影響は当初予想していたよりもはるかに小さく、実際には有権者同士のフェイス・トゥ・フェイスのコミュニケーションの方が重要な役割を果たしていたと結論づけるのである。ラザースフェルドたちの議論によれば、直接的なメディアの影響よりも重要なのは彼らが「コミュニケーションの二段階フロー（The two-step flow of communication）」と呼ぶ人的コミュニケーションをはさんだ間接的コミュニケーションである。その議論にしたがえば、それぞれの共同体には他の成員に対して大きな影響力を持っているオピニオン・リーダーが存在し、直接的なメディアの影響よりもオピニオン・リーダーの意見が有権者の投票に対してより大きな影響を持っているというのである。この議論では、他の要因に比べてもメディアは限定的な影響しか持っていないとされたのだ。

これは、政治的プロジェクトとしてのプロパガンダとそれを理論的に支えるプロパガンダ研究に対するはっきりとした批判的側面を持っている。ラザースフェルドたちの研究は、その当初から二つのいわば矛盾した目的を持っていた。それは、メディアとそのオーディエンスに対する影響の関係を明らかにすることによって、効率的なメディアの使い方を模索しただけではなく、いわば逆説的に他国のプロパガンダ、あるいは自国の誤ったプロパガンダから人々を守るということも目的としたのである。彼らのこの結論は、したがってアドルノやホルクハイマーが危惧した一方的にメディアに対して受動的でメディアに操作されるだけの大衆を、実証研究によって救い出すという意志として読むことができる。ラザースフェルドたちは次のように述べている。

結論として言えることは、人々に影響を与えるのは他の何にもまして人間である。倫理的な観点からいえば、プロパガンダの深刻な社会問題を考える時、このことは希望の持てる側面である。より熱心な支持者を持ち専門的な方法で草の根的《グラスルーツ》な支持を動員することができる候補者が、大きな勝利の機会を得ているのである（Lazarsfeld et al, 1944, 18）。

今日のオーディエンス論の文脈から興味深いのは、ラザースフェルドの研究が当初、メディアとメッセージそしてオーディエンスの間に単線的な「効果」の関係を想定していたのにもかかわらず、結果的にコミュニティの中の成員間やオピニオン・リーダーというメディアの外部の社会的関係を重要な条件として浮上させたことである。このオーディエンスは、単に新聞やラジオを視聴しているだけの人々ではなく、実際に身体を持ち、さまざまな文化的・経済的・社会的諸関係の中にメディア以外にも組み込まれた複雑な総体である。その結果、オーディエンスという分析上のカテゴリーがはっきりと変容させられてしまっている。オーディエンスを規定する時に、本来オーディエンスの狭義の定義であるメディアの視聴者という要素が後退しているのである。

ロバート・K・マートンは、ラザースフェルドと同様の結論を『大衆説得――マス・コミュニケーションの社会心理学』の中でさらに展開している（Merton 1946）。マートンが調査したのは、一九四三年九月二一日に、CBSラジオが行った「戦争債デイ」のキャンペーンに対するオーディエンスの反応である。

当時人気の高かったラジオ・パーソナリティであるケイト・スミスは、この日一八時間の放送の間断続的に、国民に対して戦争債（war bonds）を買うように呼びかけた。このキャンペーンは大成功し、一日の放送で三九〇〇万ドルの戦争債を販売した。マートンはこの成功がどのようなオーディエンスの反応によって生まれたのかを明らかにしようとした。彼は一〇〇名のラジオ聴取者を対象に詳細なインタビューを行った。そのうち七五名はラジオの番組を聴いて戦争債を買った人であり、残り二五名は番組を聴いたにもかかわらず戦争債を買わなかった人である。

マートンの研究手法で特徴的なのは、それが社会と切り離された実験室の中で行われたのではなく、「現実生活《リアル・ライフ》」の文脈の中でメディアとオーディエンスの関係を扱ったことである。このインタビューを通じて、マートンはそれぞれの人々がどのような動機で戦争債を購入したのか（あるいは購入しなかったのか）を明らかにしたのだった。

ラザースフェルドの研究と同様にこの研究で明らかになるのは、一見ラジオ番組を聴いて戦争債を購入したようにみえるオーディエンスが、それぞれが全く異なった理由で戦争債を購入していたという事実である。また、こうしたオーディエンスはラジオ番組のメッセージを同じように理解していたわけでは決してない。それぞれのおかれた状況や戦争に対する家族の関わりなど具体的な条件によってラジオ番組は異なった意味を持っていたのである。したがって、戦争債キャンペーンの成功はラジオ番組だけに還元できるものではなく、ラジオ番組に先立って存在しているオーディエンスの社会的な条件にかなりの部分を負っているとされたのだ。

ラザースフェルドやマートンの問題点については、文化研究による批判を踏まえた上でまた後で戻ってこよう。オーディエンスに対するメディアにおける影響が限定的であることを主張したこのアメリカ流のリベラルなコミュニケーション理論が、七〇年代になると選挙分析を軸に「議題設定機能論」へと移行し、直接的な影響が仮に小さくとも、選択肢を提示することで世論の方向付けを行っていると主張する方向へ修正が加えられるのはよく知られるとおりである。

しかし、ここで必要以上に批判的になることは問題の所在を見失うことになる。興味深いのは、このオーディエンスの古典的な研究の中に今日的な問題がすべて出揃っていることである。何よりも重要な点は、オーディエンスの行動を精緻化していく上で、当のオーディエンスが単なる「メディアの視聴者」という定義からはみ出し、社会的な存在として捉えられるようになったという点である。後に文化研究のスタンスから、「利用と満足」研究を批判することになるデヴィッド・モーリーは、「アメリカの「効果」理論は、それまで影響の皮下注入《ハイパデミック》モデルが主流だったが、「利用と満足」研究は能動的なオーディエンスという概念を発展させた」（Morley 1989）と肯定的な評価を下している。

程度差はともかくメディアの影響が他の社会的・文化的要

因の複雑な過程に巻き込まれており、それ自体単独で議論することはできないというのは、リベラルなコミュニケーション理論であれヨーロッパ流の批判理論であれ、オーディエンス研究者においてその後共有されている、いわば「常識」である。このことは今日においても重要な意味を持っている。

たとえば、凶悪な殺人事件や常軌を逸した性犯罪が起こる度に、暴力や性に対するメディアの表現規制が問題になり、日本でも実際にこの数年の間に「児童ポルノ禁止法案」などの形で実際に規制が強まっているが、オーディエンス論の研究者にとってメディアと犯罪の相関関係をはっきりと示す資料は基本的に存在しない。たとえばすでに世界的にも悪名の高い日本のアニメやゲームの暴力やAVビデオなどの性表現と、比較的低率で推移し減少の傾向さえ見られる日本の凶悪犯罪率との間には相関関係は全くといっていいほど見られないのである。

その一方で、プロパガンダの道具としてのマス・メディアという危険に対しては、ほとんど警告が発せられず、制度的には「個人情報保護法案」によって、非制度的な形では政府によるマスコミ批判やスポンサーによる圧力によって、ますますプロパガンダから人々を守る方法が奪われつつある。さらに、世界に目を転じれば、ごく最近でもたとえばイラク攻撃の際には、イラク国民に向けてアメリカのブッシュ大統領と英国のブレア首相はテレビを通じたプロパガンダ活動を行った。このことは、両大戦時と同じように、あるいはそれ以上にプロパガンダ活動は戦争の重要な側面を担っていることを示している。その効果について考える際にラザースフェルドたちやマートンの議論は、いまだに重要な出発点として考えることができるだろう。

文化研究とオーディエンス研究——記号論的転回

フランクフルト学派的な「オーディエンス」と「利用と満足」研究の「オーディエンス」の二つの相異なるオーディエンスの枠組みをいわば弁証法的に統合する、あるいはこの二つの伝統をあたかも調和させるかのように登場するのが、英国バーミンガムの現代文化研究センター（CCCS: Centre for Contemporary Cultural Studies）を中心に七〇年代に発展した文化研究的なオーディエンス研究のアプローチである。

センターの所長を務めていたスチュアート・ホールは、センターにおけるメディア研究の特徴として次の四点を挙げている。まず、センターのメディア研究がメディアとイデオロギーの関係の関心に回帰したこと。このことによって、既存の「行動主義的」な、メディアの直接的な影響を分析することを目的としたアプローチを批判しようとしたのである。第二に、メディア・テクストを透明なものではなく、それ自体が言語学的・イデオロギー的な構造化の中に組み込まれていることを示そうとした。これは、ロラン・バルトなどの記号論の影響である。第三に、オーディエンスを受動的な概念としてではなく、積極的にメディア・テクストを解読し、脱コード化する能動的な存在として再概念化しようとした。そして、第四に、このような分析を通じて支配的なイデオロギーと表象を流通させ固定化していく際にメディアがどのような役割を果たすのかを明らかにしようとした（Hall 1980a: 117-118）。

この立場の理論的なモデルとして知られるのは、よく知られたホールの「コード化／脱コード化」モデルである（Hall 1980b: 128-138）。ホールはメディアを通じて伝えられるメッセージが透明なものではなく、それが意味を持つためには、そのメッセージの送り手や受け手、メディアが属している社会的・経済的・技術的な条件によって異なる構造によってコード化されていなければならないと考えた。この社会的・経済的・技術的条件は、知識のフレームワークであり、生産関係であり、技術的なインフラストラクチャーである（図参照）。

その後のオーディエンス研究にとって興味深いのは、これまでメッセージの生産者と受け手の関係がしばしばトップダウン式で描かれていたのに対して、ホールの議論では受け手は生産者とシンメトリカルな関係におかれ、その結果メッセージの受け手も積極的に意味の構造によってメッセージを解読／脱コード化し、意味を生産する能動的な存在として捉えられたことである。

しかし、このことはオーディエンスが完全に自由に意味を解釈できるということを意味したのではない。それは、メッセージの生産と同じように社会的・経済的・技術的な与件によって制約されており、相対的に自律した形で意味を解読するとされた。したがって、オーディエンスは、全く同じメディア・テクストをたとえば階級や人種、ジェンダーなど各人が属するカテゴリーによって異なった解釈をするが、しかし、それは「利用と満足」研究者が想定したように完全に自由に行われるのではなく、あくまでもそこに属した経済的関係と「重層的に決定された」形で行われるとされたのである。

ホールは、テクストの脱コード化を大きく三つに分類している。それは、「選好された《プリファード》コード」、「交渉された《ネゴシエイティッド》コード」、「対抗的《オポジショナル》コード」の三つである。この分類にしたがえば、「支配的なコード」とは支配的なヘゲモニー位置に沿ってオーディエンスが番組を解釈することであり、「対抗的コード」は支配的へゲモニーの位置に完全に対抗するような解釈を行うことである。「交渉されたコード」はこの二つの解釈を混合したような解読で、支配的なヘゲモニーがメッセージの意味を形成していることを認識しつつも、オーディエンスが属しているさまざまな条件の下で、限定的とはいえ独自の解読をする余地を確保していくような脱コード化のあり方を示している。相対的で自律的で、能動的なオーディエンスは、この「交渉されたコード」の可能性を最大限利用したものである。

　こうした議論の多くは、バルト流の記号論と同様に大きく二人のマルクス主義者の影響を受けている。一人はルイ・アルチュセールである。国家のイデオロギー装置、相対的自律性、重層的決定といったアルチュセールの理論的諸概念は、

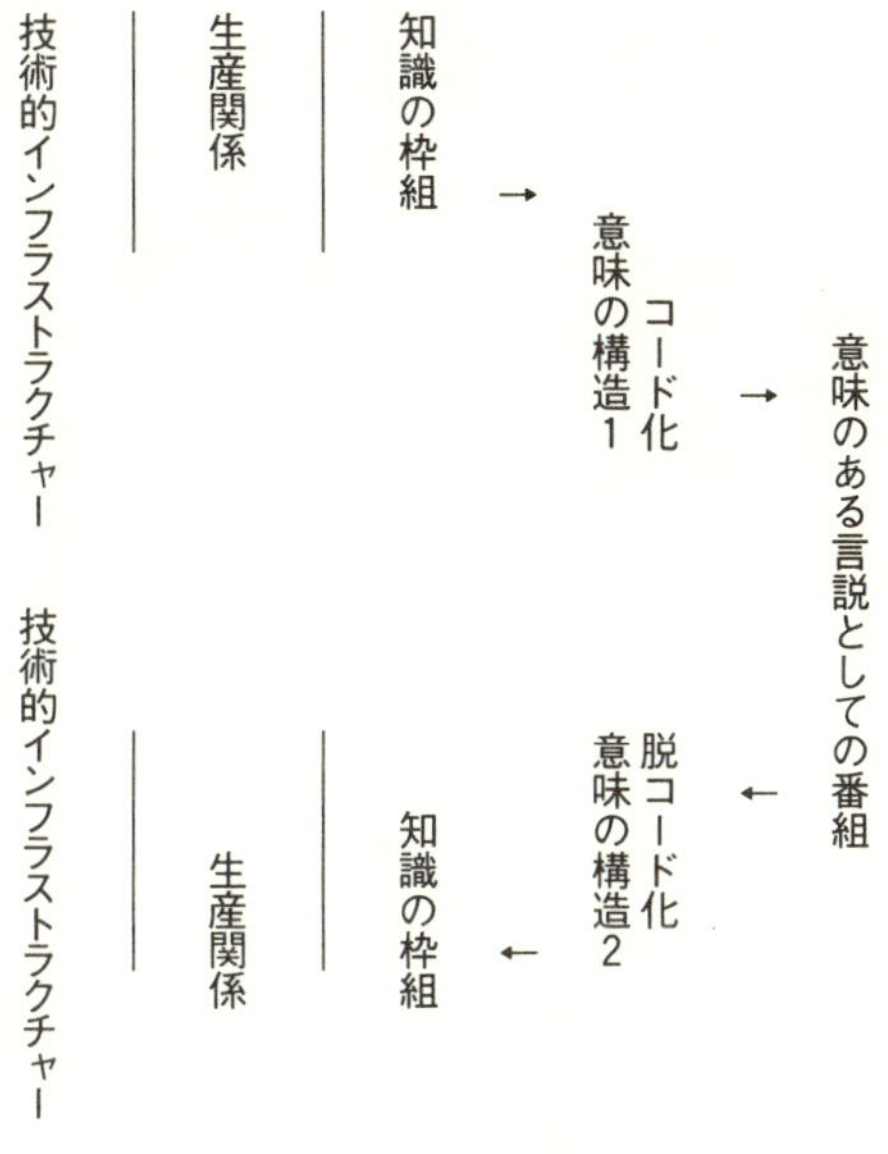

図——コード化／脱コード化モデル

経済決定論に縛られていた伝統的な俗流マルクス主義を批判しつつ文化の審級を導入したという点で有効だった。もう一人はアントニオ・グラムシである。グラムシのヘゲモニーという概念はイデオロギーの支配が支配者からの一方的な権力の行使ではなく、支配者と被支配者、あるいはさまざまな集団の合意のプロセスとして示した点で権力の別の枠組みを提供した。

　このことを理解するためには、英国のマルクス主義と労働者階級という「階級」がヨーロッパ大陸のマルクス主義といくぶん異なった発展をしてきたという背景を考慮する必要がある。文化研究の先駆的存在だったレイモンド・ウィリアムズやE・P・トムソンたちが明らかにしたように、英国の労働者階級は単に生産関係、資本と労働力の関係のみによって定義されてきたのではない。彼らが能動的に作り出してきた独自の労働者階級文化によって定義され、このことが英国の政治文化に重要な影響を与えてきたのだった（Hall 1990）。

　ところで、このメディア・テクストの多様な読みの可能性という議論は、その後の文化研究におけるオーディエンス研究の流れを作っていく。とりわけ、ジョン・フィスクはこの多様な解読の中に政治的な可能性を見出し、「記号論的《セミオティック・》民主主義《デモクラシー》」という言葉で称揚するようになる（Fiske 1987）。しかし、こうしたフィスクに代表されるような比較的楽観主義

的なオーディエンスの称賛が、「利用と満足」研究に見られるリベラルな多元主義とほとんど区別できないほど似ていたことも否定することはできない。

メディア研究の政治経済学《ポリティカル・エコノミー》的なアプローチの代表的な論者であるジェイムズ・カランは文化研究のオーディエンス理論を「新しい修正主義者《ニュー・リヴィジョニスト》」として批判する中で、その「利用と満足」研究との相似点を指摘している。カランにしたがえば、文化研究のオーディエンス理論は「古い料理（「利用と満足」研究のオーディエンス研究）を温めなおして新しい料理として供しただけのもの」（Curran 1996: 267）にすぎず、公共放送と福祉国家の理念が新右派《ニューライト》的な新自由主義《ネオリベラリズム》の脅威にさらされている今、アメリカ流のリベラリズムと文化研究の（ラディカルな）オーディエンス研究は対立するものではなく共通の基盤に立っているとされるのである。

カランの文化研究に対する批判は、後にモーリーが反論するように（Morley 1996: 279-293）いささか恣意的かつ事後的に歴史を再構築している点があり、さらには文化研究の内部でもしばしばその楽観主義が批判されるフィスクなどの研究者を文化研究の代表的な論者として批判しており、割り引いて考える必要があるかもしれない。しかし、その一方で文化研究のオーディエンス論がしばしばオーディエンスの読みの自律性や抵抗を過剰に政治的に解釈する傾向があるという批判については同感できる部分も少なくない。とりわけ記号論的な読解は、ある種の脱政治化の問題と関わっており、注意して見ていく必要があるだろう。

観察者〈スペクテーター〉としてのオーディエンス

文化研究のオーディエンス研究が、文化研究が負っていた「二つのパラダイム」（Hall 1990）であるフランスの構造主義と英国の文化主義、そしてオーディエンス理論としてはフランクフルト学派の批判理論とリベラル多元主義的な「利用と満足」研究を批判的に継承して生まれたことは、これまで述べたとおりである。その一方で、このオーディエンス理論が、七〇年代の終わりからフェミニズムを中心に大きな影響を与えた映画のラカン派精神分析流のオーディエンス理論と強い緊張関係にあったことも指摘しておくべきだろう。この精神分析的オーディエンス理論は雑誌『スクリーン』誌を中心に展開していたことからしばしば「スクリーン」理論と呼ばれている。

「スクリーン」理論の議論で決定的な役割を果たしたのは一九七五年にその雑誌の中で発表されたローラ・マルヴィの「視覚的快楽と物語映画」という論文である。精神分析、とりわけジャック・ラカンの主体の構成の議論に大きな影響を受けたこの論文は、ハリウッド映画を分析して、それがいかに西洋的男性の主体によって構成されているのかを明らかにした（Mulvey 1975）ものだった。

マルヴィの議論によれば、映画、中でもハリウッド映画は徹底的に男性的視線の視覚的欲望を充足させるような映像の構造になっている。そこでは、女性は単に性愛の対象としてしか扱われておらず、全体的なイメージを結ぶことがない。顔や脚などの身体をクローズアップし、断片化することによって女性は客体化・物質化されてしまっているのだ。映画の物語《ナラティヴ》を構成しているのは男性的な視点であり、女性はその物語の中に分断されてしまっている。ここで重要な役割を果たすのは、男性の覗き見趣味的《スコポリフィック》な欲望である。この結果、ハリウッド映画を見るという経験を通じて、常に男性は「見る側」、女性は「見られる側」としてのアイデンティティが形成される。映画は、現実の社会の家父長制的な秩序を再生産し、維持しているとされるのである。

発表後大きな影響を与えることになるこの論考は、手短に要点が書かれていることもあり、その後の「スクリーン」理論の内部からも批判がなされている。マルヴィの論考では、もっぱら男性のオーディエンスのみが語られ、男性と同じようにハリウッド・スターに熱狂する現実の女性のオーディエンスの欲望が描かれていないといった批判は、マルヴィの議論に対して最も頻繁に投げかけられるものである。マルヴィ自身も八一年の「「視覚的快楽と物語映画」のその後」という論考の中で修正を加えている。

しかし、このことをもって精神分析的なメディア研究の影響を過小評価すべきではない。この流れは最近のスラヴォイ・ジジェクなどの映画理論にいたるまではっきりとした流れを形成している。また、フェミニズムだけではなく、精神分析的なアプローチは人種やエスニシティのメディアの分析に大きな影響を与えている。特に、ポストコロニアリズムを考える上で古典的な著作であり、同時に精神分析医としての理論的著作であるフランツ・ファノンの『黒い皮膚・白い仮面』の再評価によって、近代的な主体から排斥されてきた人々の主体が、近代西洋的白人男性との関係性においてどのように構築されてきたのか、ということが問題化される過程にも対応して、八〇年代以降のメディアのオーディエンス理論は精神分析の影響を抜きには考えることができない。

一般に文化研究のオーディエンス研究者は、このラカン主義的精神分析のアプローチに対して懐疑的である。能動的なオーディエンスの可能性を強調する文化研究にとっては、精神分析的な過程（エディプス・コンプレックス、鏡像段階……）で構築される主体《サブジェクト》は、あまりに還元主義的、機能主義的に見える。何よりも、精神分析によって「召喚《インターペレーション》」される主体という、後にアルチュセールによってイデオロギー分析に読み直されることになる概念は、「召喚」に対する抵抗や裏切りの契機、つまりは支配的イデオロギーの臨界点における主体《エージェント》の能動性に歴史的転換の可能性を見出そうという文化研究の政治的プロジェクトにとっては、過剰に決定論的な悲観主義に感じられたにちがいない。

しかし、私はここで文化研究的なオーディエンス研究か精神分析的なオーディエンス研究かというしばしば強調される対立について「あれかこれか」という二者択一を取らないことをあえて提案したい。特に精神分析的なアプローチを、決定論的な一般化理論とすること自体、そもそも個別な患者に対する臨床的な活動だった精神分析の最良の可能性を無視しているように思えるのだ。私にとって、ラカン的な精神分析理論のメディア研究の応用という点で興味深いのは、それがデカルト的な意味での近代的主体に閉じ込めることが不可能な無意識という領域、あるいは言説化の外部に存在する物質的な身体、視覚そして欲望がいかに構造化されるのかということを徹底的に問題化しようとした点である。したがって、素朴な意味でメディアを通じて古典的な近代的主体に働きかけを行うイデオロギーの効果と、視覚と身体を通じて近代的主体が完全に支配することができない欲望を制御しようとする物質＝身体的な権力のあり方は注意深く切り分けられなければならない。

精神分析的なオーディエンス論が、しばしば現実のオーディエンスをほとんど見ることなく理論的精緻さを追及し、そのためにしばしば過剰に道徳的で教条的なメディア理論や安易なポリティカル・コレクトネス（ＰＣ）と結びつく傾向があったことは事実だし、批判されるべきだろう。しかし、精神分析的なオーディエンス論が、まさに言説化されることのない無意識の領域、視覚や身体の権力的構造、そして言説に絶えず先行しこぼれ落ちてしまう欲望における権力の問題をたえず明らかにしようとしているとしたら、それはフィールドワークとインタビューに基づく文化研究のオーディエンスの実証研究と必ずしも二律背反的な関係ではない。相互に関連しつつ異なった領域を理論化していく試みとして積極的にすり合わせていくことは急務であるように思えるのだ。

ポストモダンの条件下のオーディエンス研究

さて、ここまでがテレビの今日オーディエンス論として扱われる大きな流れのいささか教科書的整理である。それぞれの流れの内部に差異もあり、さまざまな議論があることは言うまでもない。その一方でこうした流れは相互に完全に排他的なわけでもなく、いろいろな形で交錯している。しかし、現在もなおオーディエンス論のほとんどがこうしたパラダイムの中にあると言ってもいいように思える。

その一方で、一九八〇年代からテレビを取り巻くメディアの環境は、急速に変化をしてしまった。この変化を、デヴィッド・ハーヴェイにならって「ポストモダニティの条件」として捉えることができるだろう（Harvey 1989）。フランスのレギュラシオン学派に大きな影響を受けたその議論にしたがえば、一九七三年のオイル・ショックを境にして先進国の社会は決定的な質的変化を蒙っていると言う。それは、端的に言えば近代社会からポストモダン（近代）社会への移行ということであるが、ここで重要な役割を果たしているのは生産関係の根本的な変容である。

近代社会は大量生産・大量消費を前提としたフォーディズム的な生産関係が主流だったのに対し、ポスト近代社会ではマーケットの細分化と流動化に伴ったフレキシブルなポスト・フォーディズム的な生産関係が主流になる、とハーヴェイは言う。このポスト・フォーディズム的な生産関係の中心になるのは、情報やサービス産業である。しかし、このことはメディアや通信事業、金融などの産業の比率が拡大することを意味しているのではない。たとえば自動車産業や繊維産業のような既存の生産業そのものが質的に変化し、非物質的な情報が、生産関係の重要な要素として入り込んでくるというのである。

一九七〇年代から哲学や思想、デザインや芸術などさまざまな領域で「ポストモダン」という概念をめぐって活発な議論が行われてきた。「大きな物語の終焉」（リオタール）、「シミュレーションの時代」（ボードリヤール）、「後期資本主義の論理」「パスティーシュ」（ジェイムソン）などその定義や時代設定についてはさまざまな議論がなされているが、いずれにしても先進国において七〇年代から八〇年代にかけて何か決定的な変化が起こったこと、そしてその中心的な要素としてテクノロジーの発達、とりわけ情報テクノロジーとメディアの変化が重要な役割を果たしたという認識では一致している。

テレビというメディアを考えても大きな変化が起こった。八〇年代にアメリカなどで起こった多チャンネル化の波やニューメディアは、日本においてはバブルの狂騒もあり普及しなかったが、テレビセットは放送のためだけの道具ではなくなり、ビデオやファミコン、さらにはコンピュータへと接続され、フレキシブルな情報端末という役割を担うようになった。さらに九〇年代になるとインターネットや携帯電話などの通信メディアが急激に浸透する。人々を取り巻くメディア環境は一変してしまったのである。

フォーディズムからポスト・フォーディズムへという議論を踏まえれば、もはやメディアは伝統的な意味のメディアの中だけに存在するのではなく、われわれの都市全体をくまなく覆い尽くし、あらゆる場所に浸透している。メディアを媒介することなく日常的なコミュニケーションを行うことは難しくなりつつある。今日では自動車やファッションも情報に覆われており、その本来の使用価値ではなくそのメディアとしての情報の価値によって消費されている。

こうした状況下で、依然としてテレビは主要なメディアの一つであり続け、人々の生活に影響を与え続けているが、その役割はすっかり変容している。この時代にどのようなオーディエンス研究が可能なのだろうか。

今日のオーディエンス研究——民族誌的転回

多様なメディアの洪水の中であらゆるものが情報化し、非物質化しつつある状況のテレビ・オーディエンス研究というものを考えたときに興味深いのは、文化研究のオーディエンス研究が持っていた、しかしいくぶん周縁化されてきた二つの伝統である。そのひとつは、民族誌という方法論である。

イアン・アンは、九六年に発表した『リヴィングルームの戦争——ポストモダン世界のメディア・オーデイエンスを再考する』(Ang 1996) の中で、文化研究におけるオーディエンス論を回顧的に再検証している。彼女が、なかでも評価するのはその民族誌的な方法論である。実際、文化人類学という学問領域の中で発展してきた民族誌的な方法論は、九〇年代に入ると文化人類学だけではなく社会学や文化研究、メディア研究や美術批評などさまざまな領域で再び注目されることとなった。それは、民族誌を書くという文化人類学の方法論がポストモダン理論や文化研究、ポストコロニアル理論などの影響を受けて、反省性《リフレクシビティ》=再帰性を導入していく過程とも重なっている。文化研究においても、ポール・ウイリスの『ハマータウンの野郎ども』を初めとして民族誌的記述の伝統はその始まりから存在していたが、伝統的な意味での民族誌やフィールド、フィールドワークという営為が再検討されるのに対応して、文化研究のこの伝統もまた異なる焦点が当てられることになった。

アンがオーディエンス研究の中の民族誌的な記述として特に評価しつつ、批判的に検証するのは、モーリーの代表的な研究である『「ネーションワイド」のオーディエンス』(Morley 1980) 及び『ファミリー・テレビジョン』(Morley 1986) である。

アンの問題提起は、「いかにして批判的な実証研究は可能か」ということである。フランクフルト学派から最近のポスト構造主義の議論まで、多くの批判理論は伝統的に実証主義としばしば対立し、批判的な実証研究というカテゴリーがそれほど多く存在しているわけではない。「批判的」というのは定義が難しい言葉だが、彼女の言葉を借りれば「あるアカデミックな実践に対する知的・政治的方向性」であり、「扱っている題材や方法論にかかわらず自己反省的なパースペクティヴを採用している研究」である。この自己反省的なパースペクティヴとは、アンにとって、まず研究実践の社会的・言説的な性質を意識していることであり、同時に知識の生産が常に権力関係に捉われているという指摘を真剣に受け止めることである（Ang 1996: 35-36）。この議論がミシェル・フーコーの知=権力論を受けたものであることは言うまでもない。

この前提の上で、アンはモーリーのような文化研究の民族誌的記述と「利用と満足」研究のようなリベラルな多元主義的研究とを区別しようとする。カランの指摘するように、確かに文化研究のオーディエンス研究と「利用と満足」研究の間にはいくつかの類似点が存在する。たとえばオーディエンスを能動的な存在とみなすこと、単なるメディアの視聴者ではなく社会的な関係に巻き込まれた複合的な存在として扱うこと、そしてオーディエンスのメディア・テクストの読解は多様な差異が認められるという点においては、同じ視点を共有しているといってもいい。しかし、アンによれば、一見同じように見える両者の研究には決定的な差異があるとされる。それは、文化研究の「戦略的な解釈」strategic interpretationsと呼ぶ批判的な立場である。

この「戦略的な解釈」とは何だろうか。アンにとってなによりもそれは、知識と科学に対する態度に関わっている。「利用と満足」研究のような実証研究は、最終的に客観的な知、科学的な全体知を目指しており、オーディエンスに関する「真実」の知識を収集しようとする。そこでは、オーディエンスはいかに能動的な存在であれ、科学的な知識の「対象」としてしか認識されておらず、調査者を特権的な場所に位置づけると同時にオーディエンスを調査者の「他者」として設定する。これに対して批判的な実証研究は、そうした客観的な知や「真実」の知識そのものに対して疑問を投げかける。そしてこのことは、調査者の研究者としての場そのものが持っている権力性そのものを問題にするのである。

もちろん、この問題設定はポストコロニアル批判以降の文化人類学も共有しているものである。伝統的に民族誌を特権的に記述してきたとされる文化人類学者と彼らに情報を提供してきたネイティヴ・インフォーマントと呼ばれる現地の人びとの間の植民地主義的な権力関係が今日問題にされている。ネイティヴの人びとを単なるアカデミックな記述の対象ではなく、それ自身知識を生み出していく主体として位置づけなおすことができるのか、というのは緊急の問題である。

アンがモーリーの民族誌的な記述に見出すのは、このような「批判的な」実証研究の可能性である。モーリーは、この二つの研究においてテレビ番組の視聴について集中的なインタビュー手法を用いた調査を行い、テレビ視聴をめぐって家庭の中でどのような権力関係が構築されているのかを分析した。この調査において、モーリー自身実際にインタビューという営為を通じて調査対象であるオーディエンスの社会的な権力関係の中に組み込まれている。したがって、そこで描き出される関係は、その中でどのように「解釈的な民族誌《インタプリテティヴ・エスノグラフィー》」を記述することができるのかという試行錯誤の結果である。アンは、最後に批判を込めて次のように問いかけている。

> そのアカデミックな姿勢のために、モーリーは調査者としての立場を反映させる必要はないと考えているようだ。彼がどのようにインタビュー対象者と知り合いになり、関係を作っているのか私たちにはわからないし、インタビューがそもそもどのように行われたのかも知らされていない。『ファミリー・テレビジョン』の中で与えられる数少ない情報の一つは、彼が大人と小さな子供を一緒にインタビューするのは諦めたということだ。モーリーによれば、最初は盛り上がった後にすぐに子供は退屈するからだと言う！　では、大人はどうなのか？　そんなに長い間彼らはどうして外部者に喜んで話をするのだろうか（あるいはモーリーは外部者ではないのか）？　インタビューの関係性の中にある特定の権力関係は家族だけではなく、調査者にどのように影響を与えるのだろうか？（Ang 1996: 52）

アンは、このように、分析者の持つ権力性を批判的に組み込んだ相互行為的で互酬的な民族誌の方法論を、批判的オーディエンス研究として提唱するのである。

オーディエンスの多様性、複雑性を理解するために定量的調査だけではなく定質的調査の役割はますます高まっている。メディアが個別の独立した分析対象ではなく、社会や生活空間との関係性の中でしか理解できないとしたら、民族誌的な記述はおそらく最も可能性のある方法論である。モーリーの用いた手法は伝統的な文化人類学の観点から見れば民族誌的記述というよりは、むしろインテンシヴなインタビュー調査であるかもしれない。しかし、その一方でフィールドである一定の場所に一定期間留まってその共同体の成員として生活して民族誌を書くという文化人類学的営為そのものが、現代社会においては意味を変容させつつある。文化人類学的なフィールドは、大学の実験室や都市の家族のリヴィングルーム、通勤や旅の移動空間まで拡大している。

こうした時代における批判的民族誌的記述は、しばしばそのエッジを失いがちな実証研究が批判的な反省性＝再帰性《リフレクシビティ》を維持するひとつの可能性である。民族誌的な営為において、記述する対象であるオーディエンスは、単に観察される対象ではない。彼／彼女たちは、一緒に生活し価値観を共有する人びとであり、異なる意見を戦わせる議論の相手であり、調査者との関係性の中で物語を作り出していく生産者であり、容易に調査を裏切っていくような人びとである。そうした権力関係を踏まえた上で、あらためてオーディエンスの民族誌というものを考えることは、今日のオーディエンス研究のひとつの方向性を示しているだろう。

メディアの生産者としてのオーディエンス

最後に、もう一つのオーディエンス研究の可能性について考えたい。一口にオーディエンス理論の発展と言っても、社会とテクノロジーの進展につれてメディアそのものがたえず変化していることに注意を払う必要がある。たとえば、フランクフルト学派の文化産業論、初期の「利用と満足」研究のオーディエンス論、そして文化研究のオーディエンス論を比較する時に、それぞれの理論が組み立てられていった歴史的・地理的・技術的情況は常に考慮する必要がある。

フランクフルト学派が大衆文化を取り上げたのは、近代主義がまさに完成しつつある時期であり、その時の主要なメディアは映画であり、ラジオだった。アドルノはジャズを批判したが、彼が、ラジオから流れるクラシックの名曲をジャズ風にアレンジしたものを最も嫌っていたことはよく知られている。そのアドルノが、ＬＰレコードが登場した時に、家庭でオペラを聴くことができると肯定的な評価を下したことは最近になってよく知られるようになった議論だが、このことを考えてもフランクフルト学派の議論もメディアの技術的な限界に規定されていたことを示している。

ラザースフェルドやマートンの研究はどちらもラジオというメディアとオーディエンスの関係である。また当時は伝統的な共同体がまだ今日以上に残存していたことを考慮する必要がある。彼らがメディアのプロパガンダによる操作に対する対抗的な存在として、共同体の中の社会的な人間関係やオピニオン・リーダーを挙げることができたのも、この時代的な背景を抜きには考えることができない。それに対して、文化研究のオーディエンス論がテレビを対象にしていたことも考慮するべきである。彼らが理論的な発展を進めた英国のテレビは原則的にＢＢＣという公共放送によって戦後しばらく独占されており、民間放送の参入は日本やアメリカに比べて極めて遅かったことも重要な与件である。このようなメディアの環境そのものがそれぞれの議論の形成に大きな影響を与えている。

文化研究は、メディア研究以外にもフェミニズム理論や人種・エスニシティ理論も発展させたが、こうした動向を別々に考えるべきではない。とりわけ、人種やエスニシティを考える時に、これまで見てきたオーディエンス論が見逃しているメディアの受容の人種的な差異が重要な問題となる。

たとえば、ポール・ギルロイは、英国の黒人たちのディアスポラ的な文化におけるメディアの役割を議論している。ここで言うディアスポラ文化は、ギルロイが好んで用いるリロイ・ジョーンズの言葉を用いれば「変容する同一性《チェンジング・セイムネス》」という独特の特徴をもった文化、異なる空間や時間を横断・変容しつつ、固有の編成を見せる黒人の表現文化である。とりわけ、この英国黒人のディアスポラ文化の中で音楽は重要な役割を果たしている。しかし、こうしたディアスポラ文化、レゲエやブルース、ファンクなどの黒人音楽はしばしばメインストリームのメディアであるテレビやラジオでは周縁化されてきた。その代わりにこうした音楽が流通したのは、七〇年代になって都市部に登場する海賊ラジオ局であり、クラブやダンスホールなどのサブカルチャー的な公共空間である（Gilroy 1984,1993)。

ギルロイの議論で興味深いのは、このようなオルタナティヴなメディアや空間に注目する時、伝統的な意味でのメディアの送り手と受け手、生産者と消費者やオーディエンスという関係がしばしば融解し、反転し、全く別の関係性が生み出されているという指摘である。代表的な例が、ダンスホールにおけるＤＪの存在である。ＤＪは、既存のパッケージ商品であるレコードを聴いているという点ではオーディエンスだが、同時にそのレコードをサンプリングしたり、音響処理（ダブ）を施したり、ミックスしたりしつつ別の音楽を無限に生み出しているという点では生産者である。こうした関係は、黒人教会で発展してきた交唱《アンティフォニー》（コール&レスポンス）やクラブやダンスホールに踊りにくる若者たちの文化表現にも見ることができる。これをアドルノやホルクハイマーが言ったように大衆文化を文化産業に包摂された単なる「商品」としてしか理解しないことは、その商品が果たしている文化の生産性の力を過小評価することになる。ギルロイにとっては、「生産」「消費」「流通」という伝統的なカテゴリーの理解が問題なのだ。彼は、そこに収まりきらない表現文化の中にその伝統的なカテゴリーに支えられた資本主義的経済への対抗的な文化の政治を見出すのである（Gilroy 1991: 105-106)。

文化研究のオーディエンス理論が発達した七〇年代は、レコードのプレス費用が低下し、多少の資金さえあれば自力でレコード会社を立ち上げることができるようになった、いわゆるインデペンデント・レーベルの創世記である。またコピー機の普及によって印刷工程に回さなくても容易にビラやちらしを作ることができるようになったためにさまざまなＤｉＹ（Do it Yourself）文化が若者の中に浸透し始める時代でもある。パンクロックの登場、レゲエの浸透、そしてクラブ文化の発展はこの技術的・社会的与件に大きく突き動かされたものだ。ギルロイの議論やディック・ヘブディッジのサブカルチャー論はこのような熱気を受けて書かれたものだった。

今日当時のようなオルタナティヴな、あるいはインデペンデントな文化に対する幻想はもはや持続していないかもしれない。しかし、その一方で技術的な発達は多くのオーディエンスを生産者に変容させつつある。音楽におけるインデペンデント・レーベル、DJ文化、自宅録音などは音楽産業の中でも無視できない比率を占めている。またインターネットのウェブ・ホームページやメーリング・リスト・サービスなどはテレビや新聞などが伝えない情報を流通させるメディアとして爆発的に普及しつつある。さらにコミケなどの同人誌や同人ソフトにおける二次生産物も新しい表現として急激に拡大しつつある。映像編集のテクノロジーも低価格化と簡易化が進み、それほど遠くない時期に家庭に普及していくだろう。このような時代に、もはや専門的なメディアの生産者とアマチュアのメディアのオーディエンスという区分がますます難しくなってきている。このような時代に七〇年代に始まったDiY文化的なオーディエンス論は、むしろ今日のメディアの情況を分析するツールとして有効であるように思える。

おわりに

本稿では、これまでのオーディエンス論を歴史的に俯瞰することで、今日どのようなオーディエンス論が可能かということを考察した。冒頭の問題提起に戻るが、今日オーディエンスを語ることはますます難しくなりつつある。八〇年代のオーディエンス論の重要なテクストの一つ『テレビジョン・カルチャー』(Fiske 1987)の著者であるフィスクは、ハートレイの議論を受けて「今日実証的研究の対象としてのテレビのオーディエンスは存在しない……今日では「テクスト」と「オーディエンス」の区分は崩壊しているのだ……テクストもオーディエンスも存在しない。存在するのは「視聴」という過程だけである」と主張している(Fiske 1989: 56-57)。ポストモダン的プロセスの真只中で書かれ、ボードリヤール流のシニシズムさえ感じさせるこうした主張は、しかし、オーディエンスについて研究することがもはや必要がない、あるいは不可能だということを意味しているのではない。

しかし、ひとたびオーディエンスを抽象化された調査対象ではなく、実際に身体を持ち社会的な関係を持ちながら文化を消費すると同時に生産する人々として捉えなおすとしたら、あるいはテレビや新聞など伝統的なメディアが今では都市空間の隅々まで浸透しており、もはや空間そのものがメディアによって媒介されている(Boyer 1996)としたら、もはやメディア研究やオーディエンス研究は、隣接領域である社会学や文化人類学とほとんど区別する理由がなくなるだろう。もちろん、このことは社会学や文化人類学の中にオーディエンス研究が包摂されてしまうことを意味するのではない。ポスト・フォーディズム的な生産関係が伝統的なフォーディズム的製造業を変容させてしまったように、メディアやオーディエンスの研究は社会学や文化人類学のこれまでの伝統やカテゴリー、フィールドを変容させていくだろう。本稿で試みたのは、これまでのオーディエンス論の批判的検証であるが、同時に来るべきオーディエンス論のための道具を揃える作業である。この道具がうまく機能するかどうかは、われわれの批判的実証研究の成否にかかっている。

付記

この数年の間にオーディンス研究に関する教科書がいくつか出版されている。なかでも今年になって出版されたWill Brooker and Deborah Jermyn eds (2003) *The Audience Studies Reader*, Routledge: Londonは批判理論を中心にまとめたバランスの取れた教科書であり、本稿の前半部分はそのパースペクティヴに多くを負っている。また、イアン・アンのIen Ang(1996) *Living Room Wars: Rethinking Media Audience for a Postmodern World*, Routledge:Londonは、ポストモダン的な条件におけるオーディエンス論の徹底的な再考を行っており、その広範囲の議論をここですべて紹介できないものの多くの示唆に富んでいる。本稿の議論に興味を持たれた方はあわせて参照されたい。

引用文献

Ang, I.(1996) *Living Room Wars: Rethinking Media Audience for a Postmodern World*, Routledge:London

Brooker, W. and Jermyn, D. eds (2003) *The Audience Studies Reader*, Routledge: London

Boyer., C. (1996) *Cybercities*, MIT Press: New York

Curran. J (1996) 'The New Revisionism in Mass Communication Research: A Reappraisal', Curran, J. et al eds, *Cultural Studies and Communications*, Arnold: London

Fiske, J. (1987) *Television Culture*, Methuen: London

Fiske, J.(1989) 'Moment of Television' E Steiner et al eds, *Remote Control*, Routledge: London

Gilroy, P.(1986) *There Ain't No Black in the Union Jack: The Cultural Politics of race and Nation*, Routledge: London

Gilroy, P.(1993) *Black Atlantic: Modernity and Double Consciousness*, Verso: London

Merton, R. (1946) *Mass Persuasion*, Free Press: New York (1970)『大衆説得――マス・コミュニケーションの社会心理学』柳井道夫訳、桜楓社

Morley, D. (1980) *The 'Nationwide' Audience*, BFI: London

Morely, D. (1986) *Family Television*, Comedia/Routledge: London

Morley, D. (1996) "Populism, Revisionism and the 'New' Audience Research", Curran, J. et al eds, *Cultural Studies and Communications*, Arnold: London

Mulvey, L. (1975) 'Visual Pleasure and Narrative Cinema' reprinted in Brooker, W. and Jermyn, D. eds (2003) ibid.

Lazarsfeld, P. et al. (1944) *People's Choice*, Columbia University Press: New York (1987)『ピープルズ・チョイス――アメリカと大統領選挙』有吉広介、時野谷浩他訳、芦書房

Hall, S. (1973 a) 'Encoding/Decoding in television discourse' *Culture, Media, Language*, Hutchinson: London

Hall, S. (1973) 'Introduction to Media Studies' *Culture, Media, Language*, Hutchinson: London

Hall, S (1980) Cultural Studies: Two Paradigms

Harvey, D (1989) *The Condition of Postmodernity*, Basil Blackwell: Oxford 『ポストモダニティの条件』吉原直樹訳、青木書店、一九九五年

Hartley, J. (1987) 'Television Audiences, Paedocracy and Pleasure', *Textual Practice* 1(2)

年表
テレビ・オーディエンス50年のクロニクル

年表について

「テレビ番組」の項目は、トピックになるような番組や番組批評が多くなされた番組、および本書の各章で論及している番組を取り上げた。パースペクティブによって取り上げるべき番組には当然違いがあるが、ここでは結果的に、時代的な特徴や広範囲な人気のあるものが中心になった。たとえば、８０年代の深夜番組などには、多くの実験的な番組もあったが、オーディエンスとして想定された「若者」以外の広範なポピュラリティが成立していなかったため、割愛することになった。「バブル経済」期のように、取り上げた番組の少ない年代もあるが、それは、テレビ番組がことさら注目されなかった時代とみることもできよう。

当初、「視聴者研究」の項目を同様の企図で作成したが、歴史的な特徴があるものや、後に影響が与えられたり、引き継がれたりしたものを取り上げた結果、とくに１９８０年代以後、空欄が目立つこととなった。それは、マスコミュニケーション研究、メディア研究が「ニューメディア」ブームに翻弄され、テレビ研究から離れていった状況を反映してもいる。そうした事情を「テレビ研究の動向」としてまとめ、「視聴者研究」とともに、「世相・出来事」の欄に記載することにした。また同様な意図で、「オーディエンスに関する言説」の特徴的なものだけを「世相・出来事」の欄に並記することにした。

これに対して「世相・出来事」の項目で、８０年代以後に事項が多くなっているのは、「ロス疑惑報道」に代表されるように、「ワイドショウ」を賑わすようなものを取り上げたことによる。もちろん、それ以前に「世相・出来事」に入れられるような事項が少なかったわけではない。むしろ、８０年代以後の「世相・出来事」欄の賑わいは、たとえば「貴花田・宮沢りえ」騒動にみられるように、ニュースが「ワイドショウ」的なものを取り上げたり、事件を取り巻く雑多な状況を「ワイドショウ」が些細な部面まで「突撃取材」したりするような状況を反映している。

この年表は小林義寛と小林直毅との共同作業を基にして、小林義寛が作成した。

凡例

年表中●印は「視聴者研究」、ゴチック（太字）は「テレビ研究の動向」、カギカッコ付きのゴチック（太字）は「オーディエンスに関する言説」を表す。

年	テレビ番組	世相・出来事／視聴者研究／テレビ研究の動向
1953	『ジェスチャー』 『紅白歌合戦』 プロボクシング中継「白井義男対エスピノサ」 大相撲夏場所中継 プロ野球中継「阪急対毎日」	朝鮮戦争休戦協定（38度線） バカヤロウ解散
1954	プロレス中継「シャープ兄弟対力道山・木村政彦」	ビキニ水爆実験（死の灰） 自衛隊発足 青函連絡船「洞爺丸」が遭難 『ゴジラ』上映
1955	『私の秘密』	主婦論争

	『日真名氏飛び出す』	自由民主党結成 社会党統一 森永ヒ素ミルク事件 第1回原水爆禁止世界大会開催 東京通信工業（ソニー）が初のトランジスタラジオ発売
1956	『お笑い三人組』 『名犬リンチンチン』 『チロリン村とくるみの木』	日本住宅公団、初の入居者募集 「もはや戦後ではない」（『経済白書』） 水俣病公式発見 太陽族 日ソ共同宣言 日本の国連加盟 『週刊新潮』創刊→週刊誌ブーム到来 「三種の神器」（電気冷蔵庫、電気洗濯機、テレビ）
1957	『きょうの料理』 『日本の素顔』 『ダイヤル110番』	神武景気 長嶋茂雄、巨人軍入団 原子の火 ソ連、スプートニク1号打ち上げ成功 **「一億総白痴化」**
1958	『事件記者』 『月光仮面』 『バス通り裏』 『私は貝になりたい』	東京タワー完成 ロカビリー テレビ受信契約者数が100万突破 日清チキンラーメン発売 ●「特集：マス・メディアとしてのテレビジョン」『思想』No.413
1959	皇太子御成婚パレードの中継 『皇室アルバム』 『ローハイド』 『ザ・ヒットパレード』 『おかあさんといっしょ』 『スター千夜一夜』	岩戸景気 皇太子御成婚 長島茂雄、天覧試合でサヨナラ本塁打
1960	『ララミー牧場』	所得倍増計画 安保闘争 浅沼稲次郎社会党委員長刺殺 ソニー、世界初のトランジスター・テレビ開発 カラーテレビ本放送開始 ●滝沢正樹「テレビジョンの受け手」 **「団地族」**
1961	NHK連続テレビ小説が『娘と私』で始まる 『七人の刑事』 『みんなのうた』 『若い季節』 『夢であいましょう』	「柏鵬時代」開幕（巨人・大鵬・たまごやき） 東洋の魔女

1962	『てなもんや三度笠』 『ベン・ケーシー』	テレビ受信契約者数が1000万突破 無責任時代 東京が世界初の1000万人都市に
1963	『鉄腕アトム』 衛星中継 NHK大河ドラマが『花の生涯』で始まる 『新日本紀行』	吉展ちゃん事件 狭山事件 黒四ダム完工式 ケネディ大統領暗殺（日米間テレビ宇宙中継） 力道山刺殺 ●藤竹暁「生活のなかのテレビジョン―テレビ機能特徴調査」
1964	東京オリンピックの中継 『木島則夫モーニングショー』 『水戸黄門』 『現代の映像』 『ひょっこりひょうたん島』	新潟地震 王貞治、55本の年間本塁打記録樹立 東海道新幹線開通 ●竹内郁郎「マス・コミュニケーションの受容過程」
1965	NHK大河ドラマ『太閤記』 『ザ・ガードマン』 『11ＰＭ』	「期待される人間像」草案答申 名神高速道路開通 モンキーダンス ●加藤秀俊『見世物からテレビへ』
1966	NHK連続テレビ小説『おはなはん』 『桂小金治アフタヌーンショー』	ひのえうま ミニスカート（ツイギー） ビートルズ来日 ●飽戸弘「マス・コミュニケーション研究における類型学的アプローチ」 ●民放５社調査研究会『日本の視聴者』 「３Ｃ」（カー、クーラー、カラーテレビ）
1967	『ハノイ・田英夫の証言』 『スパイ大作戦』	イエイエ（レナウンCM） テレビ受信契約数が2000万を突破 建国記念日制定 イタイイタイ病・新潟水俣病、原因発表 公害対策基本法公布 ＧＳ時代 タカラが「リカちゃん人形」発売
1968	『キイハンター』 『夜のヒットスタジオ』	いざなぎ景気 イタイイタイ病・新潟水俣病、公害病と認定 金嬉老事件 東大紛争などの大学紛争 十勝沖地震 三億円事件 連続射殺事件 GNP自由世界２位 タレント議員 メキシコ・オリンピック

●民放５社調査研究会『続・日本の視聴者』

1969

アポロ11号月面着陸
『サザエさん』
『スタートレック』

オーモレツ
神田カルチェラタン
安田講堂事件
反戦フォーク
東名高速道路開通
アッと驚くタメゴロー！（『ゲバゲバ９０分』）
●藤竹暁『テレビの理論』
●竹内郁郎「マス・コミ受容のメカニズム」

1970

『時間ですよ』
『70年代われらの世界』

大阪万国博覧会開幕
『あしたのジョー』の力石の告別式に700人
よど号事件
三島由紀夫、割腹死（憂国忌）
光化学スモッグ
70年安保
「日本」の呼称を「ニッポン」に統一
日本初のウーマンリブ大会
●NHK放送学研究室『放送学序説』

1971

『天下御免』
『仮面ライダー』
『8時だヨ！全員集合』

ガンバラナクッチャ
横綱大鵬引退
宇宙中継で沖縄返還協定調印
アンノン族
銀座三越に日本マクドナルドハンバーガー1号店開業
ボーリング
シラケ
環境庁発足
●江藤文夫、藤久ミネ「現代《受け手》論・序」

1972

浅間山荘事件中継
冬季札幌オリンピックの中継
『太陽にほえろ』
『刑事コロンボ』
『木枯らし紋次郎』
『中学生日記』

横井庄一さん「恥ずかしながら」グアム島帰国
日の丸飛行隊（ジャンプ競技）
田中角栄「日本列島改造論」発表
日中共同声明
上野動物園でパンダ初公開
●田中義久「日常性の原理と『受け手』像」

1973

『新八犬伝』
『非情のライセンス』
『宇宙戦艦ヤマト』

石油ショック
ハイセイコー
つちのこ
熊本地裁、水俣病訴訟でチッソの過失責任認定
●佐藤智雄「消費者としての『受け手』」

1974

『ニュースセンター９時』
『寺内貫太郎一家』
『傷だらけの天使』

超能力・オカルト、ユリ・ゲラー、『エクソシスト』
立花隆「田中角栄研究」（『文藝春秋』）
三菱重工ビル爆弾事件
ピアノ殺人事件
宝塚『ベルサイユのバラ』
戦後初のマイナス成長

1975	『欽ちゃんのドンとやってみよう』 『大草原の小さな家』 『俺たちの旅』	ベトナム戦争終結 山陽新幹線博多まで開業 沖縄開催海洋博覧会開幕 天皇・皇后の初記者会見 エリザベス英女王来日 わたし作る人、ぼく食べる人（男女差別批判によりCM放映中止） ツッパリ・暴走族 ●中野収『コピー体験の文化』 ●福田定良「新しい視聴者像の再建」 ●小川文弥「日本人のテレビ意識――コミュニケーション構造と関連させて」 「カプセル人間」
1976	ロッキード事件国会証人喚問中継 『ＮＨＫ特集』 『男たちの旅路』	児玉誉士夫邸、小型飛行機突入 田中元首相を逮捕 黒いピーナッツ・記憶にございません・灰色高官（ロッキード事件） ミグ25戦闘機、函館空港に強制着陸 ●滝沢正樹『コミュニケーションの社会理論』 ●竹内郁郎「『利用と満足の研究』の現況」
1977	『岸辺のアルバム』 『ムー』 『ルーツ』	ひまわり1号（初の静止気象衛星）の打ち上げ ダッカ空港日航機ハイジャック事件（超法規的措置） 王選手、ホームラン世界新756号 有珠山爆発 青酸コーラ殺人事件 電線マン音頭 カラオケブーム 映画『宇宙戦艦ヤマト』によるアニメ・ブーム ●竹内郁郎「マス・コミュニケーションの『利用と満足』」 ●田中義久「マス・コミュニケーションの社会学――『受け手』論の視点と再構成」
1978	『ザ・ベストテン』 『熱中時代』 『西遊記』	キャンディーズ、サヨナラ・コンサート 植村直己単身北極圏到達 新東京国際空港開港 宮崎県沖地震 江川卓巨人入団（空白の一日） 窓際族 口裂け女 不確実性の時代 フィーバー 嫌煙権 ●北村日出夫「受容行動研究への覚え書き」
1979	『ドラえもん』	国公立大学共通一次試験実施

	『機動戦士ガンダム』 『3年B組金八先生』	NECがPC-8001発表 ソニー・ウォークマン発売 東名日本坂トンネル事故 木曽・御岳山噴火 ウサギ小屋 第二次石油ショック 省エネ ダサイ スペース・インベーダー大ブーム
1980	『シルクロード』 『池中玄太80キロ』	イエスの方舟 静岡駅前地下街ガス爆発事件 京王帝都バス放火事件 山口百恵引退コンサート 金属バット両親殺害事件 竹の子族 ぶりっこ ルービック・キューブ流行 校内暴力・家庭内暴力が多発、問題化 マンザイ・ブーム イラン・イラク戦争 ●中野収『現代人の情報行動』
1981	『北の国から』 『オレたちひょうきん族』 『マリコ』	クリスタル族 ハチの一刺し ポートピア開幕 ピンク・レディー解散公演 パリ人肉食事件 深川通り魔殺人事件 なめんなよ 行革（増税なき財政再建） 「ウッソー」、「ホントー」、「カワイー」 トットちゃん ●NHK放送世論調査所『家族とテレビ』
1982	『笑っていいとも！』 『天まであがれ』	ホテル・ニュージャパン火災 逆噴射操作で日航航空機墜落（心身症・逆噴射） フォークランド紛争 ねくら／ルンルン／んちゃ／ほとんどビョーキ 歴史教科書問題
1983	NHK連続テレビ小説『おしん』 『金曜日の妻たちへ』 『積み木くずし』 『ふぞろいの林檎たち』 『スチュワーデス物語』	横浜ホームレス襲撃事件 忠生中学事件 東京ディズニーランド開園 日本海中部地震 戸塚ヨットスクール摘発 参議院選挙に比例代表制導入 東京・練馬一家5人惨殺事件 フィリピン・アキノ元上院議員暗殺 沖雅也飛び降り自殺

大韓航空機事件
愛人バンク・夕ぐれ族が摘発
軽薄短小
浮沈空母
●北村日出夫、中野収『日本のテレビ文化』
●NHK放送世論調査所『テレビ視聴の30年』
「ニューメディア時代」

1984

『不良少女と呼ばれて』
ロス疑惑報道

植村直己、下山中滑落死
グリコ・森永事件（怪人21面相・きつね目の男）
ロサンゼルス・オリンピック（カール・ルイス四冠達成）
長野県西部地震
世田谷通信ケーブル火災
ファミコン・ブーム
くれない族
イッキ
スキゾ・パラノ
マルキン・マルビ
『風の谷のナウシカ』
「新人類」

1985

『ニュースステーション』
『さんまのまんま』
『天才たけしの元気が出るテレビ!!』
『夕やけニャンニャン』

ソニーが8ミリVTRを発売
山口組竹中組長射殺事件
新風俗営業法施行
つくば科学万博開幕
初のエイズ患者確認を厚生省発表
豊田商事事件
日航ジャンボ機、御巣鷹山に墜落（ダッチロール）
電電公社、専売公社民営化
いじめの深刻化
●牧田徹雄、上村修一「日本人とテレビ・1985」（ＮＨＫ「日本人とテレビ1985」調査の報告）
「分衆」「少衆」

1986

『男女七人夏物語』

男女雇用機会均等法施行
チェルノブイリ原発事故
ダイアナ妃来日（ダイアナ・フィーバー）
岡田有希子飛び降り自殺
東京サミット・ゲリラ事件
真理の友教会集団自殺
フィリピンで若王子信行氏誘拐
三原山大噴火
北野武フライデー乱入事件
「バブル景気」始まる
家庭内離婚
ぷっつん
おニャン子くらぶ
カラオケボックス登場
激辛ブーム

		この頃を中心にCATVなどのニュー・メディアをめぐる研究の増加
1987	『ねるとん紅鯨団』 『サンデー・モーニング』 『朝まで生テレビ』	日本初の女性エイズ患者 ＪＲ発足 朝日新聞阪神支局襲撃事件（赤報隊） グルメブーム ソ連でペレストロイカ政策が進行 マルサ サラダ記念日 朝シャン ゴクミ マンガ日本経済入門 財テク／地上げ ●井上宏『テレビ文化の社会学』 ●NHK世論調査部『情報・社会・人間』 ●浅田彰・武邑光裕編『GS電視進化論』
1988	『とんねるずのみなさんのおかげです』	リクルート事件 横須賀港沖で海上自衛隊の潜水艦「なだしお」衝突 ソウル・オリンピック 天皇が吐血、重体に陥る（自粛） ミニ4駆「アバンテJr.」発売 戦後最長のバブル景気、絶頂 ハッカー ハナモク ドライ戦争 ビックリマンシール
1989	昭和天皇崩御にともなう特別編成 「大喪の礼」の中継 『平成名物TVいかすバンド天国』 『NHKスペシャル』 『ダウンタウンのガキの使いやあらへんで!!』	手塚治虫死去 女子高生コンクリート詰め殺人事件 消費税導入 中国天安門事件 連続幼女誘拐殺人事件の容疑者逮捕（M君事件） 美空ひばり死去 海部内閣成立 ベルリンの壁崩壊 BS放送本格的に開始 テトリス人気爆発／任天堂「ゲームボーイ」発売 セクハラ おやじギャル 成田離婚 オバタリアン 24時間戦えますか おたく マドンナ旋風
1990	『ウッチャンナンチャンの誰かがやらねば！』 『渡る世間は鬼ばかり』	大阪で花の万博開幕 礼宮と川嶋紀子さん結婚、秋篠宮家創設

『ちびまる子ちゃん』	兵庫県の高校で女子高生校門に挟まれ死亡
	イラクのクウェートへ侵攻・湾岸危機
	バブル経済破綻
	東西ドイツが統一
	即位の礼
	任天堂「スーパーファミコン」発売
	アッシー君
	人面魚
	ファジー
	ティラミス・ナタデココ・ミルフィーユ・パンナコッタ・チーズ蒸しパン
	ダイヤルＱ２
	●上村修一、戸村栄子「日本人とテレビ・1990」（ＮＨＫ「日本人とテレビ1990」調査の報告）

1991

『東京ラブストーリー』	信楽鉄道事故
湾岸戦争報道	雲仙・普賢岳で大規模な火砕流
	金融不祥事が続発
	南北朝鮮、国連に同時加盟
	秋篠宮妃紀子さま女児出産
	バブル
	きんさんぎんさん
	「若貴」ブーム
	ウオーリーを探せ
	携帯電話
	ジュリアナ東京
	●稲増龍夫『フリッパーズ・テレビ』

1992

『ずっとあなたが好きだった』	東京佐川急便事件
『美少女戦士セーラームーン』	牛肉・オレンジ輸入自由化
	PKO協力法案成立
	バルセロナ・オリンピック
	貴花田・宮沢りえ、婚約発表
	天皇・皇后、初の中国訪問
	ドラゴンクエストV発売、社会現象に
	合同結婚式
	冬彦さん
	ポケベル
	リストラ
	ヘアーヌード
	ほめ殺し
	カード破産
	もつ鍋
	この頃を中心にBS・CS・多チャンネルなどのマルチ・メディアをめぐる研究の増加

1993

皇太子御成婚パレード中継	貴ノ花と宮沢りえ、婚約解消
『進め電波少年』	金丸元自民党副総裁を脱税容疑で逮捕
『ひとつ屋根の下』	Jリーグ発足
『あすなろ白書』	皇太子、小和田雅子さんと結婚

『料理の鉄人』
W杯サッカーアジア地区最終予選「日本対イラク」

北海道南西沖地震
細川連立内閣成立
39年ぶりの冷夏・コメ緊急輸入
コメの部分自由化決定
清貧の思想
磯野家の謎
矢ガモ
規制緩和
●戸村栄子、白石信子「今、人びとはテレビをどのように視聴・評価・期待しているか――『テレビ40年』調査から」

1994

『家なき子』
『マジカル頭脳パワー』

政治改革法成立
中華航空機着陸失敗
松本サリン事件
製造物責任（PL）法成立
村山連立内閣成立
関西国際空港開港
いじめで自殺相次ぐ
平成コメ騒動・ブレンド米
亭主元気で留守がいい
やおいカルチャー
インターネット急激に拡大
セガ「セガサターン」、ソニー「PlayStation」、松下「3DOリアル」発売

1995

阪神淡路大震災関連報道
オウム真理教関連報道
『新世紀エヴァンゲリオン』

沖縄県で米兵3人による少女暴行事件
新食料法施行
野茂英雄投手日本人初ナ・リーグ新人王（トルネード）
Windows95日本語版発売
住専処理に6850億円投入を閣議決定
キムタク／小室哲哉
抗菌グッズ
この頃から高品位テレビ、デジタル化、インターネットなどのテクノロジーをめぐる研究の増加

1996

『ロングバケーション』
『SMAP×SMAP』
『めちゃめちゃイケてるっ!!』

北海道トンネル岩盤崩落事故
病原性大腸菌O-157
アトランタ・オリンピック
薬害エイズ事件で安部前帝京大副学長逮捕
ペルー日本大使公邸事件
DVD登場
コギャル・ミニスカ・ルーズソックス・援助交際
ストーカー
エアマックス
プリント倶楽部
猿岩石
●伊豫田康弘、上滝徹也、田村穣生、野田慶人、八木信忠、煤孫勇夫『テレビ史ハンドブック』

1997

『踊る大捜査線』	ロシア船「ナホトカ号」島根県・隠岐島沖沈没・大量の重油が日本海沿岸に流出
『失楽園』	動燃東海事業所（茨城県東海村）で爆発事故
W杯アジア地区予選「日本対イラン」	消費税率5%へ
	ペルー事件、日本大使公邸に武力突入
	神戸児童連続殺傷事件・14歳少年「酒鬼薔薇聖斗」逮捕（透明な存在）
	ダイアナ元妃事故死（パパラッチ）
	ホステス殺人の福田和子容疑者逮捕
	山一証券戦後最大の倒産
	たまごっち・ポケットモンスター（ポケモン）
	もののけ（姫）

1998

長野冬季オリンピックの中継	中1が女性教師を刺殺
W杯サッカー（フランス大会）の中継	新井議員自殺
	金融ビッグバン
	毒物カレー事件
	24兆円の緊急経済対策・戦後最悪の不況
	しし座流星群
	イラク空爆
	凡人・軍人・変人・冷めたピザ
	貸し渋り・モラルハザード
	学級崩壊
	100円ショップ
	エルニーニョ現象

1999

『ケイゾク』	ジャイアント馬場死去
	所沢ダイオキシン報道
	「だんご3兄弟」発売
	AIBO販売
	国旗・国歌法成立
	台湾で大地震
	淡谷のり子死去
	東海村・民間核燃料施設で臨界事故
	文京区音羽幼稚園児殺人
	栃木リンチ殺人
	横山ノック大阪府知事わいせつ事件
	天声です、最高ですか？
	宇多田ヒカル
	iモード
	カリスマ美容師
	五体不満足
	ミッチー・サッチー
	西暦2000年問題
	いやし
	キャミソール
	●伊藤守・藤田真文編『テレビジョン・ポリフォニー』

2000

シドニー・オリンピックの中継	新潟女性監禁事件

	『ビューティフルライフ』	プレイステーション2発売 有珠山噴火 少年による事件多発 皇太后逝去 雪印事件 沖縄サミット開催 三宅島噴火 ミレニアムサミット開催 鳥取西部大震災 本田技研工「ASIMO」・ソニー「SDR-3X」 放送と青少年に関する委員会で青少年に悪影響を与えるとして2番組打ち切り BS・CSデジタル放送始まる インターネット博覧会開催 IT革命 ひきこもり ●上村修一、居駒千穂、中野佐知子「日本人とテレビ・2000」(NHK「日本人とテレビ2000」調査の報告)
2001	9.11米同時多発テロ関連報道 『HERO』	成人式問題 外務省機密費流用疑惑 有明海ノリ問題 イギリス人女性失跡事件 ハワイ沖で水産高校実習船と米海軍原潜水艦衝突 KSD事件 薬物混入事件 歴史教科書問題 小泉内閣発足・田中真紀子外相騒動 浅草で女子短大生殺害事件 携帯・ネット・出会い系・2ちゃんねる・ウィルスなどIT関連事件多発 iモード 大阪小学校児童殺傷事件 明石市花火将棋倒し事故 『千と千尋の神隠し』 歌舞伎町ビル火災 狂牛病騒動 アフガン空爆 雅子さま出産 聖域なき構造改革 入試ミス
2002	日韓共催W杯サッカー中継 北朝鮮・拉致家族関連報道	雪印食品・日本ハムなど食肉関連事件 ホームレス集団暴行致死事件 ソルトレークシティー冬季オリンピック 鈴木宗男疑惑 学力崩壊問題 写メール タマちゃん騒動

執筆者紹介

小林直毅（こばやし　なおき）
1955年生まれ。県立長崎シーボルト大学国際情報学部助教授。メディア文化研究、文化社会学。メディアテクストとメディア言説にかんする理論研究と事例研究を進めている。とくに事例研究では、戦後社会文化史の検証という文脈でテレビ文化研究とともに水俣病事件報道の研究にも取り組んでいる。著書に『コミュニケーションの政治学』(慶應義塾大学出版会、鶴木眞編、2003年)、『メディアテクストの冒険』(世界思想社、2003年) などがある。

毛利嘉孝（もうり　よしたか）
1963年生まれ。九州大学大学院比較社会研究院助教授。社会学・文化研究専攻。メディアと都市空間における政治と文化の関係に興味がある。著書に『文化＝政治』(月曜社、近刊) ほか。

土橋臣吾（どばし　しんご）
1969年生まれ。武蔵工業大学環境情報学部専任講師。メディアと日常生活が切り結んでいく関係、あるいは両者が不可分の統合体として結合していくプロセスを、利用者の具体的な実践を通じて見直していくことに関心がある。著書に『テレビジョン・ポリフォニー』(世界思想社、伊藤守・藤田真文編、共著1999年)。訳書に『なぜメディア研究か』(せりか書房、吉見俊哉・伊藤守・共訳2003年)。

小林義寛（こばやし　よしひろ）
1961年生まれ。日本大学法学部専任講師。文化社会学、メディア文化論専攻。コミケ等に参与観察していたが、近年は、情報コミュニケーション・テクノロジーと日常生活との関係に焦点をあてて考えている。著書『テレビジョン・ポリフォニー』(世界思想社、伊藤守・藤田真文編、共著1999年)、『客観報道』(成文堂、鶴木眞編、共著1999年)、『コミュニケーションの政治学』(慶應義塾大学出版会、鶴木眞編、2003年) などがある。

阿部　潔（あべ　きよし）
1964年生まれ。関西学院大学社会学部教授。私たちが日常的に接して／暮らしている「メディア化された世界」が、どのような権力関係のもとで作りあげられ、メディア体験を通じて人々はその世界をどのように再生産しているのか。そうした文化権力装置としてのメディアの働きを、身近な事例に則しながら読み解くことに関心を持っている。

吉岡　至（よしおか　いたる）
1958年生まれ。関西大学社会学部教授。専攻はマス・コミュニケーション論、現代社会論。主にマスメディアの機能、とりわけニュースメディアの社会的機能やメディアの革新に伴う社会的なコミュニケーション構造の変化に関心がある。著書として、『情報化と地域社会』(福村出版、共著、1996年)、『新版ジャーナリズムを学ぶ人のために』(世界思想社、田村紀雄・林利隆編、共著1999年) など。

村瀬ひろみ（むらせ　ひろみ）
1966年生まれ。九州大学大学院比較社会文化研究科博士課程在学中。女性学の問題意識を軸に、アニメ・マンガ作品とその背景や社会的受容について分析を試みている。著書に『フェミニズム・サブカルチャー批評宣言』(春秋社、2000年)、『フェミニズム魂』(海鳥社、2003年) 他。

テレビはどう見られてきたのか――テレビ・オーディエンスのいる風景

2003年11月25日　第1刷発行

編　者　小林直毅・毛利嘉孝
発行者　佐伯　治
発行所　株式会社せりか書房
　　　　東京都千代田区猿楽町2-2-5　興新ビル303
　　　　電話 03-3291-4676　振替 00150-6-143601
印　刷　信毎書籍印刷株式会社
装　幀　工藤強勝

ISBN4-7967-0252-0